崇尚英雄才会产生英雄，争做英雄才能英雄辈出。党和国家历来高度重视对英雄模范的表彰。今天我们以最高规格褒奖英雄模范，就是要弘扬他们身上展现的忠诚、执着、朴实的鲜明品格。

　　英雄模范们用行动再次证明，伟大出自平凡，平凡造就伟大。只要有坚定的理想信念、不懈的奋斗精神，脚踏实地把每件平凡的事做好，一切平凡的人都可以获得不平凡的人生，一切平凡的工作都可以创造不平凡的成就。

——习近平

《在国家勋章和国家荣誉称号颁授仪式上的讲话》

共和国功勋丛书

国家出版基金项目
NATIONAL PUBLICATION FOUNDATION

中宣部2020年主题出版重点出版物

一如初心
共和国功勋
李延年

江永红◎著

浙江人民出版社

目录

引 子

李延年是谁？

"共和国勋章"和国家荣誉称号为国家最高荣誉，尤以"共和国勋章"更为珍贵，堪称我国荣誉体系中的"珠峰"。

首次获得这一荣誉的人仅有八位。若按全国14亿人口来算，平均每1.75亿人中才有一个，用"凤毛麟角""寥若晨星"已不足以形容其珍稀。2019年9月29日，在庆祝中华人民共和国成立70周年大会前夕，中共中央总书记、国家主席、中央军委主席习近平授予于敏、申纪兰、孙家栋、李延年、张富清、袁隆平、黄旭华、屠呦呦"共和国勋章"。在中华人民共和国成立70周年的历史上，这是第一次。

我们第一次见到了"共和国勋章"，其章体以红色、金色为主色调，以国徽和五角星为中心，融合了长江、黄河、山峰、牡丹等元素；章链采用了中国结、如意、兰花等元素，庄重大气，金光耀眼，雍容华贵，高雅超凡。"共和国勋章"吸人眼球，但比勋章更吸睛的是八位获得者。按照授勋条件，"共和国勋章"授予在中国特色社会主义建设和保家卫国中作出巨大贡献、建立卓越功勋的杰出人士。八位"共和国勋章"获得者，个个都名副其实，实至名归。

对大多数人来说，八位"共和国勋章"获得者中，七位都是熟面孔，唯有李延年是个"陌生人"。许多人在问："李延年是谁？"

此问不难理解。"延年"是个好名字，全国名叫"延年"的，说有成千上万当非虚言。李姓又是大姓。打开搜索引擎，检索"李延年"，一下会跳出许多来，例如，古代的有西汉音乐家、汉武帝妃子李夫人之兄李延年，唐淮南王李延年；现代的有国民党高级将领李延年；当代叫李延年的大学教授就有好几个……但唯独没有我们要找的这位离休军官李延年。他出现在汉语搜索引擎上并占据头条，是在荣获"共和国勋章"之后。

对这位李延年，不要说一般读者不知道，就连笔者这个资深军事记者也不甚了了。1999年，广州花城出版社编辑出版《共和国英雄谱》，向新中国成立50周年献礼，笔者是编委之一，并担任军队系统英模人物事迹的第一撰稿人。当时笔者在中国人民志愿军英雄名录上看到了一级英雄李延年的名字，却没能找到他的事迹，主要原因有两个：一是其事迹未见公开报道（内部刊物上有报道，但公共图书馆无藏）；二是他建功的老部队——原陆军第一四〇师在1985年精简整编时被撤销番号了。加上当时截稿时间较紧，编委只好把他的名字列在最后的《中国人民解放军一级英雄模范存录》之中，而事迹阙如。

那么，这一次授勋，是怎么找到他的呢？有资格代表军队接受"共和国勋章"的人，必须是战功卓著者，非一级英雄莫属。中央军委有关部门把全军和武警部队中健在的一级英雄捋了一遍，先查阅档案，再深入考察，并广泛征求各方面的意见，在反复比较后，离休军官李延年作为候选者被上报。媒体报道他的简要事迹后，读者才第一次见到这位"陌生"的老英雄：

李延年，男，汉族，中共党员，1928年11月出生，1945年10月入伍，河北昌黎人，原54251部队副政委。参加过解放战争、湘西剿匪、抗美援朝战争、边境防卫作战等大小战斗20余次。抗美援朝战争中，在伤亡严重的情况下，指挥部队协同作战，歼灭敌军600余人。荣立特等功一次以及三等功、小功若干次，被志愿军总部授予"一级英雄"荣誉称号，获朝鲜民主主义人民共和国二级自由独立勋章、三级国旗勋章，其英雄事迹被中国人民革命军事博物馆收藏。他始终保持老英雄、老党员、老军人的革命本色，居功不自傲，自身要求严，离休后被评为先进离休干部、优秀共产党员。

李延年能入选，首先是凭战功。他在解放战争、湘西剿匪中多次立功受奖，是抗美援朝战争中的特等功臣、一级英雄。这是什么档次的荣誉呢？仅次于特等功臣、特级英雄。但这是在幸存者中获得的最高的荣誉。志愿军中立特等功、被授予"特级英雄"称号的仅有两位：杨根思和黄继光，他们都壮烈牺牲了。1951年10月，朝鲜战场临津江以东的346.6高地攻防战，是李延年战斗生涯的"光辉顶点"。这个高地夹在中美两军的基本阵地之间，双方你争我夺，多次易手。我方为志愿军第四十七军第一四〇师，对方为美陆军王牌军——第一骑兵师。为粉碎美军的"秋季攻势"，时为第一四〇师第四一八团三营七连政治指导员的李延年（连长因临时被提升而缺位）奉命带领连队，与八连、九连和机炮连一起收复此高地并坚守之。担任主攻任务的九连被美军炮火杀伤大半，进攻受挫，而作为副攻的七连在李延年的正确指挥下，一举攻占346.6高地上的全部五个山头。美第一骑兵师为夺回失去的阵地，在飞机、大炮和坦克的配合下，连续七次以整连整营的兵力反攻。高地上的草木全部被炮火烧毁，地面以下一米深的石头和土壤被炸成了粉末，我军部队伤亡严重。七连剩下的人员只够编四个班，八连、九连和机炮连的损失更为惨重。千钧一发之际，李延年主动站出来，将阵地上的四个连队重新编组，指定排长、班长，统一指挥，分片负责，协同作战。如此五次重新编组，始终牢牢掌握阵地，歼灭美军636人。此战意义重大，志愿军给李延年记特等功，授予他"一级英雄"称号。在朝鲜战场立特等功的人中，有被授"一级英雄"称号的，也有被授"二级英雄"称号的，像李延年这样立特等功并获"一级英雄"称号的，全军共有40余人，但其中大半是烈士（如孙占元、邱少云等），幸存者屈指可数。他们与抗日英雄一样，打的都是外敌，所以格外令人尊重。

到新中国成立70周年时，当年与李延年一样的一级英雄已逝世殆尽，如陆军的郭忠田、空军的刘玉堤等都已作古。"共和国勋章"原则上只授予健在者。但是，不能把李延年被选中的原因片面归结于他的长寿。须知长寿也是一把双刃剑，在时间的熔炉里，英雄的形象有可能被越炼越高大，英雄的光环也有可能一天天被销蚀。"君子豹变，贵贱何常。"君不见那些在战场上九死一生的英雄，有因吃老本而脱离群众的，有在轻歌曼舞中倒下的，还有奋斗一生，最后却晚节不保的。李延年之可贵，在于他从不把荣誉当成资本，而是当成鞭策自己前进的动力。从朝鲜凯旋直至离休，他又在部队服役了29年，职务从副营升到副师，在每一个岗位上，他都留下了让人难忘的光辉事迹。在那场边境防卫作战中，已是师政治部副主任的他仍然亲临一线，到战场鼓舞士气，传授战斗经验，荣立三等功。三等功不高，但正团级以上的干部立功非常罕见。志愿军的一级战斗英雄在边境防卫作战中继续立功的，他是全军唯一。

李延年1983年离休时是广西军区边防某师副政委。他的最后一个警卫员叫濮伟能，警卫连连长吴乃流曾嘱咐濮伟能"要保护好我们的老英雄"，但李延年从不表露自己的英雄事迹，普通得一点也不像英雄，濮伟能以为连长所说的"老英雄"可能是对"老资格"首长的尊称而已。直到2019年国庆前夕，他从媒体上看到他曾经警卫过的首长获得了"共和国勋章"，才知道他是特等功臣、一级英雄，于是深感"惭愧"和"失职"。这就是李延年的作风，他非常低调，低调到除了他的老战友，几乎没有人知道他是特等功臣、一级英雄。随着他的老战友陆续仙逝，后人翻阅档案才翻出这个大英雄来。他曾经在原广州军区生产建设兵团第七师第十四团（现广东省红星农场）任政委五年，留下的功德至今仍造福着农场职工，但在他获得"共和国勋章"之前，很少有人知道他的英雄事迹。农场干部职工和场友会（类似于校友会，由分散在全国各地的曾经在农场工作的人员组成）作出一个决定：共同集资在农场为老政委李延年塑铜像，并利用一个当年的老仓库建李延年纪念馆。

对八位"共和国勋章"获得者，大多可以用一句话来概括其生平和贡献（如于敏被誉为中国"氢弹之父"；孙家栋是探月工程总设计师，人称中国"卫星之父"；袁隆平是世界"杂交水稻之父"；黄旭华是中国第一代核潜艇总设计师；屠呦呦是抗疟新药青蒿素的主要发现者，是获得诺贝尔生理学或医学奖的首位华人；申纪兰是著名劳动模范，是全国唯一从第一到第十二届连续当选的全国人大代表；张富清深藏功名60多年，一辈子不忘初心、保持本色），唯有李延年，你很难用一两句话来概括。笔者曾请他用一句话来概括一下，他摇了摇头，说："无数烈士把命都献给了国家，我还活着，在他们面前，我有什么资格谈贡献！"说着，他的眼睛湿润了，他回忆道："朝鲜战场上打346.6高地，我带上去的是一个加强连，两天后，带下来的才40多人……今天我得这个勋章，是替所有烈士领的。"不知是巧合还是为了记住父辈的功绩，其子李忠南的私家车的车牌尾号为"636"，这正是这次战斗的歼敌数。

他是一个低调的大英雄、高尚的老战士，赤子之心，终身不变。虽然我们很难用一句话来概括他的人生和他对国家的贡献，但他的一句话可以表现他始终不变的信念："入了党，就是党的人了。把命都交给国家。"这句话，他一辈子在讲，一辈子在践行。

按现在流行的网络语言来说，李延年对国家的贡献和思想境界是"高大上"的，但他绝非一个完美无缺的舞台形象，而是一个非常有个性甚至缺点也比较明显的普通人。他的优点和缺点融合在一起，共同构建起他独特的性格。他以自己的性格和自己的行为方式，为我们生动地诠释了什么叫忠诚、什么叫担当、什么叫正直、什么叫无私。

说实话，也许正因为他并不完美，他才比那些找不到缺点的人更真实，更可爱，更让人尊敬。

第一章

参军，就冲『李大钊』三个字

长春，1945年10月。

此时，离8月15日日本投降才两个月，刚刚回到祖国怀抱的这座美丽的北方春城，和整个东北一样，虽然主权回归了，但治权暂时还在苏联红军的手里。因为日本关东军是向苏联红军投降的，所以在各大城市当家的是苏军设在当地的卫戍司令部。

长春曾经是伪满洲国的"首都"，溥仪的伪满皇宫就建在这里。苏联红军远东方面军司令员马利诺夫斯基元帅也将总司令部设了长春。

虽然苏联红军戒备森严，但长春街头乱成了一锅粥。这锅粥里什么都有，有五谷杂粮，有秕糠野菜，有泥土砂砾，还有裹着糖衣的毒饵。

长春街头，鱼龙混杂的招兵队伍

"招兵啦！""招兵啦！"

在长春的大街小巷，到处都贴上了五花八门的招兵广告。许多地方都设立了招兵处，他们或敲锣打鼓，或吹拉弹唱，甚至请妖艳的女人来卖弄风骚，总之要闹出动静来，吸引人来报名参军。

我们的主人公李延年，就是被招兵的热闹与喧嚣吸引到长春的。这年他17岁，本在离长春不远的大屯火车站德发裕粮谷加工厂当学徒。德发裕的黄老板是个八面玲珑的人，对日本人和汉奸、警察点头哈腰，对其他顾客也很客气，但对工人和学徒非常刻薄。与李延年一起跑到长春市内来准备参军的，还有他的一个工友和老板的儿子小黄。他们是瞒着老板跑出来的，因为老板坚决反对他们参军：儿子他舍不得；工人呢，走了就没人干活了！

参军？参军？参加哪个军？那时，在长春招兵的军队多了，番号五花八门，司令多如牛毛。光是打着国军旗号的就有"先遣军""光复军""挺进军""救国军""宣抚军"等数十个，随便一个连长就可以打出司令的牌子，不要说老百姓犯糊涂，就是卫戍司令部也拎不清。

这万花筒般的世界让17岁的李延年犯了晕。他很单纯，参军干吗？就是想打日本。日本人太坏了！日本人欺负中国人的情形，他从懂事开始见得太多了。日本人对中国人拳打脚踢，砍头剖腹，强奸群奸，无恶不作。他的父亲李辑瑞闯关东，结果被日本人抓去克山县当了劳工，差不多天天挨打，好不容易才死里逃生，回了老家。李延年恨透了日本人，但究竟哪支军队是打日本的？他不明白，便去找领他到东北来的丁叔——丁占一。

丁叔是他的同乡，也是一个穷人，因无房居住，便租住了李延年家的一间房子。说是租，其实他从来没有交过一分租金。他在长春靠卖烙饼为生，一两年才回家一次。三年前，他回家时见李延年14岁了，赖赖巴巴读了个初小，也算会识文断字了，便有意带他出关去长春找他舅舅，混碗饭吃。父母正为他的饭碗发愁，既然是去找舅舅，自然就放行了。他是一路跟着丁占一到东北的。这个人虽然穷，生活在底层社会，但也算是一个见过世面的主儿。日本人、伪满军队、警察、官员以及社会上的三教九流，他都能应付。也不知他怎么学会了几句日本话，烙的饼一半都卖给了日本人。附近的日军、伪满军队的司务长为图省事，早餐就买烙饼当主食。丁占一会来事，每次都给日伪军的采购人员赠送一份特别的饼，把他们发展成了长期客户。他摸索出了一套在底层混的法子，虽没发财，但烙饼摊子守得还算稳固。在来东北的路上，李延年亲眼见到了他的精明。过山海关要接受日伪军警的检查，很多人被挡了下来，稍不对劲就是挨一顿暴打，年轻力壮的被抓去当劳工，老弱和孩童则被丢下不管。14岁的李延年被吓得大气不敢出，紧紧跟在丁叔的背后。丁叔正值壮年，当劳工正合适，可他从容不迫地拿出证件，与日本人咕噜两句，就被放行了。他带的半大小伙李延年没有证件，也没被刁难。

现在，李延年要去征求丁叔的意见，看参加哪支军队为好。

"不行！绝对不行！"丁占一一听他说要当兵，不假思索地打起了"拦头棍"："你爹不在这，你娘也不在这，是我把你带到东北来的。你去当兵，万一有个闪失，我怎么向你爹娘交代？"李延年觉得他见多识广，本是来请他帮忙拿主意的，不料却被他吓住了。丁叔说："当兵？当兵是要吃枪子儿的。你爹娘就你一个（弟妹都早夭了），你敢情好，胆子肥，要去吃枪子儿？"李延年说："我当兵是要打日本人。"丁叔笑道："你打日本人？日本人的厉害你没见过？再说，现如今日本人已经投降了，被'老毛子'（东北人对苏联红军的俗称）打跑了，还要你来打吗？听叔的，从我这儿拿几个烙饼，赶紧回大屯黄老板那儿去，做工辛苦归辛苦，但安稳，不像当兵的，要玩命。"但李延年死活不听劝，执意要当兵，丁叔没辙了，无奈地说："行了，我不是你们李家人，说了也白说。你去找你舅舅，看他怎么说。"

李延年去找舅舅，舅舅气得拍了桌子，斥责道："你这是找死！是给李家丢脸！""咋就丢脸了？""好铁不打钉，好男不当兵。当兵的有几个好人？"李延年跟他讲："我当兵是想打日本人。"舅舅居然下意识地打了寒战，望了望门外，指着他批评说："你说话要小声点。现在日本人是投降了，伪满洲国的皇帝是跑了，但掌权的还是他们的人，就是换了个旗号，人还是那些人。你小孩子不懂事，瞎嚷嚷，还要当兵，当心惹祸！你要听话，赶快回大屯去做工。"

李延年对这个舅舅一直没有好感，觉得他太自私，不顾一点亲情。本来李延年的父母亲是指望他照顾外甥的，可在李延年投奔他后，他把这个外甥丢到大屯就不管了，更过分的是，他居然把李延年从家里带来的一床棉被扣下归己了，说："大屯的黄老板管吃管住，你还要被子干吗？"因为东北不产棉花，所以棉花在东北是紧缺的重要战略物资。抗日战争时期，棉花是严禁运往伪满洲国的；解放战争时期，国民党也严禁棉花出山海关，不让解放军穿上棉衣。那个时候，一床棉被在东北是非常珍贵的，价值不菲。李延年到大屯后，老板提供的被子是用再生棉做的，就是把破布打成纤维，再絮成被子，又沉，又脏，又不保暖。许多穷人包括东北解放军部分官兵的棉衣也是用再生棉做的，御寒性能可想而知。一想起那床被子，他就对这位舅舅怎么也爱不起来，但舅舅的一番话提醒了他：日本人虽然投降了，但汉奸还在，他们换了一个旗号，还在掌权。所谓"女怕嫁错郎，男怕入错行"，如果要参军，可不能进错了门啊！

错综复杂，"三国四方"在东北博弈

李延年认为见多识广的丁叔和舅舅帮不了他，谁也帮不了他，他只能靠自个儿拿主意了。17岁的他还不可能知道，日本投降后，长春甚至整个东北的乱象是"三国四方"博弈的反映。哪三国？苏、美、中。哪四方？苏、美各一方，中国有两方：国民党和共产党。

"三国四方"博弈，一开始都受制于《雅尔塔协定》和蒋介石政府与苏联签订的《中苏友好同盟条约》。

《雅尔塔协定》是一个严重牺牲中国利益的协定。1945年2月4—11日，苏、美、英三国首脑斯大林、罗斯福和丘吉尔，在克里米亚雅尔塔的沙皇宫殿里开会，最后达成了《苏美英三国关于日本的协定》，即《雅尔塔协定》。罗斯福为换取苏联出兵我国东北，加速结束对日作战，不惜出卖中国利益，满足了斯大林沙文主义的胃口。协议中涉及中国主权的主要有两条：一是所谓维持外蒙古（今蒙古人民共和国）的现状，把外蒙古从中国分裂出去；二是苏联恢复1904年日俄战争前在东北的全部利益，即日俄战争失败后被日本夺走的利益，其中包括大连港国际化，租借旅顺港，成立中苏合办的长春铁路（又称"中长铁路"，包括中东铁路、南满铁路等）公司。当时，蒋介石在日记中大骂罗斯福出卖了中国，说绝不承认《雅尔塔协定》，但在苏联承认国民政府是中国唯一合法政府，承诺"对中国共产党和新疆的叛乱分子不予任何支持"后，接受了《雅尔塔协定》的条款。8月8日，苏联宣布出兵东北。8月14日，即日本天皇宣布投降的前一日，在莫斯科，中国国民政府与苏联签订了《中苏友好同盟条约》以及两个换文和四个协定。两个换文为《中苏关于苏联只援助国民政府、尊重东北主权与领土完整、不干涉新疆问题》《中苏关于外蒙古独立的问题》。四个协定中的前三个分别是关于大连、旅顺、长春路之性质、地位的，第四个是讲进入东北对日作战的苏军总司令与中国行政当局的关系的。这样，《雅尔塔协定》中有关中国的条款就通过《中苏友好同盟条约》具体化了，其丧权辱国的程度甚至比《雅尔塔协定》有过之而无不及，如宣布大连为自由港，港口主任由苏联人担任，所有港口工事、设备的一半无偿租予苏方，租期30年；旅顺口为中苏共同的海军基地，军事委员会委员长由苏方担任，苏方有权驻扎陆海空军；原中东铁路和南满铁路由满洲里经哈尔滨至绥芬河的干线及由哈尔滨经长春至大连、旅顺的干线合并为长春铁路，由中苏两国共同所有、共同经营等。关于外蒙古独立问题，罗斯福与斯大林在雅尔塔所谈的条件是，由外蒙古全民公投决定是否独立，如独立，中国仍保留宗主权，这多少还有一块遮羞布。到此时签约时，蒋介石政府又退了一步，把保留宗主权这一点也放弃了，连遮羞布也不要了。甚至连美英两国都对蒋介石的让步感到惊讶，两国外长在回忆录中都写道："不建议中方增加超出原来商定议案的额外条款。"中国放弃对外蒙古的宗主权就是最大的"额外条款"。蒋介石之所以在主权上一再让步，不惜卖国，就是为了换取苏联对他的承诺：在东北"一俟收复区任何地方停止为直接军事行动之地带时，中华民国国民政府即担负管理公务之全权"。这就是说，苏联红军在东北收复的一切地区都移交给国民党，而不给共产党。

当时东北政治气候的变化，盖与《雅尔塔协定》和所谓的《中苏友好同盟条约》有关，尤其在长春显得更加敏感。因为苏联占领军马利诺夫斯基元帅的总司令部设在这里，国民政府军事委员会委员长东北行营（后改为行辕）也设在了这里。东北行营是国民政府在东北的最高统帅机构，主任委员熊式辉是由蒋介石亲自挑选并任命的。

在伪满洲国时，东北被划分为19个省，日本投降后，照说应恢复传统的东三省建制，但为了国民党内部各派利益均沾，蒋介石将东北划分为辽宁、辽北、安东、吉林、松江、合江、黑龙江、嫩江、兴安九个省和哈尔滨、大连两个直辖市（后又新增沈阳），任命了各省省长和各市市长。熊式辉是10月12日与国民政府外交部代表——蒋经国同机飞抵长春的，因与苏军的接洽不够顺利，又飞回重庆请示蒋介石，24日重返长春。他遵照蒋介石的命令，让东北九省两市的头头和他们的班底立即赶来东北，集体亮相。虽然各路诸侯还不能马上到任，进行行政接收，但这些人在东北亮相本身就是特大新闻，等于宣布中央委任的政府回来了，就树起了旗帜。而因抗日战争时期共产党在东北的力量较弱，许多老百姓还不知道有共产党，加上受正统观念的影响，国民党中央的旗帜这么一树，老百姓大多就被迷惑了。各种反动势力包括汉奸、伪军、土匪等，像打了鸡血一样亢奋。这些人本该是消灭对象，中央政府来了，他们亢奋个啥？

这不是匪夷所思吗？不。当时，蒋介石和国民党在东北有一个"发明创造"：利用、改编土匪、汉奸武装，与共产党争地盘。而在当时，东北可以说是一块名副其实的"大肥肉"。

东北地域辽阔，土地肥沃，资源丰富，交通发达，具有完整的工业体系。早在张作霖、张学良父子时期，东北就已经是中国工业最发达的地区了。东北的铁路网在中国独占鳌头，通车里程和客、货运量在全国遥遥领先。1931年"九一八事变"后，日本为加快掠夺东北的资源，为把东北建成支持其侵略战争的战略基地，投资建设了一些当时在中国领先的工业项目，如鞍钢、沈钢、本钢，丰满水电站，本溪、抚顺、阜新的煤矿和火力发电站等。这么一块"大肥肉"，谁不眼馋？

《中苏友好同盟条约》只允许国民党政府接收政权，这就在法理上将共产党排斥在外了。但是，法理归法理，实际归实际。中国有一个硬道理："枪杆子里面出政权。"世界上也许没有人比毛泽东和蒋介石这两个人更懂得这个道理了。所以，在日本投降前，两人就在谋划东北的军事布局；日本投降后，便刻不容缓地抓紧军事部署与行动。

抗日战争胜利后，蒋介石的威信可以说是如日中天。作为盟军中国区总司令，他拥有"抗战建国领袖"之地位，以他为总裁的国民党是执政党，按传统观念就是所谓的"正统"。在国际上，国民党政府被视为中国唯一合法政府。美苏两国都主张国民政府享有接受日本投降、全面接管沦陷区的权利。当时，国民党军队有420多万人（到内战全面爆发时达500万人以上），其中，39个师全副美式装备。共产党方面，尽管在抗日战争中获得了空前的发展，但军队只有120万人，不仅数量处于绝对劣势，武器装备更与国民党军有天壤之别。然而，蒋介石的军队虽然在数量上占绝对优势，但集中于大后方的西南和西北，要到沦陷区去受降显得鞭长莫及，需要长途开进；而中共军队在敌后，可以捷足先登。

因此，共产党充分发挥自己的优势，抓紧向东北派干部、派军队。在延安组建以彭真为书记的中共中央东北局，彭真、陈云等即坐飞机赶赴东北（途中遇险迫降山海关，改乘火车）上任；林彪在赶赴山东根据地的途中接到改去东北担任人民自治军总司令的命令，冒雨策马向东北飞驰。中共将东北作为全国重点地区来经营，派到东北的有中共中央委员10名（其中政治局委员4名）、候补中央委员10名，而当时第七届中央委员会委员共44人、政治局委员共13人、候补中央委员共33人，也就是说，中共中央把约1/4的组成人员放在了一个战略方向，这在历史上是绝无仅有的，可见中央对东北的重视程度。与此同时，从华中、华东抽调的100个团的干部陆续赶往东北。最早到达东北的八路军部队是冀热辽军区司令员李运昌的第十六军分区司令员曾克林率领的两个团。他们于8月底攻克山海关，为我方后续部队出关铺平了道路。此后，从各解放区抽调的共10万人的部队陆续向东北开进。

在军队的调遣上，蒋介石落了下风。一方面是因为其主力部队与东北隔得太远；另一方面是他的摊子铺得太大，华中、华东、华南，他有太多的地方需要接收，虽有庞大的军队，仍显得捉襟见肘，左支右绌。在东北，尽管有美军的飞机和军舰帮他运送部队，但他还是落在了共产党的后头。那怎么办？江湖出身的蒋介石有自己独特的办法，你派干部、军队，我收土匪、汉奸。早在东北行营主任熊式辉飞抵长春之前，国民党各系统已经派人潜入东北，收编了不少汉奸、土匪武装。最早到达东北的是国民党党政军东北联络部部长陈新民，随后来的是东北党务专员办事处主任委员罗大愚以及军统、中统和三青团系统派出的建军人员。连与东北不相干的国民党军第一战区司令长官胡宗南也借故派人到东北组建"东北挺进军"。见熊式辉来了，这些本处于秘密状态的反动武装一个个公开亮相，紧贴上去。熊式辉的行营和他带来的各省班底，都专设有所谓的"建军专员"，专门负责收编队伍，有权放番号。这时，国民党正规军虽然在东北还没有一兵一卒，但收编了一支庞大的武装，共有16个系统、37种番号，封了33个正副司令、32个军长、158个师长，旅长以下军衔获得者更是数不胜数。

具体到长春，情况究竟如何呢？下面的内容摘自曾任国民党吉林保安旅中校作战参谋的王辉的回忆录：

"八一五"光复后，国民党吉林省建军专员是陆军中将刘茂源。在建军高潮时，刘茂源放了12个支队和几个独立支队的番号。凡领到番号的，就可以在长春挂出"吉林省保安第×支队"的牌子，并由刘茂源发给上刻"吉林省保安第×支队司令部印"的公章。

刘茂源每发一个图章，就能从中得到好处，有的给金条，有的给古董、书画等贵重礼品。当时在长春曾出现过两个三支队和两个六支队。原因是刘茂源嫌先领番号的人给的钱少，又把同一个番号给花运动费多的人了。

建军司令多是伪满时期的官僚、地主。伪满官吏想通过建军来摘去头上汉奸的帽子，便于尔后"发展"；地主平时在乡里称爷报号（土匪要报号，如"草上飞""老北风"等），想借建军壮大自己的实力。于是借此机会，搜罗枪支，拉拢一些不三不四的人搞起建军来，既可以升官，又可以发建军财。凡领到刘茂源发给的建军支队司令部图章的，就可以下放几个团长，印发委任状卖钱。团长则可以用同样的手段下放几个营长、连长，排长也可以凭一张任命状设赌抽头，倒卖大烟。一时间，长春的建军活动，闹得乌烟瘴气。

王辉的这段回忆，一方面反映了国民党的腐败，另一方面说出了汉奸、地主、土匪趋之若鹜地投靠国民党的原因。所谓"背靠大树好乘凉"，当时国民党就是最大的一棵树。对上述人员来说，想中央，盼中央，中央来了有官当，所以他们宁可掏钱，也要买一个名分、一个头衔。为了保住既得利益，将来能当更大的官，能捞更多的实惠，就得死心塌地地跟着国民党。当时，东北境内尚有10万日军残余没有缴械，10多万伪满残余没有遣散，蒋介石如此在东北建军，等于唾手可得了20多万反共武装。他在重庆国民党军事委员会会议上不无乐观地估计：共产党军队在"一二年之内，决不能消灭这二十余万武装的部队，将东北平安占领下去"。

再说共产党在长春。日本投降后，最早进入东北的共产党领导的武装力量是东北抗日联军。1939—1941年，东北抗联在日伪的"围剿"下只剩1000余人，在国内几乎无法生存，经会议研究决定，越境进入苏联进行野营整训，得到苏联方面的支持。1942年，抗联部队陆续入苏，组成教导旅，苏军将抗联部队编为远东红旗军第八十八旅，按苏军条令条例施行正规训练。1945年8月苏联对日宣战后，抗联派出若干先遣队，为苏军执行侦察、联络任务，发挥了至关重要的作用；同时，抗联组成了50多个协助苏军的接收小组，苏军每占领一个大中城市，由苏军主官担任卫戍司令，而由抗联干部担任副司令。苏联方面很清楚，这个副司令其实就是代表中国共产党的。苏军占领长春后，其远东军区司令员马利诺夫斯基元帅兼任长春卫戍司令，任命红旗军第八十八旅旅长、东北抗联负责人周保中为副司令。按照苏联与蒋介石政府签订的《中苏友好同盟条约》，苏军只承认国民党政权，只能向国民政府移交权力，所以在苏军占领区公开打出共产党军队的旗号就属于非法。不能公开打旗号，那就秘密发展军队。周保中以维持地方治安的名义，向马利诺夫斯基建议成立长春市公安总队，得到批准。那谁来当公安总队的头头呢？如选用共产党员，会给国民党以口实，周保中便推荐张庆和任市公安局局长兼公安总队总队长。此人毕业于日本士官学校炮兵科，曾任伪满警察学校教官等职务，虽任过伪职，是非中共人士，但属于"白皮红心"人物。他的妻子叫李玉贞，是共产党创始人之一的李大钊的同族侄女，是冀热辽军区司令员李运昌之堂妹。张庆和一直与地下党保持接触，秘密为共产党做了许多好事，包括提供情报、医药和其他物资。日本人已将他列入黑名单，必欲除之，只因没拿到真凭实据，加上苏军推进神速，而没有来得及动手。当时，冀鲁豫军区参谋长曹里怀（开国中将）已抵达长春，被党内任命为长春特别市卫戍司令，但不便公开，为方便展开工作，他与公安总队第一大队政委黎原（开国少将）等就住在张庆和的家里（黎原后改住周保中家）。于是，共产党利用张庆和开始公开招兵买马拉队伍。前面所说的长春大街小巷到处都在招兵，其中就有长春公安总队的招兵人员在活动。

参军进对门，翻开命运新篇章

上述这么复杂的情况，显然不是我们的主人公李延年所能弄明白的。游荡在长春街头的他，根本还没有从政治上作判断的能力，看到的只是一片乱哄哄的表象，但他心中还是有一杆秤，那就是看他们是不是打日本。在还没有拿定主意的时候，他在大街上碰到了那个与他一起从大屯跑出来的工友。那人急急忙忙地参加了一支省保安支队，可刚去几天，便开小差跑了出来。

"你干吗不干了？"李延年问。

"不能干，那不是人待的地方，就没一个好人。"工友说。

"究竟咋啦？"

工友告诉他："那个队伍里坏人太多了，汉奸、兵痞、土匪、流氓都有。当官的公开说：'老子这个官是花银子买来的，你们得给老子捞钱，把本钱补回来，我不能做赔本买卖。'所以，当兵的抢劫成性，抢了钱就去逛窑子、抽大烟，只要能给当官的钱，干啥都没事。如果没有钱孝敬当官的，就挨打，就没有饭吃。我不想跟他们学坏，偷跑出来了。"

"他们跟土匪没两样，'老毛子'不管吗？"李延年问。

"管得过来吗？'老毛子'人生地不熟的，很容易被坏人忽悠。"

听了这个工友的话，李延年突然觉得丁叔和舅舅坚决反对他参军不无道理。但是，难道长春街上招兵的军队都这般鬼样吗？工友说："我在队伍里听说，凡是挂吉林省保安支队牌子的，跟他们都一个鸟样。还有什么挺进军、光复军，也不是什么好东西。"

两人商议："咱是穷人，怎么也不能当了兵去害穷人。"他们决定不慌忙报名，多看几家再说。大屯德发裕粮谷加工厂老板的儿子小黄又与他们会合了。他见的世面大，活动能力也比两个打工仔要强得多，他想参军也是为了打鬼子，但现实让他大失所望，他甚至发现一个招兵的人就是曾经去大屯抢过他家的土匪小头目。他也觉得，要参军就得进对门。于是，三个人一起继续在长春各个招兵处打听，希望能找到一支不错的军队。

他们来到了长春市公安总队的招兵处。李延年问："你们公安总队过去是什么队伍？"招兵人员不免感到诧异："当兵先问部队出身，这个年轻人与众不同。"于是，招兵人员认真地告诉他："我们公安总队是新成立的，与过去的任何队伍都没有关系，受长春市公安局和卫戍司令部领导，负责维护社会治安，保卫抗日战争胜利果实，保护人民的生命财产。"

李延年问："你们与省保安支队不是一码事吧？"

"完全不是一家人。我们是要建一支为人民的队伍。"招兵人员说。

"那我们怎么相信你？"

招兵人员没有正面回答他，反问道："听你的口音，是河北昌黎人吧？"

"你咋知道？"

"我也是河北人，能够听出河北不同地方的口音。"

此时的李延年还不知道，我党我军派遣到东北的干部已经通过各种方式和渠道开展建军的工作，其中就有不少人包括后来成为第四十七军军长的黎原等被安排到了公安总队，目的就是把公安总队建成一支共产党领导的人民军队。跟他说话的这位招兵人员就是从关内来的八路军老兵。

招兵人员接着问道："小伙子，你是昌黎人，知道李大钊吗？"

李大钊！中国共产党的创始人之一。稍微关心时事的昌黎人可以说都知道。为躲避敌人的迫害，李大钊的许多革命活动是在昌黎进行的。李延年是从他的小学校长和老师的口里知道李大钊的。当时，他只觉得校长和老师开明进步，知道的事挺多（直到新中国成立后，他方知原来他们是共产党的地下党员）。听招兵人员问他，他便如实作了回答。招兵人员说："不瞒你们，我们公安总队的总队长张庆和的媳妇就是李大钊的同族侄女，他是李大钊的侄女婿。"接着又问："你们该知道八路军冀热辽军区司令李运昌吧？"李延年回答说："知道，是打日本的。"招兵人员又告诉他："我们的张庆和总队长是李运昌的堂妹夫。"

父子还有政治观点相反的，何况亲戚呢？但是，天真单纯的李延年没想那么多，觉得既然是李大钊的侄女婿、李运昌的堂妹夫，人也不会差。就冲"李大钊"这三个字，他下定了决心，就参加公安总队了！三个人一起参军，到了公安总队第二大队。李延年被分到三连当战士。

自此，李延年新的生命开篇了。当兵，他进对了门，只因知道李大钊。

第二章

参战就受奖，一人三把枪

李延年当兵了，心里的小算盘打得挺美的：从此再也不会受日本人、伪警察和老板的欺负了！当兵的扛着枪多神气呀！老板见了都得鞠躬点头，笑脸相迎。当了兵，虽然不能像当官的那样骑马坐轿，但也不用自己劳动了。他参军当然是想打日本，但同时也想通过当兵跳出苦海，过上不愁衣食的生活。"当兵多好啊！吃的穿的都有人管，不像当学徒，天天受老板的气。"70多年后，李延年对笔者说："当时确实是这样想的。"

当兵后，李延年第一顿吃的是香喷喷的大米饭，随便吃，不限量。他连吃了三碗，直到感到肚皮撑了才放下碗。要知道，那时在东北，大米饭可不是中国人能够吃上的，即使是有钱人，也只有逢年过节和招待贵客时才能偷偷摸摸地做大米饭。因为伪满洲国有法律规定，大米是供给日本人吃的。与李延年一起当兵的德发裕粮谷加工厂老板的儿子小黄，在家时也不能随便吃上大米饭。李延年恨老板，但与他的儿子小黄还是玩得不错的。那小子长得胖，运动不灵活，许多事得求助于李延年。比如，上树去抓知了，他爬不上树，又想要，就得求李延年。这时，李延年就将他的军："那好。我可以帮你捉知了。但我饿，没劲上树。咋办？"小黄便乖乖地到伙房去"偷"吃的，或一块饼，或一个馒头，实在找不到熟食，就拿点红薯、萝卜之类的东西出来。老板平时不让学徒吃饱，小黄"偷"来的这点东西，对饥饿的李延年来说，也显得十分珍贵。特别让李延年感动的是，小黄被老板发现"偷窃"行为后，被严厉训斥，但他居然敢顶撞，说："我就是要拿去给他吃，谁让你不给他吃饱的！"老板气得要死，拿起棍子要揍他，他不但不跑，还说："让你打，打死算了！"他一副泼皮相，反而让老板不知所措，气得一跺脚，把棍子扔了。这次到长春参军，也是他硬跟着李延年偷跑出来的。好了，还是说大米饭。长春市公安总队之所以能有大米饭吃，是因为苏军占领了日本人的各种仓库，其军需仓库里有不少大米，而公安总队是市公安局管的队伍，公安局是卫戍司令部的一个重要部门。这也算是近水楼台先得月，其他部队是没有这个福气的。

当兵第一个任务："抢日军仓库"

他们吃的是大米、白面，但穿的军衣五花八门，李延年穿的就是一条不伦不类的破棉裤。严格地说，这支部队尚未成军，倒像是一群"乌合之众"。因为事情紧急，李延年等新兵入伍后，未及训练就去执行任务了。这个任务谁也没想到，居然是"抢仓库"！

"抢仓库"？不成了土匪吗？不！严格地说，是到日本人的仓库里抢运物资。苏军的卫戍司令部一方面必须遵守《中苏友好同盟条约》的规定，只能将占领区的一切权力部门交给国民党政府；另一方面与中共信仰相同，内心同情、支持中共。他们明知长春市公安总队其实是共产党的武装，却故意睁一只眼、闭一只眼，任其打着卫戍司令部公安局的旗号发展。不到一个月的时间，公安总队已经发展到四个大队，一个大队相当于一个团，总队就相当于一个师了。这么多人，吃的穿的、武器装备，从哪里来？苏军或明或暗地打开占领的日本仓库，让公安总队派人去抢运物资。这就是所谓"抢仓库"的来历。

"日本仓库里的东西可真多呀！"70多年后，李延年回想起当时的情景，觉得一切仍然历历在目。"先是抢运武器弹药，军械仓库里有各种枪，机枪、步枪、匣子枪、手枪；各种炮，野炮、山炮、迫击炮；各种弹药，炸药、雷管，堆成了山……反正当时我们也不认识，叫不上名，就听干部的命令，能背多少尽量背。我一人背了好几支步枪，还扛一挺轻机枪，被压得直不起腰，走不动路。我们背出来后，再用马车运走。军需仓库里的军衣、布匹一捆一捆地堆成一面面墙，我们就使劲往外扛……头一个多星期，我们就干这个活。"

这等于当搬运工，是重体力活，新兵受得了吗？李延年说："我倒没有觉得太累，因为在德发裕当学徒时，扛米、扛面、扛大包是经常的事。不过，因为我过去看到的反动军队，当兵的都是不干活的，行军时，行李和其他东西都是让老百姓运。所以，我就问连长：'当兵的怎么还自己干活呢？早知道还自己干活，不如不当兵了。'连长没有批评我觉悟低，耐心地解释说：'我们是人民的军队，是为人民服务的，自己能干的事就不能麻烦老百姓。'当时，这个道理我还不能全听懂，搞不清啥叫'人民的军队'，就知道不能像别的军队那样欺负老百姓。虽然天天抢运日本仓库的东西有点累，但我心里高兴。这些东西过去是要用来打中国人的，现在是我们的了，我们可以用来打敌人。但跟我一起当兵的老板的儿子小黄就受不了啦！他在家被人伺候惯了，哪能当搬运工啊？他几次跟我说想跑，我就劝他：既然来了，就不应该当逃兵。扛不动大的，就搬小的，慢慢力气就练大了。他还不错，别人扛几支枪，他扛一两支，一直在坚持。可有一次，他被吓趴下了。我们从日本仓库里扛着枪往回走，不知是什么队伍突然向我们开枪，子弹追着屁股打，干部大喊：'卧倒！'新兵还不知道啥叫'卧倒'，还以为是骂人的话，有的丢下枪瞎跑，有的吓得愣在那儿发抖。干部一看，赶紧喊：'趴下！都趴到地上！'这样大家才都趴下隐蔽了。连长又派老兵占领高处，开枪还击，最后敌人不打枪了，可能是逃跑了，我们才爬起来继续往回走。清点人数后发现，有好几个人都找不到了，可能是当逃兵了。老板的儿子没有逃，但趴在地上起不来，浑身还在发抖。我去扶他时，闻到他身上臭烘烘的。咋啦？他吓得屎尿都拉在裤子里了……"

就这样，从日本仓库抢运出来的东西装备了我们的部队。李延年所在的公安总队全部换上了日本武器，换上了崭新的黄军装，一个连有上十挺机关枪。李延年领的是一支"三八大盖"，被褥、水壶、脸盆、茶缸等也一应俱全。大队政委刘世光是从解放区来的八路军干部，见到部队装备焕然一新，十分感慨地说："八路军当年要有这么好的武器，日本人哪还敢猖狂？"他要求部队加紧整训，准备打仗。

整训两个月，明白了当兵是干啥的

打仗是军队的根本职能。刘世光政委说要抓紧整训，还因为东北的形势与9月、10月相比发生了巨大变化。山海关是通往东北的大门，日本投降后，已为八路军抢先占领。1945年11月8—16日，国民党军东北保安司令杜聿明亲自督战，率领两个军对山海关发起连续攻击。在敌我力量对比悬殊的情况下，我军在给敌以重大杀伤后，于16日主动撤离，山海关遂为国民党军占领。杜聿明指挥部队乘胜前进，十天之内相继占领了山海关、兴城、锦西、葫芦岛、锦州等城市。另外，美国人还用军舰帮蒋介石运送六个军前来东北。在美、蒋的双重压力下，占领东北的苏军对中共的态度也发生了明显改变，从睁一只眼、闭一只眼，变得立场鲜明，坚决按条约办事了，要求中共中央东北局撤出沈阳，并明确宣布长春铁路沿线城市将全部交给国民党管辖。25日，苏军向东北局发出最后通牒：若再不主动撤走，将动用武装驱逐。东北局被迫于26日撤出沈阳，沈阳一下子变天，各种反动势力欢呼雀跃，等着国民党中央军的到来。

共产党的机关和部队在沈阳待不住了，在长春也被下了"逐客令"。虽然公安总队打的是长春市公安局的旗号，但国民党也不是傻瓜，逐渐发现这是共产党玩的李代桃僵之计，便向苏军提出抗议。因此，公安总队也不好再在长春市内立足了，好在已装备齐全，正好拉出去整训。

第二大队被拉到长春郊区的官家烧锅整训。李延年发现，出城后，有的人就开了小差。老板的儿子小黄也不见了，据说是夜里逃跑的。他本来就怕苦怕死，加上有坏人告诉他："整训就是要整你这号人，你爸是资本家，你自己又娇气。"他一听更害怕了，找个机会就溜号了。整训期间，部队一方面进行军事训练，一方面搞政治教育并进行人员甄别。一些混进部队的坏人被甄别出来，清除出去。李延年虽然知道总队长张庆和与共产党有关系，但一直以为自己是公安局的人，在整训中才知道：这支部队对外打的旗号是公安总队，其实是共产党领导的东北人民自治军（1946年1月14日改称东北民主联军）吉黑纵队的一部分，真正的领导人是从冀鲁豫军区参谋长任上调来的老红军曹里怀（所以又称"曹纵队"）。"东北人民自治军"这个名称是苏联红军建议采用的。根据《中苏友好同盟条约》，苏联只承认国民党政府，如我军在东北公开打八路军的旗号，必遭国民党抗议，且会被美国抓到辫子，所以，他们建议我们用东北人民自治军的名义来作掩护。这样，他们就可以对外解释："东北人民的自治武装，我们不能干涉。"事实上，就因为打了自治军旗号，部队发展比较迅速。但由于队伍扩大过快，兵员质量就不那么讲究，说龙蛇不辨、紫朱杂厕并不过分。部队如不整训，就不能成为人民军队。于是，公安总队的四个大队都先后开始了整训。

第二大队的整训非常紧张，完全按正规部队的一套要求来，有人感到吃不消了，李延年却颇有如鱼得水之势。他就爱参加军训，射击、投弹、刺杀、爆破和土工作业，这五大传统步兵技术，样样他都喜欢，尤其喜欢打枪。他似乎有这方面的天分，教员讲解示范后，他就能领会，很快就做得像模像样，实弹打靶，五颗子弹，他发发命中，不是十环，就是九环。打完之后，干部表扬他："好样的！打得不错。"他说："还没过瘾。能不能让我再打几枪？"连长爱上这个兵了，又给他十发子弹打，算是奖励，结果他又打了个"满堂红"。战友们不禁给他鼓起掌来。爆破训练是大队政委刘世光亲自讲解示范的。李延年打心眼里佩服，共产党的"大官"不仅与小兵一起训练，还身先士卒，率先垂范。他还不知道，就是在整训中，刘世光政委注意到了他这个身手矫健的新兵。

"这次整训，我最大的收获是初步懂得了为谁当兵、为谁打仗的问题。"他当兵就是想着要打日本，管他是什么部队，只要能打日本就行。日本人投降了，汉奸还在，那就打汉奸。这没错，但未免想得简单了。比如，东北有的土匪部队，也曾抗日，可后来呢？大多投降了，成了穷凶极恶的汉奸队伍。他们咋说变就变了呢？"原因很简单，他们是为个人私利的队伍。"指导员在讲课中说："他们一开始抗日，不能说没有一点民族气节，但也因为日本人占了他们的地盘，妨碍了他们的'生意'，威胁了匪首'土皇帝'的地位。一看打不过日本人，而投降日本人后照样可以作威作福，就不管民族大义了，给日本人当狗了。"整训中，每天都上政治课。通过上课，他逐渐明白只有共产党领导的军队才是为人民服务的军队，才是没有私利的军队。

作战勇敢，当上了政委的警卫员

在大城市没法待了，中共中央给东北局和军队的指示是"让开大路，占领两厢"，先占领广大农村和中小城市，建立巩固的根据地，积蓄力量后再与国民党决一雌雄。长春公安总队作为党领导的一支新部队，仅仅整训了约两个月，在12月下旬就接到了战斗任务。李延年所在的第二大队和兄弟部队一起负责解放榆树县。上级的意图很明显，就是要把北满的政权牢牢地掌握在我军手里。

榆树县（1990年改市）虽然历史悠久，但设县的时间不长，清光绪三十二年（1906）才设立，因治所在孤榆树屯，故得此名。榆树县正好处于哈尔滨、长春、吉林三市所构成的三角地带之中心，有公路与三市相连，车程均约为两小时；第二松花江滚滚北上，拉林河缓缓东来，卡岔河横穿南北，水路运输四通八达；加上地处世界著名的黄金玉米带上，盛产玉米、大豆、水稻、高粱，号称"松辽平原第一仓"，战略地位非常重要。别看榆树只是一个农业县，其民风颇具洋味，在城镇多数人穿西服。

如前所说，日本投降后，东北的汉奸武装摇身一变，打出各种旗号，靠上了国民党，继续危害一方。榆树县的汉奸、伪县长宋天人和伪警务科科长林辉福也成立了榆树县地方维持会和保安团，同时挂出了国民党党务专员办事处榆树县支部及国民党榆树县党部的牌子。最先出关到东北的冀热辽军区第十六军分区司令员曾克林，曾经派第十二支队队长关闾阎等八名官兵到榆树接收县政，宋天人、林辉福假装服从，却暗设埋伏偷袭，关支队长等突围而出，战士许春在枪战中牺牲。此战后，宋天人野心膨胀，与邻县的汉奸相勾结，组成了榆树、舒兰、五常三县保安团联防机构。东北人民自治军部队进军舒兰县白旗屯时，宋天人按联防的要求，派榆树县伪保安团团长林辉福前去阻击我军，结果被打得落花流水，赶紧逃回榆树老巢。这次解放榆树县的战斗中，我军集中优势兵力，除了李延年所在的第二大队，还有东北人民自治军独立支队独立团、辽南军区第三纵队第二支队和吉林保安游击总队的部队。12月27日，我军在解放大新立屯、黑林子后，于当日拂晓对县城发起进攻，经三个小时的激战，伪保安团溃散，榆树县城被解放。

这是李延年参加的第一次战斗。敌人守着县城，城门口和城墙上修有工事。县城建在平原上。站在城墙上，如果没有雾，几公里外都看得清清楚楚，进攻的一方根本没法隐蔽接敌。因此，大队将进攻的时间定在凌晨，夜间接敌，天蒙蒙亮就发起进攻。进攻一开始，先对着敌人的工事轰了几炮，然后步兵在机枪的掩护下冲锋。李延年初生牛犊不怕虎，像个愣头青，我军机枪一响，他就不顾一切地往前冲。这股敌人有点不经打，我军一个冲锋，他们就吃不住劲了，大多调转屁股往后跑。李延年猛冲上去，对着其中一个敌人大喊一声："缴枪不杀！"这家伙可能是个兵油子，居然回头看了他一眼，举起手说："我缴枪可以，但要缴给你班长，不能缴给一个新兵。"缴枪还认对象？他气得真想给他一枪，但部队有纪律，不能对停止抵抗的敌人开枪。后来，这家伙真的把枪交给了紧随其后赶到的班长。

李延年未免纳闷："他是怎么知道我是新兵的？"战后，班长告诉他："是新兵还是老兵，有经验的人一眼就能看出来。比如，老兵攻击前进时非常注意利用地形地物，而新兵要么畏首畏尾，跟在老兵后头，要么不顾一切，猛冲猛打。这次打县城，你冲在最前面，又是一张娃娃脸，可不一下就被人认出是新兵吗？另外，你喊'缴枪不杀'，虽然声音洪亮，但缺少杀气，有点稚气，别人一听就能判断你是个孩子。"班长的话让李延年茅塞顿开，他决心要拿出老兵的样子来，武艺要练精，喊"缴枪不杀"也要喊出杀气来。在解放榆树县的战斗中，李延年没有直接毙伤敌人和缴获武器，但班长说："我缴的这支枪应该算是你的。"李延年说："他交给你了，就不能算是我的了。"连队给他口头嘉奖一次，指导员在全连好好表扬了他一番："新战士李延年不怕牺牲，冲锋在前，革命战士就应该这样，全连都要向他学习！"

第一次打仗就受到嘉奖，李延年心里美滋滋的。"我好打枪，喜欢钻研军事，一有空就找班长请教。班长说：'你枪比我打得还准，手榴弹比我投得还远，技术上我教不了你了。我教你一些战术吧！'我的战术动作都是他教我的。"那个时候，部队的任务一个接一个，李延年只能在战斗间隙学习，能学一点算一点。打完榆树县，接着就打五常县。

五常县（1993年改市）属于黑龙江省，位于哈尔滨市以南、吉林省榆树县之东北，处黑吉公路之要冲。其地原名欢喜岭，五常之名来自清同治八年（1869）在此地建立的五常堡协领衙门。五常堡协领衙门设居仁、由义、崇礼、尚智、诚信五个甲灶（常堡），清末曾短暂改称五常府，1913年改为五常县。五常素有"北方水稻王国"之称，五常大米享有盛誉，而且渔业发达，矿产资源丰富。与榆树县的情况一样，日本投降后，五常县的汉奸武装摇身一变，成了保安大队，控制了政权。

在打五常县城之前，李延年所在的三连奉命拿下县城北面的孙大驴子（地名）。这里是敌人的一个重要据点，与县城互为犄角，拿下它，县城之敌就孤立无援了。千万别小看了这个名字土不拉几的据点，它与东北许多大地主所建的堡垒式庄园差不多，不仅四周有高高的围墙，挖有壕沟，而且四角都建了碉堡，可形成交叉火力。但凡此类地主庄园，都有所谓的护院队武装守卫。大地主建庄园堡垒的初衷是防土匪，但在伪满时期，护院队逐渐与土匪同流合污了，完全变成了汉奸武装。为顺利拿下孙大驴子，第二大队进行了充分的准备，制定了火力掩护、爆破突击的方案。爆破组刚将围墙炸开一个缺口，李延年就和全班战友乘着烟雾冲了进去，将几颗手榴弹投向敌人的一个碉堡，高声大喊"缴枪不杀"。敌人见围墙失守、共军已经冲到眼前，无心恋战，掉头就跑。李延年追上一个敌人，大声令其缴枪，见那人还有点犹豫，对着他脚下就是一枪，那家伙吓了一大跳，乖乖交了枪。孙大驴子战斗中，李延年因为缴了一支步枪而受到嘉奖，还获得了50元奖金；班里缴了一挺机枪，被奖励了200元钱。

孙大驴子解放后，五常县城孤立无援，我军没怎么费劲就拿下了它。

1946年的新年，第二大队是在战斗中度过的，虽然打的都是小仗，但李延年每仗都有出色表现。1月的福龙泉战斗后，他被调到大队部当通信员。

和平时期选通信员，往往爱选年纪小的，长得俊的，手脚勤的，嘴巴甜的。但在战争时期，选通信员是以战斗力为标准的，因为一个通信员比一个普通的班长甚至排长还要重要。在无线和有线通信不普及的情况下，信息的传递、命令的下达，都得靠通信员。忠诚、勇敢、机智、灵活，是通信员应该具备的素质。正因为通信员的作用大，所以牺牲的比例也很大，是普通战士的好几倍。虽然李延年入伍还不满四个月，但他在战斗中已表现出异乎寻常的素质，尤其是非常的勇敢，每一战都冲锋在前。正所谓"胆大人艺高"，勇敢者的战术动作往往也格外灵活。李延年被大队领导和通信队相中了，成了一名通信员。

"通信员骑在马上，挂着冲锋枪，多威风呀！"李延年对能被调到大队部当通信员好不得意。不料他去报到后，队里既没有给他马，也没有给他冲锋枪，而是把他领到炊事班，交给他一辆小三轮，对他说："你先当'上士'吧。"这里所说的"上士"不是指军衔，而是对给养员的别称。给养员是干啥的呢？负责买粮食、蔬菜等食材、食品。一般来说，给养员的身份比通信员要高，是班长一级的，但李延年有点不高兴，说："说好了是来当通信员，怎么又搞采购呢？"领导解释说："你读过小学，会记账，当'上士'比较合适。""买米、买菜，谁不会？老'上士'干得好好的，干吗要我代替他？"他总觉得领导是怕他当不好通信员，才让他干"上士"的，但他没敢问。管他呢，叫咱当"上士"，咱就好好当呗！

你别说，让李延年当给养员还真找对人了。因他在德发裕粮谷加工厂当过几年学徒，经常给客户送米送面，对粮食的价格比较有数，所以粮商谁也别想糊弄他；至于买菜，他勤快，不怕跑腿，货比三家后才买，自然是价廉物美。所以，他刚上任就深受欢迎。政委刘世光的妻子是个演员，时不时要买一些化妆品，也放心让他去办。"这小子这么能干，干脆要他当司务长得了。"有人这样建议。但这一建议不可能被采纳。为啥？因为这完全不符合领导的意图。领导是调他来当通信员的，暂时让他当给养员，是要考验考验他的品行。李延年打仗勇敢不怕死，这当然可贵，但也有打仗勇敢却贪财好色的人。那时，财务制度还很不健全，给养员玩点儿猫腻贪点钱，易如反掌，甚至有卷走单位的伙食费而溜之大吉的；因单独行动时间多，接触外人多，很容易与三教九流搞不正当的交往，特别是街上妓女多，有中国的、日本的、白俄的，要拈花惹草是很方便的。通信员送信，一般也是单独行动，没有点自律精神是靠不住的。李延年当然不可能知道领导在考验他，但他完美地经受住了考验。他不仅不贪一分钱，还处处勤俭节约，对外交往时，非公免谈，一身正气，规规矩矩。半个多月后，领导让李延年卸下给养员的担子，正式当了通信员。

　　他骑着一匹高头大马，左手拉着缰绳，右手握着一支匣子枪（可连发的手枪），胸前挂一支冲锋枪，肩背一支小马枪，好不威风！袁执栋当时是部队剧社的小演员，70多年后在接受记者采访时说："他骑马挎枪的样子，真神气！按现在的话说，就是一个字：酷！"

　　当然，让你骑快马，佩好枪，可不是让你耍酷的。李延年受领的任务就没有不急的，都要快马加鞭去，快马加鞭回，有时是送信，信封上写着"限定×时×分前送到"，耽误一分钟就算没完成任务；有时是传达口头命令，要记得清清楚楚，原原本本地传达。在路上，他不止一次遇到险情，有拦路抢劫的，有从暗处打黑枪的，但他都贴在马背上闯过去了。他当通信员受的唯一一次伤不是火药伤，而是摔伤。一次送信，他骑马在雪地上飞驰，突然马失前蹄，他重重摔下马，而右脚还在马镫子上脱不开，受惊的战马一跃而起，拖着他继续狂奔，他猛拉缰绳也不顶用，马跑了数十米才停下来。他把右脚从马镫子上拉出来，只觉得钻心的疼，用手揉了揉，感觉骨头还没有断，容不得多想，得赶紧完成任务，他忍痛上马，继续前进。他回忆说："这是一次深刻的教训。东北的老乡往往会在地头挖一条大沟，大沟被大雪覆盖后就看不到了。如果从田野里抄近道，很可能就会掉进去。""信按时送到了吗？""送到了，但右脚留下了残疾，软组织严重受伤，脚肿得鞋也穿不进去。消肿后，常常隐痛，但我没当回事，没想到后来一到冷天或潮湿天气就疼，只好自己缝了一个棉套子给套上。现在条件好了，换上了皮套子。"说着，他撸起裤腿，脱下袜子，指给笔者看，只见踝关节至腿脖子有一条十几厘米长的青色印痕。"就这个地方，我当时没管它，结果落下了病根。"

　　当通信员虽然刺激，但很少直接参加战斗。看别人打仗，李延年不免手痒。打龙家堡镇时，他完成通信任务后，部队正好发起进攻。李延年终于忍不住了，主动投入战斗行列。只见他熟练地利用地形地物，迅速冲到敌阵前沿，敌人的一个机枪手正调整射击位置，刚架好枪准备开火，不料李延年飞身赶到，大吼一声，一把抓起其机枪枪管，敌人顿时崩溃丧胆，丢枪投降。他用缴获的机枪向敌阵扫射，见一个当官的拿着匣子枪在指指点点，便扫射着冲过去，还隔着好远，敌军官竟丢下匣子枪，举手投降了。就这样，他又缴了一支匣子枪……

　　一个大队部的通信员，"友情出演"，居然"演"得如此精彩，部队把他的英勇事迹报上来，刘世光政委听了很高兴，但没有对他大加赞扬，只是说："你表现不错，以后就留在我身边工作。"留在身边干啥？当警卫员。

第三章

叛逃逆风中的忠诚战士

战争年代，首长挑警卫员是非常严格的，生命所系，岂敢大意？警卫员一要忠诚不二，二要身手不凡，两者缺一不可，道理不言而喻。

刘世光政委相中李延年，是经过认真观察的。早在官家烧锅集训时，刘世光政委就开始注意他了。他当战士、当给养员、当通信员都表现出色，家庭出身和本人出身也清清白白，应该是个值得信任的人。

东北我军最困难的时期

李延年来到刘世光政委身边时，正是东北战局对共产党最不利的时期。1946年2月上旬，蒋介石的所谓"五大主力"之一的新六军在秦皇岛登陆后，东北保安司令杜聿明便兵分三路向北宁线两侧的我东北民主联军（1月由东北人民自治军改此名）攻击前进。一时间，国民党军步步紧逼，民主联军节节后退，特别是四平保卫战失利后，一些新发展的部队在撤退中溃不成军。

四平雄踞沈阳、长春之间，处东满、西满、南满、北满的十字路口，是中长、平齐、四梅三条铁路的交会点，也是著名的粮食集散地。国共两党都把夺取四平视为控制东北的关键。1946年1月8日，国民党接收大员刘翰东带着土匪武装进驻四平，成立辽北省政府。3月中旬，苏军刚一撤走，我民主联军就一举解放了四平，林彪率东北民主联军总司令部随即进驻。对四平，国共双方都志在必得，于是在此展开决战。杜聿明集中十个师的兵力对四平发起进攻，包括号称"王牌军"的新一军（军长孙立人）和新六军（军长廖耀湘）；林彪也几乎集中了当时他能够调动的所有兵力应战。从4月7日战至5月18日，因双方力量悬殊，我军虽歼敌1万余名，但自损亦8000人以上，为避免全军覆没，林彪不得不下令撤出四平，一路向北。所谓"屋漏偏逢连夜雨，船迟又遇打头风"，这次撤退本已被动，而林彪司令部的作战科科长刘继芳的叛逃，险些将民主联军置于万劫不复之地。民主联军退到哪，国民党军就追到哪，眼看就要追到长春了。怎么办？林彪、彭真、罗荣桓等开会研究，林彪主张撤出长春，一直撤到松花江以北，罗荣桓支持林彪的意见。就这样，当时设在长春的中共中央东北局机关和部队，包括李延年所在的公安总队都得撤走。

位于东北腹地的长春南依石碑岭，东濒伊通河，当时市区面积约700平方公里，居民人数约40万。长春铁路纵贯南北，长图铁路、长白铁路横穿东西，乃重要交通枢纽。1931年"九一八事变"后，长春被改名为"新京"，作为伪满洲国"首都"，成为全东北的政治、文化中心。因此，占领长春具有很大的政治意义。

这次撤出长春，李延年所在的公安总队算是第二次了。第一次是被苏军逼出去的（见上章），不得已，而这一次是主动撤出，很多人都想不通。凭什么要撤？长春可是我们从敌人手里夺过来的呀！且说上次我军撤出长春后，国民党把纠集的各路汉奸、土匪武装整编为两个东北保安总队，其中的第二总队是以原伪满所谓的"铁石部队"的两个团为主拼凑起来的，总队长为刘德溥。刘德溥本是伪满少将旅长，日本投降后，他在冀东投靠国民党，便由汉奸变成了国民党将军。另一个是第四总队，是用收编的土匪和散兵游勇拼凑起来的，总队长为陈家祯，苏军撤走后兼国民党的长春市城防司令。我军一直在做解放长春的准备，包括地下工作准备在内。1946年4月18日，苏军刚一撤走，我民主联军立即发起解放长春之役，以很少的伤亡完胜。公安总队因为熟悉长春情况，在战斗中发挥了重要作用。此战史称"第一次解放长春之战"。我军解放长春后，中共中央东北局随即入驻，长春遂成为我党在东北的指挥中心。这个时候，距解放长春才一个月零几天，为啥要主动撤出？李延年是政委的警卫员，听首长们讲得多了，懂得暂时撤走是为了更好地消灭敌人。敌人摊子铺大了，兵力就分散了，顾得东来顾不得西，我们就能一口一口地"吃掉"他们。刘世光政委曾经怕他想不通，在撤退路上听了他的想法，非常高兴，表扬他"进步不小"，让他多给战士们讲撤退的道理。

只身逆行，路遇敌特策反

5月22日，李延年所在的第二大队从长春撤到了吉林市。没等他为首长安排好住处，刘世光政委就对他说："你马上返回长春，把在长春养伤的副大队长和副政委接回来。你一个人去，不要带武器。"

他不知道为什么不让他带武器，但觉得"政委把这么重要的事交给我，是对我的信任"，所以什么也没问，立正回答："坚决完成任务。"

政委说："好！长春没有别的部队了，只有我们大队的三营断后，你去找他们帮助。"政委还告诉了他副大队长和副政委养伤的地点，给了他一笔钱，是医药费，要他交给看病的"先生"。政委交代完注意事项，最后又特别强调："路上一定不可多管闲事，你的任务就是把副大队长和副政委安全地接回来！"

李延年答一声"明白"，立马就出发了。他要坐火车来回。

吉林市至长春市的铁路长约120公里，但那时的火车要走三四个小时。加上正是兵荒马乱之时，共产党部队在往后撤，国民党军队就要来了，火车上乱糟糟的，什么人都有。

有人靠上来，主动搭话："小兄弟是要回长春？"

李延年见此人中等个儿，面黄肌瘦，40岁上下，穿着长衫，戴着礼帽，乍看像个文化人，仔细一瞧不对劲，长衫遮着的腰间有情况，多半是别着一支盒子枪。他与自己素不相识，主动搭话为哪般？不等李延年回话，那人掏出纸烟盒，顺手就递过来一支烟。李延年虽然当兵才半年，但一眼就能看出这家伙不是革命军队的人，不是土匪就是国民党的人，他主动套近乎，肯定没安好心。李延年拒绝了他敬的烟，摆手说："不会这个。"那人也不勉强，自己点燃香烟抽起来，抽了两口，又掐灭了，说："抽这玩意没劲，还是福寿膏香。"

李延年听人说过，鸦片烟的别名是福寿膏。这家伙原来是个抽鸦片的。在东北的土匪和伪满部队中，许多人都抽鸦片。李延年坐的这列火车是部队征用的，这家伙怎么能上这趟车呢？难道他是混进革命队伍的坏蛋吗？见李延年一直用疑惑的眼光瞧他，他凑近李延年的耳朵，说："小兄弟，你真不该回长春去。去了，说不准就出不来了。"他瞅了瞅四周，压低声音，神秘地说："中央军马上就来了，聪明的人都跟国军走。你是第二大队的吧？"

"这家伙怎么知道我是第二大队的？"李延年更加警惕了。那人诡秘一笑，说："不瞒你说，我是第三大队的人。"

第三大队不是也从长春撤出了吗？李延年问："那你回长春干什么？"

那人没有正面回答，却说："我看小兄弟你是聪明人，知道现在的路该怎么走。共产党彻底完啦！"

李延年虽然还不是党员，但马上驳斥他说："你这是胡扯，我们是暂时撤离，到时候是要回来的。"

那人不禁嘿嘿一笑，摇着头说："小兄弟呀！你太年轻，不懂事，被长官忽悠啦。你知道第三大队现在怎么样了吗？"

"怎么啦？"

那人悄悄地说："大队长带头反正啦！变成了国军。"

李延年本能地反击："你瞎说！"

那人却不恼不怒，接着说："你还不知道吧？不光第三大队，很多部队都调转枪口变国军啦……"

没等他说完，李延年怒斥道："你这是动摇军心，应该被枪毙。"说着，他下意识地就用右手在腰间摸枪，这才发现，出发时，刘政委特别交代他不准带枪。

他摸枪的动作被那人看得清清楚楚，那人竟得意地笑了，拍了一下自己藏在长衫下的枪，说："小兄弟呀！我可没有骗你。你就是不听我劝，也用不着动枪啊。"他这句话吸引了周围人的注意，很多双眼睛盯着他俩。

李延年真想扑上去掐死他，但刘政委在他临行前有交代："一定不可多管闲事，你的任务就是把副大队长和副政委安全地接回来。"这时，他才明白了政委为什么不让他带枪。假使他带了枪，说不定一气之下真开枪了，接副大队长和副政委的任务就可能黄了！他强迫自己冷静下来，不再和那人说话。那人却缠着他说："咱俩可以大路朝天，各走半边。但我担心你到长春后出不来。你要跟我走，白的（银钱）、黑的（鸦片）都有。还没有尝过女人的味道吧？跟着我，包你快活。"

这人真不知羞耻！李延年忍着没骂出声，默想着："这样的人怎么就混进了第三大队？第三大队真的像他说的那样，大队长带头叛变了吗?"他没法找人求证,部队有部队的规矩,不该知道的就不可乱打听,虽然自己是政委的警卫员,但该保密的,首长也会对他保密。他感到这趟列车上的气氛很不对头,那个穿长衫的家伙近乎明目张胆地拉他叛变的话,周围的人应该也听见了,可没有一个人站出来揭穿他。车厢内还有几个人很像是他的同伙,鬼鬼祟祟的,一会儿与张三交头接耳,一会儿与李四勾肩搂腰,似乎都干着劝人叛变的勾当。不错!他们就是干这个的。这些人似乎越来越胆大了,说话已肆无忌惮,不再小声了。而有的人已经被他们牵着鼻子走了。

"你知道李运昌,李司令吗?"

"哪个李司令?"

"就是从热河最先到东北的那个李司令。"

"这个人厉害,专打日本人。"

"进东北后更厉害。队伍一下就拉到好几万人。可你知道现在怎么啦?"

"怎么啦?"

"国军一来,队伍就散啦!"

"怕是瞎忽悠吧!人家八路军会散吗?"

"他带来的八路军没散,新拉起来的队伍散了,听说就剩下从关内带出来的那点老底子了。"

"是真的吗?别蒙人啊!"

"这位兄弟,这话说的。你看,我蒙你干啥?蒙你一垧地,还是蒙你一头驴?"

不少人笑了。李延年笑不出来,心想:"这家伙哪知道那么多?莫非是国民党安插在我们部队中的特务?"那人为了证明自己的消息正确,无意中暴露了自己的身份:"不瞒各位兄弟,全东北的消息咱都知道,到处都有咱们的人。"

见大家向他投去惊讶的眼光,他又爆了一个猛料:"抗联的周保中，周司令，没人不知道吧！跟着'老毛子'打回来，那多威风！大旗一竖，队伍拉得好大，现在呢？大多投靠国军啦！现在，整团、整旅地投靠国军的，多了去了！你不信呀？长春市公安第三大队的大队长就带头归顺了。"

这时，那个穿长衫的自称来自第三大队的家伙竟然得意地瞅了李延年一眼，好像在说："我没骗你吧！"看来第三大队的事是真的了。整个车厢内弥漫着一股失落的情绪。可以判定，有的人已经被他们忽悠住了，动摇了。快到长春车站时，那家伙对李延年还不死心，说："小兄弟！你可要想好了。中央军最快明天就进长春了。要想好了，你用不着说话，下车后远远地跟我走就是了。"他还有点胆怯，怕被跟紧了无法脱身。其实，李延年根本无暇与他纠缠。李延年的任务很明确，就是把两位负伤的大队领导接回吉林。下车后，他就一溜小跑地往三营驻地赶，也不知那几个人往哪里去了。

不辱使命，异乎寻常的忠诚

三营营长和教导员正等着李延年来。他们是留下断后的部队，要等国民党军队进城后再撤走，要徒步行军，必须精精干干。两位负伤的大队领导本不该他们管，但如果不能配合李延年把他俩安全接走，带着行动会很不方便，丢下了就得承担责任。营长、教导员向李延年简要介绍了大部队撤走后长春市的情况："汉奸、土匪、叛徒一个个都迫不及待地跳了出来，就等着中央军进城。"事不宜迟，必须赶快把两位负伤的领导接走。李延年向营里要了一支匣子枪和几十发子弹，然后就按照地址去找伤员。

副大队长和副政委住在一家私人医院里，老板就是主治医生，也不知他姓啥，反正刘政委叫李延年见面后喊"先生"。虽然两位大队领导来住院没亮明真实身份，但"先生"一看就能猜到他们是"八路"（东北人习惯称民主联军为"八路军"）的干部，因为他俩受的都是枪伤，一人有一个小伙子陪护，而没有家属来探望。因时间紧迫，李延年也顾不上那许多了，直截了当地向"先生"说明了情况，请他立即为两位伤员办理出院事宜，并且请他帮忙找两副担架，把伤员抬到火车站。"先生"是个基督徒，表面上只认病人、不问出身，但很有民族气节，尤其对关内来的八路军有好感，第二大队经常送伤员到他这里治疗，他的口碑很好。听说李延年要把两位伤员接走，他说："照说，他们应该还在我这里住一段时间，有利于伤口愈合。但是，我又怕中央军来了为难他们，所以还是接走为好。"李延年从怀里拿出一个牛皮纸信封，对"先生"说："我们刘政委说，原来预付的医药费可能不够，让我带来这点钱，我也没打开，你看够不够，要不够，政委要我写欠条。政委说请'先生'放心，我们说话是算话的，等我们打回来的时候一定加倍偿还。""先生"接过信封，说："医药费我看也够了，不必打欠条了。"

"先生"陪着李延年去病房见两位大队领导。副大队长的伤势较重，受的是腹部伤，手术后他虽已脱离了危险，但还没法动弹；副政委受的是腿伤，他拄着拐杖可以挪几步。李延年向他们敬礼，报告说："政委让我来接两位首长回部队，一会儿我就带担架来……"副政委问："就你一个人吗？"李延年回答："就我一个。再加两位首长的警卫员，三个人负责把首长接回去。"李延年又对两人的警卫员交代："你们赶紧收拾好东西，我一会儿就带担架来。外头很乱，你们要特别注意首长的安全。"说罢，他就与"先生"一起去找抬担架的人。

这家私人医院没有救护车，重病号入院、转院，还有病故者的遗体搬运，都是靠担架抬，于是就有了一帮靠抬担架赚外快的人。他们平时做点小生意，或在附近打零工，医院有活就跑过来。医院老板等于他们的半个衣食父母，所以老板的话特灵。不过，李延年口袋里没钱，怕他们不干。他在当学徒的时候，接触了各类城市贫民，比较了解社会底层人的生活，知道这些在医院抬担架的人活得不容易，但也有故意讹人令人讨厌的时候，特别是要抬传染病人、抬死尸时，他们往往会狮子大开口，如不满足其条件，路上就会故意磨蹭，或者故意颠簸，甚至半道上把人撂下不管。这次如果他们唱这一出，一旦误了最后一趟车，那就不好办了。"先生"见他有顾虑，摸着胸口说："这事你就放心吧！工钱的事，到时候我来算。再说，你手里有枪，料他们也不敢在路上为难你。"李延年不知该怎么感谢"先生"，只好说："那就全靠'先生'了。但我的枪对他们不管用，是打敌人的。"

"先生"很快就找来八个人、两副担架。领头的是老韩头，皮肤黧黑，结实利索，颇似习武之人。从他的眼神里可以看出，这是个见过世面的人。"先生"对他们说："本来两副担架只要四个人，为啥要你们八个人来？不瞒你们，要请你们把两个八路军的伤员送上火车，只有两个钟头了，路上得小跑。工钱嘛，回来找我要。"他朝担架头儿说："老韩头！我就拜托你们了！"老韩头说："交给我，您尽管放心。""先生"指了指李延年，接着说："你们要听这个当兵的支使，他姓李，他叫你们干啥，你们就干啥，不准为难他。"

从这家私人医院到火车站约10公里，到吉林的最后一趟火车是18点30分开，此时已经过了16点了，再不出发就来不及了。

事不宜迟，说干就干。"先生"为两位伤员准备了两包内外用药及纱布、绷带，分别交给他俩的陪护员（警卫员），交代了注意事项，并对两位伤员说："只要按我的要求换药、吃药，注意休养，不出三个月就恢复正常了。"副政委还不放心，"先生"告诉他："怎么换药、用药，我都写在一张纸上，放在药包里了，队伍里的医生一看就会明白。"说罢，两位伤员被抬上担架，四个人一副，一人用一只手就拎出了房间，领头的一声吆喝，担架轻松上肩。李延年与

"先生"握手告别，然后带着大家，一溜烟似的朝火车站跑去。

此时，长春的街道上早已乱了，共产党撤走了，中央军还没有来，这短暂的治理空白期，正是牛鬼蛇神大显神通的时候。有拿着枪逼迫商家交"保护费"的，有打着欢迎中央军的旗号收"慰问金"的，还有的什么名头也没有，就是要钱，不给就抢，没得商量，特别是又冒出了"招兵处"，专门招降纳叛和搜罗散兵游勇，有人声嘶力竭地在叫喊："凡来参加国军的，一人先发一块现大洋。"显然，这是野心家想先把队伍拉大，等中央军来了，便以此为本钱，要番号要官职。李延年指挥大家一路飞奔，没时间仔细观察，许多情况是抬担架的人无意中骂着讲出来的。他走在队伍的最后面，始终盯着两副担架，生怕两位伤员有什么闪失。他突然觉得自己太低估抬担架的人的为人了。就凭这么恨国民党反动派，他们也不会加害八路军。于是，他与他们聊起来，想不到他们知道的比自己要多得多。

老韩头告诉他："那些个拉队伍、乱蹦跶的人，别人不知道他们的老底，我可知道。刚看见的那帮招兵的人中，大声喊叫的那个，就是个土匪，好些人都认识他……哎！共产党在长春的时间太短了，才一个多月，还没找他们算账，就走了。这帮畜生，正等着中央军来了升官哩！"

李延年问："那些抢铺子的都是啥人？"

老韩头说："还有啥人？土匪、地痞，还有兵痞。"

李延年说："我们走快点，得防着他们！"

老韩头说："你们有枪，量他们还不敢。再说，抢两个伤员也没啥油水。"

李延年心想，幸亏外面还不知道两个伤员是共产党部队的"大官"，要不然就危险了。他顺着老韩头的话说："抢咱们，油水是没有，但还是防着点为好。"

老韩头说："要说防，最该防的还不是上面这些家伙，是谁？是混进共产党队伍里的坏人。别人没瞧见，我是瞧见了：好多伪满洲国的'二鬼子'，跟着日本人害咱中国人，嘿！摇身一变，跑到共产党队伍里头去了，有的还当了官。这一回，看到中央军要来，又变回去了。听说长春公安第三大队就变成国民党了，本来他们就是'明八路，暗中央'，现在尾巴露出来了……"

李延年不禁心里一沉，原来火车上那个穿长衫的家伙讲的是真的！形势危急，他感到肩上的担子更沉了……

一路上虽然很不平静，但好在都是有惊无险。在大街上正走着，突然从前面小街窜出一路男女。他们手中拿着小旗子，打着"热烈欢迎中央军进长春"的横幅，呼喊着"欢迎，欢迎"的口号。中央军不是还没来吗？怎么就欢迎开了？原来是"地头蛇"在搞预演，有人拿着铁皮喇叭在指挥："好！声音再大点，旗子举高点，精神要饱满，脸上要有笑。"他们这么一横，抬担架的人就走不成了，绕又绕不过去，只好等着。谢天谢地，他们的队伍很短，也就几十个人，组织者只顾指挥游行，也没管人行道上的担架。时间又被耽误了一会儿，赶紧走吧！

紧赶慢赶，18点零几分，李延年一行人带着担架赶到了火车站，三营有一个排临时在车站执勤，任务是平安送走这最后一列开往吉林的火车。原想这趟车应该非常拥挤，因为自中共中央东北局迁入长春后，共产党在长春的机构很多，东北局和省委、市委所属机构以及军队系统还没有撤走的人员，都要乘这最后一趟车走。没想到上车的人不多，甚至车上显得有点冷清。咋回事？不用说，很多人不愿跟着共产党撤退了。他们要么是开了小差，要么是已经叛变或准备叛变。李延年找到一节人少的闷罐车，里面铺着高粱秸秆，他指挥大家把两位负伤的首长抬上去，再托下来，让他们躺在秸秆上。送走抬担架的老韩头等人之后，他对两个警卫员说："我们三个就坐在首长旁边，照顾首长，保护首长。"副政委的警卫员小高提醒他说："我们走得急，没带干粮，我下去买点吃的，我怕把首长饿着了。"李延年一听，就同意他下车了，特别交代："快点回来，小心误车！"

可一直到列车鸣笛开动了，也没见副政委的警卫员小高回来。站台上还站着三营的哨兵，李延年请示副政委："要不要告诉哨兵，派人去找？"副政委说："他要是让你找得到，他就不会跑了。"啥意思？好像副政委知道他要开小差。他不敢对首长妄加猜度，只是非常后悔，真不该让他下车。副政委接着说："他硬要走，你是看不住的。"

李延年一路闷闷不乐，又饥又渴，想到两位首长是伤员，应该比他更难受，心中不免自责："都怪我！考虑不周，没有先买点吃的，还让小高跑了……"他一个劲地向两位首长道歉，副政委说："哪能都怪你？你一个人顾得过来吗？我也没提醒你买吃的。"这话中有话，但年轻的李延年没听出来，他当兵才半年，考虑问题还没有那么复杂。副政委是对政委只派他一个战士来接他俩有意见。确实，李延年虽然是政委的警卫员，但毕竟还是一个新兵，他要是开了小差，岂不把他俩丢给国民党了！再说，他俩虽是副职，但也是大队首长，政委最起码也得派个干部和医生来接吧？政委可好，竟然只派了一个新战士！其实，在这个形势急转弯的时候，无论干部还是战士，忠诚都是第一位的。副政委还不了解李延年，他虽缺少经验，但不缺忠诚。

火车晃晃荡荡，走得很慢，晚上10点多才到吉林。刘世光政委带着医生等在站台上，迎接副大队长和副政委回来。李延年最先下车，向政委敬礼后报告说："两位首长都接回来了。"政委格外高兴，没等他说完就表扬开了："好！非常好！你立了一大功。"李延年不好意思地说："副政委的警卫员小高开小差了。"刘政委"嗯"了一声，说："你的任务完成了，先去休息吧。"

回到大队部，快11点了，但很多人都还没有睡，见李延年回来了，都围过来打听情况。听说副政委的警卫员小高跑了，有人说：

"现在部队开小差成风，跑的人多了。我们还担心你一去不回哩！"李延年生气地说："胡猜什么呢！我能不回来吗？政委对我这样信任，把这么重要的任务交给我，不说别的，就冲这份信任，咱也不能有二心。"

第二天，刘世光政委特意抽空与李延年谈了一次话，非常坦诚地告诉他："派你一个人去长春后，有人批评我，说：'这么重要的任务，怎么能交给一个当兵才半年多的新兵呢？还让他带了钱，万一他拿着钱跑了，副大队长和副政委就落到国民党手里了。你负得了责吗？'我让他们放心，因为我了解你。他们却说：'现在这个时候能放心吗？开小差的、叛变的人太多了。'"李延年不禁问道："路上听说第三大队叛变了，是真的吗？"政委说："不是第三大队叛变了，是大队长带着一些人哗变了，现在已经被平息，大队长被枪决了，剩下的人要被整编到第一大队。"李延年不便再问，政委继续说："看到你把副大队长和副政委接回来了，那些怕你带着钱跑了的人也服了。共产党员，革命战士，第一位的高贵品质就是忠诚。在这个叛逃成风的时候，你是好样的，经受住了考验……"最后，刘世光政委说："今天，我把该对你说的和不该对你说的都说了。现在，东北的形势暂时对我们非常不利，我们要到农村去，去为老百姓剿匪，去搞'土改'，会很苦，希望你继续接受党的考验，争取入党。"

他还不懂什么叫"土改"，什么叫入党，但他明白，八路军是穷人的队伍，是为穷人服务的，便对政委说："再怎么艰苦，再怎么危险，我不开小差不叛变，跟着八路军队伍走，跟你走，你到哪，我就到哪。"

刘世光政委一听，笑了，说："不是跟我走，我们都要跟党走，做到党指向哪，我们就战斗到哪。"

哦！李延年似乎明白了："政委、大队长，他们都是党的人，但党会要我这样的小兵吗？"

第四章

『入了党，就是党的人了』

李延年不辱使命，从长春接回负伤的副大队长和副政委后，部队很快又从吉林市撤出，撤到了第二松花江东岸。看着从松花湖经过丰满水电站泻下的江水向北流去，李延年和战友们有万般的不舍。主动放弃了长春，也主动放弃了吉林，啥时候才能回来呀？刘世光政委看透了战士的心思，说："我们主动放弃大城市，就是为了尽快回来。等我们到农村把根据地建好了，想到哪儿去就能到哪儿去。"

　　撤离吉林没几天，刘世光政委被调任榆树县保安团政委。他从第二大队带了大批骨干过去，李延年也在其中。

跟政委去榆树县剿匪

　　李延年当兵后打的第一仗就是解放榆树县，现在要回去剿匪，想打仗的他高兴得跳起来。不过，听说是调到榆树县保安团，他不免有点发蒙。

　　解放榆树县时，他们打的就是伪县长宋天人拉起来的保安团。现在怎么又是一个保安团？经刘世光政委授课，李延年才明白，这是两个性质完全不同的保安团。

　　我军于1945年12月27日解放榆树县后，宋天人的保安团逃遁，中共吉林省委决定成立中共榆树县委员会，由李隽任第一任县委书记。1946年1月1日，榆树县召开第一次参议会，成立榆树县民主政府，选举张清华任县长。张清华掌握着一支部队，成员复杂，纪律松散，危害百姓。20日，吉林省军区下令对其进行整编，派部队收缴了其武器，并将张清华调走。当日，召开榆树县第二次参议会，选举李隽代县长（3月为县长）；同时，成立县保安团，苑化冰任团长，李隽任政委。县保安团的主要任务是保卫人民政权，消灭土匪和地主武装。他们先后在八号区和六号烧锅击溃地主武装，抓捕了伪警长、特务刘彬（在团山子庙会游斗后处决）。但是，5月，我军从四平战略转移，特别是我军撤出长春后，随着国民党中央军的步步紧逼，原先已被击溃的土匪死灰复燃，东山再起，地主武装、黑恶势力也乘机反攻倒算，袭击民主政权，企图与国民党中央军里应外合、内外夹击，置共产党和民主联军于死地。榆树县的国民党地下军、伪满残余和大地主不甘落后，策动我地方武装叛变，杀害共产党干部，本已解放的榆树县的大片乡村又变成了他们的天下。榆树县如此，周边的九台、德惠两县的情况更危急，各种反动地方武装在国民党特务的指挥下，竟然将两县政府逼得无法立足，不得不转移到榆树县异地办公。就是在这样严峻的形势下，吉北军分区调刘世光政委去榆树县保安团任政委（县委书记李隽兼任第一政委），以加强保安团的建设，迅速平息叛乱。

李延年跟随刘世光政委来到榆树县保安团，直觉告诉他，这个保安团与公安第二大队整训前的情况差不多，部队松松垮垮，兵不像兵，有的吊儿郎当，像兵油子；有的畏畏缩缩，像小奴隶。他虽然入伍才半年多时间，但也能一眼看出来，这支部队不整顿就打不了硬仗。这时，他才理解刘世光政委为什么要从第二大队带那么多人过来，除了一些干部骨干，整个警卫班差不多都来了。刘世光政委工作很忙，不是去县委开会，就是召集部下开会，还要下连队去调查。李延年一长两短三把枪，眼观六路，耳听八方，警卫着首长的安全。有天，骑马走在路上，刘政委突然问李延年："你说说，到了保安团，你有什么感觉？"李延年不好意思回答，便说："我一个小兵，懂啥？"政委说："我就是要听听小兵的想法。"李延年这才说了自己的想法："我看应该像我们去年在官家烧锅那样搞整训。"政委听了高兴极了，说："你进步大了，会思考问题了。可惜，现在恐怕没有时间给我们像在官家烧锅那样搞整训，只能边作战边整训了。"

果然，坏消息接二连三地报来。当时，榆树全县有十个区政府，每个区有一个区中队的武装力量，结果，十个区中队里居然有六七个叛变了。先是大岭区中队溃散解体了，人和枪都没有了，有的是逃跑回家了，有的是投奔土匪武装去了。接着，弓棚区中队叛变了，还没等平息下来，泗河、五棵树、八号、新立、秀水区中队又相继叛变……

这些叛乱先后被县保安团平息。李延年作为政委的警卫员，没有直接参加平叛战斗，但因为在首长身边，知道的情况比连队战士更多一些，所受到的教育更深刻一些，也明白了不少革命道理。

秀水区商民团发动叛乱，并策动我秀水区中队叛变，县保安团及武工队将其镇压，城区武工队队长贾育民壮烈牺牲。平叛结束了，但对叛乱中的许多事，李延年有些能看明白，有些却弄不明白。商民团是地主和商人的武装，也是国民党的地下军之一，他们要搞叛乱，很好理解，因为农民协会成立了，要搞"土改"了，他们必然要反抗，但如果区中队不叛变，他们也不敢轻举妄动。这进一步说明，榆树县的地方武装包括保安团和区中队都亟须整顿。政委从第二大队带来的人，好多都被充实下去了，这就有帮助整顿的意思。但对有些问题，李延年还有点想不太明白。地主搞武装是为了保卫庄园，秀水区的商民团除了保卫庄园、商铺、镖局，重点是防土匪打劫。他们与伪满汉奸、国民党搞到一起，好理解，背靠大树，更能欺压百姓。照说，商民团之类的地主武装与土匪是势不两立的死对头，地主买枪搞武装就是为了防土匪，现在死对头咋就搞到一起去了呢？他问班长和占祥，和占祥也不太明白；他又问团部政治处书记张影，张影建议他旁听对叛乱分子的审判。

见识政治土匪真面目

榆树县的土匪曾经很多也很厉害，不报号的小股不算，仅报号的就有"北洋""全胜""海龙""老二哥""占中央""九阳"等多股。大帮千余人，小帮也有数百数十人。他们到处流窜，抢劫民财，危害一方。我军解放榆树县后一直没有放松剿匪，土匪势力一度式微，但在我军撤出长春后，一度收敛的土匪又猖獗起来，榆树县境共有17股之多，尤以"占中央""双山"等股匪最为活跃，经常与地主武装合作袭击基层民主政权，杀害干部。在旁听审判中，李延年找到了地主与土匪是怎么勾结在一起的答案。一个地主在受审时说了实话："过去土匪抢我，我还可以花钱免灾；而现在，你们农会是要分我的财产，分我的地，让我成为穷光蛋。我宁可把钱给土匪，也不愿分给穷棒子。"怎么回事呢？1946年5月，东北局在双城召开会议，传达了中共中央《关于清算减租及土地问题的指示》（即"五四指示"）。县委领导参加会议回来后，随即组成县武装工作队，并成立榆树县农民协会总会，在全县开展清算减租斗争。这下，地主慌神了，预感到末日来临，一方面寄希望于国民党中央军快点打过来，另一方面抓紧联络包括土匪在内的各种反动势力，以图一举消灭共产党政权，以保住自己的财产和土地。哦！原来如此啊！李延年一下明白了：地主与土匪，猫鼠同笼子，是为了抱团对抗"穷棒子"。

通过旁听审判，李延年对土匪的面目也看得更清楚了。在他的印象里，土匪就是干打家劫舍的勾当，图的是钱财，而现在东北的土匪与传统的经济土匪几乎完全不一样了，他们不仅和地主抱团了，而且与国民党穿连裆裤了。日本投降后，国民党的先遣人员在找土匪，以将其改编为地方部队；土匪也在找国民党招安，以换成国军的牌子。事实上，东北的土匪除零星小股外，稍大一点的股匪几乎都在国民党那里领到了番号，土匪的大小头目居然变成了国军的军官，至少也弄个连长、中队长当当。人人都恨土匪，国民党为什么把他们当宝贝？李延年算是看清了：这其实也是一笔交易，国民党因为正规军一下来不了东北，便收买土匪与共产党抢地盘，搅乱共产党的后方，中央军在前方打大炮，土匪军在后面放冷枪，企图前后配合、里应外合，消灭共产党。在接受审讯时，有个土匪头目就很猖獗，以国军的支队长自居，叫嚣："我是国民党吉林省军事特派员正式任命的军官，是有委任状的。你们现在不放我，中央军马上就来了，到时候你们也得放我。"来榆树县前，李延年听政委说现在东北的土匪都是政治土匪，他当时没法理解，现在他完全理解了。简单地说，土匪就是国民党抢占东北的先遣队，能起到中央军起不到的作用，共产党要在东北安身，要取得人民的拥护，就得彻底消灭土匪。

在榆树县剿匪，等同于读一部关于中国社会的大书。李延年开了眼界，学会了分析问题。县城有两个师徒和尚非常有名，师傅法号源宗（俗称"六和尚"），徒弟法号宗谛。听说我军把这两个和尚抓起来了，准备公审处决他们，李延年还有点犯糊涂："和尚不就是靠念经弄点香火钱吗？抓他们干甚？"参加了公审大会，他才明白，他们是披着和尚外衣的国民党保密局的特务，庙里藏着电台，除了搜集情报，他们还负责联络榆树及其周边的反动武装。榆树县十个区中队里六七个发生叛变，都与这两个家伙有关。这两个和尚给李延年上了一课：看人不能只看表面，要看实质。

我军在榆树县剿匪三个多月后，土匪和地主武装逐渐被消灭，农民敢于参与"土改"了，斗地主，分田地，开展得热火朝天。李延年从来没有看到农民像现在这样扬眉吐气，这样拥护共产党和人民政权。县委、县政府和保安团动员青年农民参军，全县有9405人报名参加了东北民主联军。但是，榆树县最大的股匪"占中央"还没有被剿灭，匪首曹洪彬还在与保安团斗法。9月，曹洪彬纠集"中恩"和"双江"股匪在四区斜长八里屯合流，保安团闻讯前往围剿，可惜由于兵力不足，只打了一个击溃战，曹洪彬逃之夭夭。

就在这时，刘世光政委从榆树县保安团调往吉北军分区警卫团。吉北地区行署和吉北军分区是新成立的，领导机关设在舒兰县。广义上的吉北有扶余、榆树、舒兰、农安、德惠、九台等县，第二松花江流过吉北，将之分为两半，扶余、榆树、舒兰县在松花江以北（西），属解放区，而德惠、农安、九台县在松花江以南（东），属敌占区。所以，一开始吉北行署和军分区的活动范围在松花江以北各县。

吉北行署和军分区的设立，是贯彻新的中共中央东北局《关于形势和任务的决议》的一个举措。1946年6月16日，中共中央作出东北局主要领导重新分工的决定：林彪为东北局书记、东北民主联军总司令兼政委，彭真、罗荣桓、高岗、陈云四名同志为东北局副书记兼东北民主联军副政委，并由林、彭、罗、高、陈五人组成东北局常委。林彪受命后，立即召开东北局扩大会议统一思想，于7月7日通过了由陈云起草的《关于形势和任务的决议》（即"七七决议"）。决议指出"无论目前或今后一个时期内，创造根据地是我们工作的第一位""创造根据地的主要内容是发动农民群众""只要广大的农民发动起来了，并积极参加自卫战争，我们就能建立不可战胜的阵地"，要求"为了迅速有效地创造地区广大的根据地，应以主力兵团的一部，配合当地的地方武装，采取积极行动，肃清政治土匪，调集干部组织地方工作团，首先集中工作于根据地的要点，逐渐推广，联点成面，力求在半年之内把群众发动起来"。7月25日，东北局再次发出指示，要求各分局、各军区在原来抽出1/3的兵力和3/5的干部去创造和开辟根据地的基础上，至少再抽调二至三个团的兵力分散到各地区，做群众工作和完成打匪任务。

显然，设立吉北行署和军分区，就是要把吉北地区作为"根据地的要点"来建设。吉北地区处于哈尔滨、长春、吉林三城之三角区，战略地位极其重要。在我军撤出长春后，吉北是我军保卫哈尔滨的前哨阵地、下江南出击的出发阵地。而且，这里离黑龙江省的双城县城只有一步之遥，东北民主联军总司令部就设在双城。当时，我军已经被迫离开了除哈尔滨、齐齐哈尔外的所有大城市，而农村又被地主和土匪占领着，我军如果不创建根据地，将成为无根浮萍。而要建立根据地，就必须进行剿匪和"土改"。

吉北军分区警卫团的任务很明确，在吉北地委和军分区的领导下，组成武装工作队，下乡参加"土改"，随时参加剿匪战斗。李延年跟随刘世光政委到警卫团时，土匪仍然比较猖狂，仅榆树、舒兰两县就有土匪2000余人。不剿匪就没法发动群众，进行"土改"；而不发动群众搞"土改"，就不可能彻底剿灭土匪。这是两项互为因果、相辅相成的工作。

东北的土匪是有所谓的"旗杆"的。"旗杆"者，"榜样"之谓也。比如，当时合江省（省会佳木斯）的土匪就有"四大旗杆"：谢文东、李华堂（"草上飞"）、张雨新（"张黑子"）、孙荣久（"孙快腿"）；《林海雪原》中的"座山雕"（张乐天）则是牡丹江地区的"旗杆"之一。70多年后，李延年对笔者说："吉北地区没有像他们那么有名的土匪，但也是有'旗杆'的，那就是'占中央'，匪首曹洪彬。只要这股土匪不灭，其他小股土匪就会看到希望。砍倒了'占中央'这个'旗杆'，其他小股土匪就没主心骨了。"

在"土改"斗争中光荣入党

但是，土匪的脸上没写字，你都不知道他在哪里，怎么剿？李延年不过是个警卫员，但他与干部一样着急。大股土匪一下子逮不住，小股土匪也非常令人讨厌。武装工作队下农村，好不容易动员出几个贫雇农积极分子，准备斗地主，而土匪夜晚在村里打几枪，群众就被吓住了，不敢出头了。不逮住这些家伙，群众斗地主就有顾虑。而群众不发动起来，光凭部队的力量，又很难逮住他们，因为没有人给部队充当耳目。那怎么办呢？只能两副重担一肩挑，耐着性子做工作。

一分耕耘，一分收获。武装工作队一面发动群众，一面破获匪特案件，一大批贫雇农积极分子成长起来。丛贵，就是舒兰县穷苦农民的一个杰出代表。他1925年生于榆树沟柳沙村，自幼父母早逝，兄弟俩相依为命。他八岁起就给有钱人家放猪，大一点了就为人扛活。日本人要修丰满水电站，让伪满洲国出劳工，柳沙村的胡姓地主在本地代招劳工，讲好半年工钱800元满洲票。丛贵和许多劳工就冲着这800元满洲票去了吉林市的中满，被日本兵驱赶着修建丰满水电站。丛贵控诉说："日本鬼子根本没把我们当人看。你稍不留意，皮鞭就抽到你身上，你要敢反抗，马上就被捆起来毒打，打到奄奄一息后再被抛到荒郊野外。劳工每天吃的都是橡子面、窝窝头，没有新鲜蔬菜，只有一点发了霉的臭咸菜。我们睡在破工棚里，夏天没有蚊帐，任凭蚊虫叮咬；冬天没有炉火，十几个人挤在一起受冻。劳动繁重，加上饥寒交迫，不少劳工病倒了，毫无人性的鬼子不给医治不说，竟然干脆把还活着的病人扔到'万人坑'里……我大概是运气比较好的，没生大病，但已经被折磨得皮包骨头了，天天盼着说好的六个月时间快点过去。好不容易半年时间到了，我算是死里逃生，回到了柳沙村。回来后，我就找胡家要说好了的800元满洲票，可姓胡的地主死活不认账了，说只有120元满洲票，还说：'有本事，你找日本人要去。'后来有人告诉我，姓胡的地主从日本人那里按每人800元招工，代收了工钱，又按招工总数拿招工费。日本人给的钱本来就少，又差点被这种汉奸地主全部克扣，劳工等于白干了。至于死了回不来的，地主就更赚了，因为120元也不用给了。我恨透了日本鬼子，也恨透了汉奸地主，那个旧社会真是人吃人啊……"

丛贵控诉地主后就报名参军，开始在区中队，后调到县保安团，直接参加保卫"土改"、清剿土匪的战斗。1947年5月，他随队编入东北民主联军一纵二师六团（后改称第三十八军一一三师三三九团），在解放天津时荣立两大功、一小功，光荣入党。1950年，从朝鲜回国参加全国英模大会后，再次入朝作战，光荣牺牲。这是后话，且不说。

只说李延年只比丛贵小三岁，他俩属于同代人。丛贵对日寇和汉奸地主的控诉引起了李延年的共鸣，一下子拨动了他那根自己从来不想碰的神经。他的老家在河北省昌黎县会君垞村，与丛贵一样，他七岁就给人放猪、放牛。不同的是，丛贵是孤儿，他父母双全。李家是怎么变穷的呢？李延年一直认为这是由"命"定的。他爷爷曾经为子孙攒下了一份家业，有四大间房、五六十亩地，在昌黎算得上是富农了。可是父亲和叔叔一次赌博，一下子就把50亩地输给人家了，从此他家由富农变成了贫农。也许因为赌博输地属于自作孽，怨不得别人，李延年便将之归咎于命运。命不好，才输了地。

一夜变穷后，其父李辑瑞也想通过努力改变命运，先是在本地给地主做长工，后闯关东当工人，结果被日本侵略军强抓到克山县当劳工，挨打受骂，不如牛马，也不知是死了还是活着。母亲靠做针线活维持不了一家人的生活，不得不去要饭，李延年的一个弟弟和一个妹妹因饥饿和疾病早夭了，家里只剩下母子二人。为了活命，母亲不得不让七岁的他去给人放猪、放牛。那是没有一分工钱的，说是管吃，但从不让你吃饱。小小的李延年饿得不行，想出了一个办法，就是在海滩上抓小螃蟹，再捡一些树枝和野草当燃料，点火将螃蟹烧熟，虽然没有一点盐和调料，但吃起来挺香。螃蟹是凉性的，不用生姜等中和，吃多了就拉肚子。拉就拉呗，为了不挨饿，也只好这样子。有一次，猪跑到别人的红薯地里吃了一窝红薯，人家来索赔，姨父一巴掌就把李延年打倒在地，接着又用脚踢，疼得他在地上打滚。他九岁时，姨得急病死了，姨父就把他赶出了门。母亲依然没法养活他，只好又把他送到姑姥姥家去放猪。直到他12岁的时候，母亲觉得再怎么穷，孩子也该识几个字，否则去店铺当学徒都没人要，长大了只能给人扛活。于是，母亲去跟小学的校长说好话，希望他们收下李延年，没钱交学费，就让李延年每天为老师做饭。校长还不错（后来才知是中共地下党员），同意了。李延年这才上了两年半的学。在他14岁的时候，父亲侥幸从克山劳工营逃出，回到了故乡，给赵姓地主扛活，但仍然养不活全家，便让他休学，跟着在长春烙饼的丁占一去东北找他舅舅。经舅舅介绍，他在长春以南的大屯火车站德发裕粮谷加工厂当了学徒。说是学徒，他什么都得干，包括给老板和老板家人端屎端尿。小小年纪的他每天要给客户送加工好了的粮食，累得直不起腰来。有一次，他给警察送米，路上摔了一跤，摔破了麻袋，米撒出来一些，回来后被老板好一顿毒打……对家庭和自己的境遇，他一直以为"这都是命"；对有人发财、有人受穷，他也认为"这都是命"。他跟班长甚至政委都讲过自己这种宿命论的观点，他们批评他"这是糊涂观点"，他一时也没明白糊涂在哪。听了丛贵的控诉，他脑子中的宿命论动摇了。丛贵之所以穷，主要是受到了残酷剥削。给日本人当劳工，九死一生，换来800元满洲票，结果又被地主克扣了680元，到手才120元。被双重盘剥，又如何能不穷？他对穷人之所以穷的新认识受到班长和政委的肯定，他们鼓励他多参加"土改"学习，进一步提高觉悟。此后，他参加了农村的斗争会，农民对地主的血泪控诉让他刻骨铭心，分到土地的农民的笑脸也深深地印在他的脑海里。他在《历史思想自传》中写道：

通过"土改"学习，划清了敌我界线，认清了旧社会地主所有的土地财产都是剥削劳动人民的，劳动人民过去是在地主阶级的统治下，成年累月的（地）给他们当牛马，过着黑暗的日子。只有在中国共产党和毛主席的领导下，组织起来，推翻地主阶级，才能翻身。同时，更进一步明确了国民党是国内地主阶级、官僚资产阶级执政的党，是反对和压迫人民的。以蒋介石为首领导的中央军是反动军队，是反动阶级的武装。他们依靠反人民的武装欺压和统治人民。只有中国共产党领导的人民军队才能保护人民的利益，消灭人民公敌。把反动军队消灭干净，推翻反动的政权，人民自己当家做主人，才能过不受欺压的幸福生活。通过这次学习，个人对革命工作更有了信心。当时想：我也是个穷人家的孩子，参加了革命部队，算参加对了，自己要忠心为人民的事业干到底。认识了政治上进步的光荣，党又经常的（地）给予个别教育，说明党员要如何忠于人民事业，怎样做一名共产党员……

思想认识提高了，1946年5月，李延年写了入党申请书。这年底，李延年和大家一直耿耿于怀的吉北最大的股匪"占中央"被彻底消灭了。根据群众提供的情报，"占中央"股匪在榆树县武龙大窝堡一带出没，参与吉北地区剿匪的东北野战军（简称"东野"）一纵二师六团和吉北军分区部队联合行动，将股匪合围，一举全歼，匪首曹洪彬被活捉，经公审后被处决。土匪"旗杆"倒下了，其他的小股土匪要么主动投降了，要么被民兵和武工队逮捕了。自此，吉北地区的土匪已经被全部肃清。

1947年1月22日是农历丁亥年的大年初一，吉北地区的这个春节显示出从未有过的热闹与祥和。国民党的中央军在松花江以南不敢越雷池一步，土匪没有了，"土改"后翻身的农民分到了牲畜和土地，怎能不尽情地欢庆一番！这个春节，他们吃上了饺子，吃上了猪肉炖粉条、小鸡炖蘑菇……村村都扭起了大秧歌，搭起戏台，唱开了蹦蹦戏（1952年更名为二人转），其中有一个传统的单帽儿（又叫单出头、单玩意儿）《小拜年》叫人百听不厌：

正月里来是新年儿啊

大年初一头一天啊

家家团圆会啊

少的给老的拜年啊

也不论男和女啊

哎哟哟哟哟哟哎哟哟呀

都把那新衣服穿呐

哎哟哟哟哟

都把那个新衣裳穿呐哎哟

……

就在军民欢度新春佳节的时候，李延年迎来了他政治生涯中的"新春"：正月十二（2月2日），他光荣地加入了中国共产党。入党介绍人，一个是他的班长和占祥，一个是团部书记张影。从1946年5月他提交入党申请书开始，他俩便一直负责考察并培养他，看到他的觉悟越来越高，模范作用越来越好，欣然介绍他入党。

李延年举起右手，在党旗下宣誓：

我志愿加入中国共产党，作如下宣誓：一、终身为共产主义事业奋斗；二、党的利益高于一切；三、遵守党的纪律；四、不怕困难，永远为党工作；五、要做群众的模范；六、保守党的秘密；七、对党有信心；八、百折不挠，永不叛党。（注：此为解放战争时期中共中央组织部制定的入党誓词，1948年东北局另有一个誓词版本）

宣誓后，李延年在支部大会上说："入了党，就是党的人了。我保证要按今天宣誓的誓词去做，把命都交给国家。"因为表现突出，他三个多月后就从预备党员转正了。

第五章

烫手的子弹和『甲等优胜』奖状

此一时，彼一时。

1947年春天，就是李延年从预备党员到转正的这三个多月里，东北战场的主动权似乎在不经意间易手了。

1946年5月，林彪带着东北民主联军从四平撤离，杜聿明指挥国民党中央军步步紧逼，一追千里，大有将民主联军一举歼灭之势。然而，正所谓"飘风不终朝，骤雨不终日"。蒋介石因发动全面内战，四面出击，无法再给东北增兵了。杜聿明已明显感到兵力不足，不得不将进攻的势头止于松花江一线，在战略上改弦易辙：从全面进攻改为"南攻北守"，企图先肃清南满，再攻取北满。于是，林彪来了个"南打北拉、北打南拉"，通过"三下江南、四保临江"作战，歼敌4万余人，一下子变被动为主动，转守势为攻势了。眼下，林彪精心筹划的夏季攻势马上就要开场了。

东北形势的转变当然是战场较量的结果，但从根本上说，得益于贯彻了毛主席关于建立巩固的东北根据地的指示和东北局的"七七决议"。李延年虽然还是一个战士，但也看得清清楚楚：剿匪和"土改"，是打开局面的两把金钥匙，一下子把广大农民争取过来了。翻身农民踊跃参军，积极支前，仅榆树、舒兰两县，就分别给我军补充了万人以上的优质兵员。地方部队也齐装满员，发展壮大了。1947年初，东野总司令部一次新编了三个独立师，李延年所在部队被编为独立第三师第七团（另一部分被编入一纵队），他仍当警卫员。就是在这个时候，李延年遇到了另一位让他终身景仰的首长、时任团政委黎原（后任团长、师长、军长、军区副司令员）。

黎原是个传奇人物，毕业于国民党南京陆军军官学校第11期步兵科，毕业后参加过淞沪抗战，战后回乡探母。1938年奔赴延安入抗日军政大学学习，入党后任教员，在随第三分校校长许光达到三五九旅参观学习时被王震旅长留下，任教导营营长，后随南下第二支队奔赴抗日前线，一路参加战斗，在从河南焦作往林县的途中，接到开赴东北的命令，作为先遣队员进入东北，被安排到长春市公安总队第一大队任政委，后相继任吉北军分区基干一团政委、独立三师七团政委。

一颗烫手的子弹

黎原政委让李延年难忘，因为李延年跟随他打的第一仗就留下了一个特殊的纪念品——一颗烫手的子弹。

那是在夏季攻势中攻打乌拉街镇的战斗。

乌拉街镇历史悠久，是满族的发祥地之一，距吉林市35公里，位于松花江东岸，新中国成立前属永吉县。乌拉街有古城，三面环山，一面临水，城墙外挖有护城河。1945年冬，我军第一次解放乌拉街之后，建立了民主政权和区中队武装。1946年5月，四平失守后，我军撤到了松花江以北地区，乌拉街政府和区中队也奉命撤到了缸窑镇。不久，国民党吉林省保安第六纵队司令兼舒兰县县长回恩正带着部队占领了乌拉街。这个回恩正来头可不小，是国民党吉林省主席梁华盛的换帖兄弟。梁华盛给了他保安第六纵队的番号和武器弹药，让他当司令兼舒兰县县长。但舒兰县是解放区，他回不去，只好在吉林市拼凑流亡政府，搜罗汉奸、土匪和恶霸地主，扩充实力，妄想打回舒兰去。此次占据乌拉街，就是想以此为据点，伺机而动。当时，七团对乌拉街的敌情还不是很清楚，黎原政委便带着一拨人去侦察。

黎原政委指挥战斗的最大特点是亲临一线，战前要亲自侦察。李延年作为警卫战士，跟随首长，负责警戒。在把地形和敌人的防御阵地、主要工事摸清楚后，要选择和确定一个主攻点，就在这时，他们被敌人发现了。敌人枪炮齐鸣，炮弹"呜呜"，子弹"嗖嗖"，纷纷飞来。不好！一颗子弹击中了李延年，但也许因为距离远或子弹质量有问题，弹头碰到他时已成强弩之末，在穿透他的大衣后掉下地去了。李延年伸手去捡。"哎哟！"好烫手呀！黎原政委见状，说："留下来作纪念，以后再捡烫手的子弹就不容易了。"可不是嘛，像这样子弹穿过大衣再往下掉的情形，是极其罕见的。有人说："你小子命大，子弹碰上了都往下掉。"有人问："你有什么护身魔咒呀？给大家传传！"大家笑起来，黎原政委没笑，说："注意隐蔽，仔细观察。"

主攻点定下来后，黎原政委发布了作战命令。担任主攻的是二营四连。战斗开始前，他来到四连，在现场交代尖刀班："你们要冲得快，打得准，让敌人没有喘气的机会。当敌人发觉你们时，手榴弹就在他们面前爆炸了，枪口已经指向了敌人胸膛，那时你们就大喊'缴枪不杀'！"四连指导员丁元功表态说："请首长放心，我们坚决完成任务！"政委说："好！我在指挥所看着你们。"

因为侦察仔细，部署严密，战斗进展得比较顺利，不到一个小时，四连就突进了乌拉街。黎原政委带着作战参谋和警卫员进了城，因为战斗进展太快，敌人被打蒙了，有个敌军官拿着手枪向黎原政委一行跑过来，问："你们是哪个部分的？"李延年冲上前大喊："缴枪不杀！"敌军官一看不对，掉头就跑，李延年朝他脚下打了一枪，这家伙吓了一跳，转身跪下，举枪投降。见此滑稽相，大家忍不住哈哈大笑。在这个投降军官的引导下，他们又抓了好几个俘虏，还都是军官。

乌拉街这一仗中，李延年受到了嘉奖，但他对自己很不满意。警卫员的职责是保护首长的安全，因此就不能痛痛快快地去追打敌人，这让他感到憋屈，特别是看到有的警卫员下战斗连队后干得风生水起，还有当了班长、排长的，他迫切要求下战斗连队。首长同意了他离开警卫班，但没有让他下连队，而是送他到了师教导大队。

1947年9月，在李延年进师教导大队时，独立三师被编入东北民主联军第十纵队，改番号为第二十九师，原七团改编为八十五团，黎原由政委改任团长。十纵二十八师的老底为三五九旅南下第二支队，第三十师与第二十九师一样，都是由地方部队升级而成的。

办教导队培养班长是我军的光荣传统，早在红军时期就开始了。教导队虽是短训班，但学员回到部队就是班长。李延年非常珍惜这两个月的学习时间，非常明白班长在部队管理和作战中的重要作用。班是部队最底层的组织，班长是所谓的"兵头将尾"。从特定意义上说，兵是靠班长带的，仗是由班长带着打的。所以，拿破仑称班长为"军中之父"，斯大林称班长为"军中之母"。当新兵在官家烧锅整训时，李延年就如羊群跑马，高人一头。在教导队，各路高手如骏马奔腾，李延年也能一骑绝尘，加上他能带头遵守纪律，敢于跟不良现象作斗争，所以被选为党小组组长，行政上被任命为副班长。要知道，这可是班长班的副班长耶！当然，他也有不招人喜欢的地方，一个是说话太直，一个是要求太严。两个月的集训很快过去了，他该回部队任班长了。恰在这时，东北军政大学来部队挑选第十期的学员，李延年因出身清白和训练成绩优异而被选上，于是他从教导队直接到齐齐哈尔上东北军政大学。与他一起上东北军政大学的，还有他的入党介绍人之一的和占祥。在他们上教导队的这两个月里，民主联军完成了秋季攻势，歼敌7万余人。我军部队规模要扩大，解放区要扩大，需要大批的干部。

好到反常必有诈

东北军政大学的前身是延安抗日军政大学，1945年10月迁往东北吉林通化，组建为东北军政大学（简称"东北军大"），林彪兼任校长，彭真兼任政委，1946年6月改由罗荣桓任政委，下设东满、南满、西满、北满、冀察热辽五所分校。1946年7月，东北军大迁到黑龙江北安，1947年12月迁到齐齐哈尔，校址在东盛二街（后改名军校街）。李延年等当年招收的学员为第十期（从延安时算起）。当时主持工作的是副校长倪志亮、副政委吴溉之。东北军大设预科、本科和入伍生队。预科设普通班和军事班，修业时间四个月，期满升入本科；本科设军事系、政治系，修业期限八个月至一年；入伍生队修业期限4—6个月，期满升入预科，成绩优良者可分配工作。

李延年先上预科军事班，再上本科军事系。在他上预科期间，东北民主联军从1948年1月1日起改称东北人民解放军。

在预科学习期间，李延年先补习20天文化，再上两个月的政治课，在学习马克思列宁主义、毛泽东思想的基础知识的同时，主要是搞"土改"学习、思想整顿。关于这一段，李延年在《历史思想自传》中写道：

经过这一次学习，更进一步提高了阶级觉悟水平，加深了阶级仇恨，知道了地主阶级是长期奴役和剥削人民、吸取劳动人民血汗的（反动阶级），必须彻底消灭他们。同时也提高了警惕性，因为经过整顿思想，发现我们部队内部有阶级异己分子到部队来进行破坏活动，个别的是（为了）逃避（"土改"）斗争（而）参加了部队。

　　他说的为逃避斗争而参加部队的人大多在入伍生队。"土改"前参军的剥削阶级家庭出身的战士，就不存在逃避斗争的问题。李延年虽然在1946年的叛逃风中，见过各种变节者和国民党特务分子的嘴脸，但没想到在东北军大学员中，也会有敌特机关安插进来的"潜伏者"。在预科军事班就清查出来一个派遣特务。"怎么会是他?"让李延年和同学们大感意外的是，这人是个堪称模范的学员，学习积极，训练刻苦，勤务带头，遵纪守法，待人和气，乐于助人，老实本分……总之，他身上几乎没有什么缺点。他怎么可能是阶级异己分子，是国民党的特务? 本来这次还查不到他，可他的一个在部队的同伙在潜伏期沉不住气，急于发送情报，暴露了，在被审时把他供了出来。莫非是诬指? 组织上通过调查，发现他的履历是伪造的。为什么要伪造? 他不得不承认了自己的特务身份。他的上司要求他长期潜伏，想方设法打入共军要害部门，只在关键时刻提供有重要意义的大情报，千万不可因鸡毛蒜皮的小情报而暴露自己。原来人家是准备钓大鱼的。在组织调查清楚后，同学们才如梦初醒。李延年仔细回想他的表现，也感到有些蹊跷了。比如，他对人一直都是笑脸，即使有人冒犯了他，他也是一副笑脸。这对一个年轻人来说，得有多深的修养啊? 一般人肯定是做不到的，除非经过特别训练。再如，他本人不大吸烟，但见人就敬烟，你还在推辞，他火柴就划着了，叫你感到盛情难却，不吸烟的也接一支，自然对他产生好感。还有，李延年因为爱打枪，所以对他的射击成绩和动作要领特别关注，发现他技术非常老到，尤其是玩手枪玩得很溜，而他的射击成绩却不是第一，一直保持第三、第四的样子。那时的枪精确度不如现在高，打十环很不容易，能打九环就是很好的了。如果打三发子弹，他头两发都是九环，第三发却只有五环、六环，被问原因，他说是"眼花了"。现在看来，他很可能是故意的，当了第一就树大招风，他是想闷声往上爬。这个人给李延年的教训太深刻了，让他明白了一个识人之道：好到反常必有诈。反常的好往往是装出来的，必有个人目的。他后来当了政工干部，这条经验让他颇为受益。

从预科结业后上本科，李延年开始是如鱼得水，之后是如饥似渴。怎么讲？开始学步兵五大技术——射击、投弹、刺杀、爆破、土工作业，李延年早已练得炉火纯青，所以如鱼得水；接着学战术，这对李延年来说是一个全新的挑战，所以他如饥似渴。

在军政大学学战术

东北军大的战术课虽然也讲《孙子兵法》等传统经典兵书，但主要还是讲毛泽东军事思想和林彪总结的"六大战术原则"，即"三猛战术""一点两面""三三制""四组一队""四快一慢""三种情况三种打法"。

"三猛"，指的是"猛打、猛冲、猛追"，是野外战斗原则。"讲得太好了！"听了教员的讲解，李延年不禁从心里叫好。从当新兵起，他就是一个猛冲、猛追的角色，他抓的俘虏、缴的枪，都是他勇猛的结果。不过，他现在要从一个基层指挥员的角度来考虑问题了。

东北军大每天都通报战况，每月都进行形势教育。李延年入学时，蒋介石的参谋总长陈诚靠耍阴谋取代了东北行营主任熊式辉和保安司令杜聿明，集东北党政军职务于一身，当上东北行辕主任后，他吹嘘说"只需六个月即可恢复东北的优势""一定要从共军手中收复满洲一切失地"，决心在东北住五年。可五个月不到，1948年2月初，陈诚就因丧师失地而丧魂落魄，通过妻子陈曼意——宋美龄的干女儿走后门，说服蒋介石将其调离东北。在他灰溜溜地离开沈阳时，新华社东北前线记者写了一篇题为《教师爷滚蛋了》的述评，经罗荣桓政委修改后刊出，成为东北军大和部队进行形势教育的教材。李延年至今还记得学习这篇文章时的情景，学员们边学边发出痛快的笑声，越学越有劲。这篇文章将陈诚比为京剧《打渔杀家》中的教师爷，只会吹牛皮，仅仅五个月，牛皮就吹破了：

（陈诚）……丧失城市18座，土地面积6.3万平方公里，人口550万，损兵折将128337名（其中将官30名），损失各种炮1164门、机步枪等59286支……这位常败将军不仅把他来到东北以后新添加的卖命本钱——四十九军和新五军都弄完了蛋，一个二十一师遭到歼灭性打击，而且还把一一六师等老本钱也都送了礼，将战火一直引到沈阳市郊……

战场上的大好形势鼓舞着学员们努力学习，李延年恨不得快点学完，早日回到瞬息万变的战场。

学了"三猛战术"之后，接着学"一点两面"战术。当时，林彪刚刚写了一篇论"一点两面"的文章，这篇文章便被军大引为教材。教员引导学员先读原文：

在敌强我弱的情况下，我们作战方法，特别强调各个击破敌人，一个一个地消灭敌人。这就是说，企图心不要太大，嘴巴不要张得太宽，不要想一口把敌人吃完，必须考察条件，当条件能够吃掉，一口吃掉是好的，但防止一口吃到嘴里啃不烂，嚼不碎，结果会把牙齿碰断。因此，在条件未成熟前，我们不主张大吃大喝，包围很多敌人。想一家伙解决问题以图痛快，这样打法，十有八九是危险的，是不痛快的。我们主张是吃一口是一口，细啃烂嚼才易消化，打一个营歼灭一个营，打一个团歼灭一个团，才是真正痛快……

这是讲为什么要采取"一点两面"的战术。那"一点"是指什么呢？分对敌和对己两个方面。对敌而言：

在组织战役时，如果是打运动的敌人，则集中力量打它侧翼一路；如果一路还不能全部吃掉，则打它一节，吃它一股；如果打分散守备的敌人，则是选择一点突破歼灭之。如能发展再继续发展，实行局部包围歼灭，不是一下包围好几点，包围一大堆，同时打几个敌人，这样是难以解决战斗和取得胜利的。

在战术上也是选择敌人弱点实行坚决突击，例如一般突破点，均选择于敌人凸出部、接合部、敌人阵地的侧后、地形便利我接近之点等地方，集中兵力、火力突破之，而不是无重点地到处乱攻乱突，把头碰在敌人钉子上。

对己而言：

……不要张着手指头去打人，要缩拢手指头成为拳头去打人，不要两拳头同时去打两个敌人，要尽量将两个拳头的力量集中打一个敌人，这样打去的重量敌人是很难承受住的，很难抵挡的。

因此，我们必须绝对集中兵力、火器痛歼一个敌人，不是平均分配力量，不痛不痒地打击几个敌人。我集中兵力、火器的程度，必须完全达到优势于被打击的敌人，必须完全达到消灭打击对象有绝对把握，即是有了九分把握，还有一分没有把握，也必须集中满足十分的把握。如果我以一连之兵力对敌一连之兵力作战，不论火器、军事技术、指挥能力均劣于敌人，不易胜利；如果我集中以一营之兵力，甚至一营以上之兵力，打击敌人一个连，不论我之火力、兵力均可压倒敌人，三个人或三个以上的人，打敌人一个，一定可以打胜。

为形象地说明问题，林彪以秀水河子歼灭战为例。教员将一张作战示意图挂出来，使学员一目了然。

秀水河子镇属法库县，位于辽宁省彰（武）法（库）公路中段，公路将其分为南、北两半。辽河的支流秀水河从镇边流过，镇子因河而得名。其地形，东南平坦而西北起伏。镇不大，只有 500 余户人家，但几乎家家都有一个独立的院落。

秀水河子战斗是我军出关后打的第一个大胜仗，发生在 1946 年 2 月。当时，杜聿明指挥国民党军分三路对北宁线（今京沈线）两侧的我军进行扫荡，气焰嚣张。正在秀水河子附近指导东北民主联军第一师和第三师第七旅等部队整训练兵的林彪，发现敌第十三军第八十九师以一个加强团（第二六六团加强第二六五团一营、师属山炮连、输送连）共五个营的兵力孤军冒进至秀水河子，决定以附近的七个团"吃掉"敌人这五个营。

"记住！是以七个团打敌人五个营。"介绍到这里，教员提高声调说："这就是林总讲'一点'时所说的，'我们必须绝对集中兵力、火器痛歼一个敌人'。"

敌人进据秀水河子后，第二六六团团部率四个营进驻镇内，以一个营进至镇子以东 10 公里外的团山子，将其作为前哨警戒阵地。林彪令七旅旅长彭明治和一师师长梁兴初分别为此战的正、副指挥。彭、梁决定先灭团山子之敌，再打秀水河子镇中之敌。

讲到这里，教员指着地图提问："以七个团打五个营，为什么还要这样部署？而不是同时打团山子和秀水河子？"他让学员们围绕这个题目进行课堂讨论，自由发言。有人说："这样部署过于谨慎了，七个团打五个营，兵力已占绝对优势，完全可以一口吃掉，没有必要分两个阶段来打。"李延年赞成不可过高估计敌人战斗力的观点，觉得国民党军队并没有那么难打。但有人反驳说："你们过去打的都是国民党的杂牌军，还没有与中央军交过手。中央军大多是美械装备，且训练有素，来东北后纪律也比较好，这与杂牌军纪律涣散的情况有很大区别。如果小看了他们，是要吃亏的。"赞成这个观点的学员大多来自几个老纵队，从山海关开始就一直与国民党中央军过招，对他们比较了解。在秀水河子的敌第十三军部队，是最早进入东北的部队，就是他们在杜聿明指挥下从我军手里拿下了山海关，为国民党军进入东北扫清了道路。因此，决不可轻视对手。

回到秀水河子战斗上来。且说彭、梁决定先打团山子敌人一个营，用七旅第十九团进行正面攻击，第二十团迂回到团山子以西，截断其向秀水河子撤退的后路。2月11日晚，团山子之敌在被我军攻击之后，立即沿公路向秀水河子撤退，由于第二十团未能及时截断彰（武）法（库）公路，敌人撤退成功。部署的是两面作战，实际却打成了一面作战，这正应了林彪讲到的"实行一面攻击的坏处"，即"容易演成击溃战，不能消灭敌人有生力量，可以赶走敌人，不能歼灭敌人，敌人抵抗不住可从容地撤退或转移阵地，我只好看着它跑了"。

看着它跑了，非常可惜，却无可奈何，只因迂回部队不到位！这说明，再好的作战计划和战术，只要一个部队执行不到位，就会变成"乌托邦"。这一点，李延年记得清清楚楚，终身引以为戒：作为基层指挥员，没有多少参与运筹帷幄的机会，主要是执行命令。执行不到位，就会坏了大局。

团山子之敌逃回秀水河子，敌五个营被我军包围。彭、梁以三个团打掩护，防止附近之敌第五十二军第二师增援，以四个团围攻秀水河子之敌。2月12日中午，敌以两个营向秀水河子以东之东西八家子、拉拉屯一线突击，企图撕开包围圈，我七旅第二十一团坚守阵地，牢牢吸住了这两个营。黄昏时分，我第十九团、第二十团两个团的兵力向秀水河子发起攻击，但由于地形开阔以及火力分散，冲击受阻，不得已停止攻击。

问题出在哪里呢？教员再次要大家讨论。有说是因为地形不利的，有说是因为部队作风不够勇猛的，有说是因为火力掩护不到位的，李延年边听边想：自己参加几次战斗都是猛冲上去的，但都有炮火和机枪的掩护，否则再勇敢也是难以冲过敌人的火力网。秀水河子周围的地形开阔，加上敌人用的是美式武器，火力很猛，想靠冲锋就打进去是不现实的。我们一个团就那几门炮，一个连就那几挺机枪，必须集中火力，保障重点，以重点突破带动全面突破。

"李延年！"他正想着，教员突然点名要他回答："你说该怎么办？"他站起来回答说："我看可以考虑各团把炮兵和重机枪都集中使用于重点方向，掩护步兵冲击，只要一个口子撕开了，敌人的防御体系就垮了。"教员连说"很好"，表扬他"有见解"。李延年不好意思地说："我也是现炒现卖，林总的文章不是说了嘛，包围敌人后，包围圈、包围线上也是要有重点的，要避免粗细一样。"教员听了很高兴，说："你能这样联系实际，我们的战术课就没有白上。"

果然，彭、梁也吸取了教训，以七旅和一师各两个团分别从东南、西南、正北和西北四个方向突破，各团集中火力重点保障一个突破口。13日（农历正月十二）夜，虽然月亮还没有全圆，但月光照在无垠的雪地上，仍能让人隐约看到敌方阵地的轮廓线。林彪站在一高处，用望远镜观察着战场。22时，我军突然大小炮齐鸣，打得敌阵地一片火海。炮火延伸后，冲锋号声响成一片，我军战士向敌阵猛扑上去，虽然敌人用从美国新购买的燃烧弹实施拦截，许多人被烧成了火人，但没能阻挡我军的攻势。在夺取虎皮山、北山等外围阵地后，我军如猛虎下山，迅速攻入镇内。敌左突不成，右突碰壁，前进不得，后退不能。在狭小的地域内，双方短兵相接，形成了犬牙交错的胶着战况。狭路相逢勇者胜。我军充分发挥善打近战、夜战的优势，在刺刀、手榴弹面前，敌人的先进武器反而无用武之地，只好不停地打照明弹壮胆，但在震耳欲聋的喊杀声中，敌军官兵的意志已被瓦解了。战至次日凌晨，战场枪声沉寂，敌一个加强团1600余人被全歼，我军缴获火炮30余门、轻重机枪100余挺、步枪800余支、汽车20余辆。此外，阻援部队歼灭敌第五十二军第二师一部。我军伤亡800余人。

李延年言语不多，在课堂上往往也是不被点名不发言，他对秀水河子之战的研究心得受到教员和同学们的肯定，他学习战术的积极性更高了。他和同学们完整地学习了"六大战术原则"。

军大的战术课上得生动活泼，课堂教学与野外教学并重。李延年尤其喜欢野外作业：根据假定情况，结合地形地物，现场排兵布阵，有时还分成红、蓝双方，来一次实兵对抗。虽然冬天要爬冰卧雪，忍受彻骨之寒、裂肤之痛；夏天要经受日晒雨淋、蚊虫叮咬，但人干自己喜欢的事就不觉得苦。李延年一心想着毕业后如何带兵打仗，每学到一点新知识，每悟出一点新道理，他心里就有一种甜蜜感油然而生。关于在军大学习，他在《历史思想自传》中写道：

自己思想认识到了一个革命战士要担负消灭敌人的任务，学好战术才有消灭敌人的本钱。应该好好学习，把战术都学会，将来回到部队才能带领部队完成战斗任务。

到了毕业总测的时候，不出所料，李延年步兵五大技术考核全部优良，战术考试85分，获校颁"甲等优胜"奖状，并获物质奖励：毛巾、笔记本、铅笔各一。

李延年被分配回老部队，而他的入党介绍人和占祥被分配到另一个纵队。两人依依惜别，从此失去了联系。

第六章

辽沈战役中的警卫排长

1948 年 9 月某日，东北军大第十期学员毕业典礼在齐齐哈尔东盛二街隆重举行。这与其说是一场毕业典礼，倒不如说是一场战斗动员大会。按照军大学制，第十期学员应该在 11 月毕业。为什么提前两个月让他们毕业呢？一句话，战场迫切需要。

军大毕业，准备打大仗

"学员同志们！现在东北战场的形势，与你们入校时相比，可以说是翻天覆地啦！"军大领导在毕业典礼上作形势报告，回顾了近一年来的战况，说："神话小说中讲神仙，爱用一句话：'洞中方七日，世上已千年。'你们是'上学才一年，乾坤已转换'。"

1947 年 11 月李延年上东北军大后，国民党方面，志大才疏的陈诚在我军的秋季攻势和冬季攻势中接连损兵折将（具体数据见上章），特别是 1948 年 1 月 7 日公主屯一战中，我军歼灭其"王牌"新五军一个整军，气得蒋介石亲自飞到沈阳来训诫。陈诚与妻子陈曼意抱头痛哭，2 月 5 日如丧家之犬飞离沈阳。蒋介石任命卫立煌接任。此时，解放区的面积已占东北全境的 97%。

卫立煌吸取了陈诚的教训，采取了"固点、连线、扩面"的作战方针。从 2 月卫立煌上任一直到 9 月，东北战场暂时归于沉寂。

"你们知道这是为什么吗?"

学员们开始小声议论开了。主讲人说:"谁要发言,请站起来,大声说。"有人站起来说:"因为我军要集中搞'诉苦三查',搞新式整军。等整顿完了就会打了。"有人说:"因为分散的敌人都打完了,而打集中之敌必须花时间好好准备。"有人说:"打不打,要听中央的命令,命令一到就会开打。"主讲人一摆手,让大家停止发言,总结性地说:"大家说的都对。现在东北确实已经没有小仗可打了,要打就得打大仗。"他分析了东北的敌情:"卫立煌把55万兵力分别集中在沈阳、长春、锦州三个互不连接的孤立据点,每个据点有10万—20万人,所以要打就得打大仗了!打一次消灭敌人10万以上的大仗了!这些大仗是决定东北命运甚至国共两党命运的大仗。所以,同志们毕业回部队,是肩负着伟大使命的,这个使命就是解放东北全境和赢得全国解放战争!"

校领导的讲话极具鼓动性,学员们听得热血沸腾。按照东野部队的习惯,最后要唱一首后来被称为"四野军歌"的《林总的命令往下传》:

> 军号响,红旗展
> 林总命令往下传
> 号召东北野战军
> 创造千百个尖刀连
> 要顽强,要勇敢
> 朝着敌人心脏钻
> 刺刀见红
> 敌人全部完了蛋

这首歌后来在"批林批孔"中受到批判,再也没人敢提它了。

但历史事实是：当年的东野指战员就是唱着这首歌奔赴前线的，尤其是军以下部队，概莫能外。东北军大第十期学员就是唱着这首歌回部队、上前线的。

1948年9月，李延年怀揣军大的毕业证书和"甲等优胜"奖状回到了十纵第二十九师第八十五团，被任命为警卫排副排长，两个月后任排长。他回来得正是时候，举世瞩目的辽沈战役拉开了帷幕。

"打出个样儿叫他看一看"

辽沈战役前的敌我态势为：国民党军东北剿匪总司令部总司令卫立煌手下共有中央军4个兵团，共14个军44个师（旅）、14个特种兵团，加上地方保安团部队，总兵力约55万人。为避免在运动中被歼，卫立煌采取了"集中兵力，重点守备，确保沈阳、锦州、长春，相机打通北宁线"的方针。长春，由东北"剿总"副总司令兼第一兵团司令长官郑洞国率10万大军驻守；沈阳及其卫星城市本溪、抚顺、铁岭、新民地区，由卫立煌直接指挥30万大军防守；锦州、锦西部署15万大军，由东北"剿总"副总司令兼锦州指挥所主任、冀热辽边区司令范汉杰指挥。

东北我军于辽沈战役前的1948年9月分为各司其职的两部分，一为东野，即机动作战兵力，司令员林彪，政委罗荣桓，下辖2个兵团、14个步兵纵队、1个炮兵纵队、1个铁道兵纵队，总兵力70万人；一为东北军区，即地方部队，司令员兼政委林彪，下辖1个二级军区（冀察热辽军区）、12个三级军区（相当于省军区）以及4所军事院校，共33万人。可以这样说，我军控制着除长春、沈阳、锦州和葫芦岛以外的所有地区，但主力大多在北满地区。

辽沈战役的作战方针：东野主力南下，首先截断北宁线（今京沈线），把国民党军封闭于东北，然后采取攻锦州打援军的手段，争取将卫立煌集团就地各个歼灭。

9月12日，辽沈战役正式打响。这一天，东野六个纵队和冀察热辽军区的各独立师如猛虎下山，出击北宁线，到月底全部扫清锦州外围的据点，其中包括李延年的家乡昌黎和北戴河，使锦州成为一座名副其实的孤城。而要攻克锦州，必须确保攻击部队的后方安全。蒋介石发现我军攻锦的意图后，于10月2日飞抵沈阳，作出解锦州之围的部署：从关内急调第十七兵团指挥第六十二军、第三十九军两个师、第九十二军一个师以及独立第九十五师，海运至葫芦岛，加上原来在锦西的四个师，共11个师组成"东进兵团"，由兵团司令侯镜如率领速援锦州；由沈阳地区的新编第一、第三、第六军及第四十九、第七十一军，共11个师另三个骑兵旅组成"西进兵团"，由第九兵团司令廖耀湘率领，先断东野的后勤补给线，然后协同"东进兵团"，东西对进，解锦州之围，并消灭解放军攻锦部队。蒋介石的美梦做得不错，其东、西两个兵团，只要有一个进到锦州，即可达到解围的目的；如能够做到东西对进，则能使解放军陷入危险境地。所以，打锦州的关键在于打援，阻击国民党军"东进兵团"的是四纵、十一纵和另两个独立师，打出的震惊中外的塔山阻击战使四纵名垂青史；阻击其"西进兵团"的是十纵和一纵的第三师，在战役的第二阶段打出了一个与塔山阻击战齐名的黑山阻击战，使十纵一举成名。这里我们且不说塔山阻击战和锦州攻坚战，只说黑山阻击战。因为我们的主人公李延年在十纵，参加了此战。

辽沈战役开始时，十纵从开原开到锦州以北、新民以西地区待机，准备打阻击。但敌廖耀湘的"西进兵团"西进却不积极，在炸毁了彰武的铁路桥，切断了东野的补给线后，企图引诱攻锦部队回援，造成准备打阻击的十纵没有捞上仗打。

没有仗打就训练。李延年把在军大学到的战术教给大家。警卫排三个班，一个班要执勤，他几乎天天都带着另两个班打野外，重点学习"三猛""三三制""四组一队""一点两面"战术。

"今天的科目是'三三制'战术。"李延年下达科目后说："'三三制'是啥？是各种以三角形为特征的战斗队形。请看……"他用红、绿色的小旗子在地上作标识，形象化地讲清什么是"前三角""后三角"，什么是"左三角""右三角"，一个战斗小组的兵怎么摆，一个班的兵怎么摆，一个排的兵怎么摆。讲解之后，现场布阵，让战士讨论为什么要"三三制"。

有战士说："这样分散开来，离开了班长，我就害怕。"

李延年问他："你说说，如果你开枪打敌人，敌人是分散的好打呢？还是扎堆的好打？"

战士说："那当然是扎堆的好打。"

李延年又问："我们要打敌人一个目标，是三支枪从一个点上打好，还是三支枪从三个点上打好？"

战士说："从三个点上打，他躲都躲不掉。"

李延年一拍掌，说："这不就明白了吗？你以为扎堆在一起保险，实际上等于给敌人提供了优先目标，死得更快。所以要'三三制'，一是为了保存自己，二是便于消灭敌人。"

道理讲清了，战士们的练兵热情就更高了。李延年在教完基本原理和基本动作后，就把两个班分成敌我双方，由一个班模拟敌军，双方在不同的地形上对抗，互相讲评优缺点。如此这般，战士们的战术素养有了很大的提高。李延年被尊称为"战术先生"。

十纵有个好传统，特别重视文化工作，能根据形势任务编写歌曲让部队齐唱。解放开原战斗之后到辽沈战役之前，有七个月的时间进行"诉苦运动"和大练兵。在火热的练兵场上，纵队文工团的创作员庄映和第二十八师宣传科干事谢明，被指战员昼夜不息、刻苦训练的精神所打动，觉得胸中有激情涌动，不吐不快，随口就哼出了一首进行曲。这首歌明快、爽朗、质朴、粗犷，使用的语言非常通俗，深受战士欢迎，经修改润色，定名为《说打就打》，后来成为最受欢迎的军营歌曲之一，传唱至今，经久不衰。但这首歌当时还只是在十纵传唱，是十纵的招牌歌曲（原版歌词与现在流行的版本有所不同，原歌词的第二段是写反恶霸的，因内容过时而被删除）。李延年每次带部队野外训练，在归来的路上都会让大家唱这首《说打就打》：

> 说打就打
> 说干就干
> 练一练大盖枪（现改为"手中枪"）
> 刺刀手榴弹
> 瞄得准来投也投得远
> 上起了刺刀叫他心胆寒
> 抓紧时间加油练
> 练好本领准备战
> 不打垮反动派不是好汉
> 打出个样儿叫他看一看
> ……

这支唱着《说打就打》的队伍，传递出勇往直前、敢打必胜的战斗精神和阳刚自信、藐视敌人的英雄气概。

是的！到了该"打出个样儿叫他看一看"的时候了。

蒋介石在锦州失利后，急令长春守军突围向沈阳靠拢。在我军铁桶般的包围下，这道天方夜谭式的命令，神仙也没法执行了。10月17日，敌守军第六〇军军长曾泽生率部起义；19日，新编第七军军长李鸿率部投诚；21日，兵团司令郑洞国也率兵团部放下武器。在长春没戏了，蒋介石又做起了"东进兵团"和"西进兵团"继续对进、夺回锦州、打通北宁线的美梦，企图将东北部队沿北宁线撤回关内，同时派一个军抢占营口，若打不通北宁线，其"西进兵团"可改道营口，从海路撤回关内。

但蒋介石的小算盘早已被林彪摸清，经请示中共中央军委同意，林彪、罗荣桓20日作出了辽西会战的部署，其基本方针是：拦住先头、拖住尾巴、夹击中间、分割包围，各个歼灭。四纵、十一纵继续在塔山地区阻击其"东进兵团"，以拖住尾巴；攻打锦州的六个纵队及炮兵纵队立即以隐蔽动作向东北方向的新立屯、黑山、大虎山地区疾进，从两侧迂回包围"西进兵团"，是为夹击中间；以十纵及另一个师由新立屯东北后撤至黑山、大虎山组织坚守防御，以拦住先头，阻止"西进兵团"向西南前进，争取时间让执行"夹击中间"任务的部队赶到。在辽西会战这盘棋上，黑山、大虎山是"棋眼"，是关键之关键、要害之要害。

黑山，杀得个尸横遍野

林彪敢于把这个关乎战役命门的阻击战交给年轻的十纵，其中一个重要原因是对纵队司令员梁兴初这位久经战阵的虎将的信赖，正如拿破仑所说的："一头狮子率领的一群绵羊可以打败一头绵羊率领的一群狮子。"

当日，李延年与全团指战员一起听首长传达东野发布的《全歼东北敌军的政治动员令》，听得热血沸腾。他对全排战士说："打锦州没轮上，这一次就看咱们的了！要不然，将来别人问'解放东北你干了啥'，你咋回答？"

的确如此。这一回，十纵打的可是硬仗，正如纵队司令员梁兴初所说："打这一仗，不咬咬牙是不行的。东野在看着我们，各兄弟部队也看着我们。打好了，就标志着东北全部解放，就标志着把蒋介石又一个10万大军从他的兵力簿上一笔勾销；打坏了，让敌人10万大军逃入关内，那我们就对人民犯下了滔天大罪！同志们！我们现在就站在这样一个历史关头，只能有一个要求，那就是只能打好，不能打坏！"

好！该去看战场地形了。黑山县在明代叫镇远堡，清初又叫小黑山，因县城东北隅有小黑山而得名。此山谈不上高，却是地域制高点，登临其上，东北望，连绵丘陵，如在足下。黑山与大虎山，一北一南，像两扇铁门，封锁着沈阳通往锦州道路的咽喉。其西面和西北方向是高达近千米的医巫闾山，其南是连绵90余公里的沼泽地区，只有中间这25公里宽的狭长丘陵地带可以通行。铁路北宁线和公路大（虎山）郑（家屯）线从中穿过。黑山、大虎山这两扇铁门，关上则路断，对敌军来说，此仗关乎生与死；对我军而言，此仗关乎功与罪。

当面之敌乃国民党军的精锐之师第九兵团，即廖耀湘兵团，其麾下全是蒋氏嫡系，清一色的美式装备，共六个军另三个旅，其中包括所谓"五大主力"中的新一军和新六军，还有空军助战。十纵加配属的一个师，要与六个军的敌军精锐对垒，将其挡在黑山、大虎山一线。

10月21日，李延年所在的第二十九师第八十五团接到赶往黑山王木皮村的命令时，已是深夜12点，而从驻地到黑山的距离有90多公里，来不及层层动员了。团长黎原说："大批敌人从沈阳逃出来，要打开黑山、大虎山的关隘，以便撤回关内。上级令我团黄昏前必须赶到黑山，时间很紧，只能跑步前进，一小时要跑20多里地，能快跑的就快跑，今晚要来一个跑步大比赛，看谁跑得快。"东北 10 月下旬的夜晚已经很冷，部队还没有发棉衣，指战员虽穿着单衣，但一个个都跑得满头大汗。连、营的建制被跑乱了，跑得慢的被甩在后头，有人因停下解手，便落下了，死活追不上。

团首长和机关的同志沿途给部队鼓劲。李延年最佩服宣传队的人，他们随时随地，随口就来，几句顺口溜就能把你的劲头提起来。他恨自己嘴笨舌头硬，不善辞令，更不会编顺口溜，说漂亮话。但他的办法更实在，就是帮落后了的战士背枪，推着他们往前跑。最多的时候，他肩上扛着三支枪，战士过意不去，要拿回来，他不肯，说："别啰唆，快跟上！跟上了就是战斗力，跟不上就是负担。"话说得直截了当，硬邦邦的，一点没技巧。不过，熟悉他的人已经习惯了他的直来直去，觉得这样反而更显得亲密无间。警卫排由于平时训练有素，体格强健，又能以强带弱，互相帮助，所以全部按时赶到了目的地。

早在部队开拔之前，各师、团的任务就已明确。十纵梁兴初司令员跟随第二十八师守黑山，政委周赤萍跟随第三十师守大虎山。李延年所在的第二十九师第八十五团负责黑山县杨村和小白台子村南山阵地的防御。

团长黎原将南山主阵地交给三营，三营把九连排在最前面。九连是个朝鲜族连，连长宋昌一多次立功，是优秀的基层指战员。见李延年跟在自己身后，黎原对他说："不要跟着我了，你们快去找木料帮助三营修工事。"小白台子南山的土质很硬，十字镐用力砸下去，地上只留下一个白印。要挖出完整的掩体、战壕和交通壕，短时间内没有可能，所以只能构筑半地下的工事，地上部分需要大量的木料和泥土。

"老乡，我们是东北人民解放军，要在南山打仗，要借用你们的木料修工事，仗打完后，物归原主，如有毁损，照价赔偿。"李延年带着战士去村里收集木料，得到农民的热情支持。"支持队伍打蒋该死，我们愿意，还谈什么赔偿！"有农民因拿不出木料，把自己家的大门和桌子拿了出来，与部队一起送到南山上。尤其令人感动的是，一位老爷爷竟然把自己的寿材献了出来，说："这木头结实、厚实，修工事挺好。"李延年连连摆手，说："这个我们不敢要，您老得留下。"但老人铁了心，非给不可，说："你要是不要，我就找人抬上山去。"李延年拗不过老人，最后只得收下了。因为山上工事难修，纵队司令、师长、团长都亲自出马动员农民，农民们除了贡献木料，还往山上运土，装进麻袋，用于修地堡。根据黎原团长的要求，为抗住敌重炮和飞机的轰炸，构筑的地堡厚度要达两米，最前面的要达三米。

所谓"三军之灾，生于狐疑"。廖耀湘始终在向何处突围的问题上五心不定。蒋介石强令他通过黑山，与"东进兵团"东西对进，重夺锦州，打通北宁线。而他的顶头上司卫立煌深感沈阳空虚，想要他掉头回沈阳。廖耀湘觉得按蒋介石的计划，走的是死棋，"东进兵团"被挡在塔山动弹不得，哪还有什么东西对进之说？重夺锦州更是梦呓。回到沈阳，不仅有抗命之罪，而且也是死棋一招。锦州丢了，长春丢了，一个孤立无援的沈阳能撑多久？所以他有自己的两手打算，一方面打黑山，以应付亲自指挥的"蒋校长"；另一方面准备北宁线打不通就逃往营口，再坐船溜走。这个点子是他手下第五十二军军长刘玉章出的，廖耀湘就派他先去营口准备船只。这是毛泽东最担心的一步，但廖耀湘要实现这一步，也必须拿下黑山。廖耀湘想着只要拿下了黑山，他就可以"将在外，君命有所不受"了。正是由于蒋、卫、廖的意见不一和廖耀湘的狐疑，给我军十纵组织防御赢得了时间。21日，十纵尚未赶到，敌第七十一军奉命向黑山方向攻击前进，其军长向凤武夸口说："我军在日落前必须拿下黑山，请各位做好夜行军的准备。"可打了一天，向部的搜索部队只进至离黑山30公里的地方，名叫芳山镇。22日，廖耀湘把新一军的重炮交给向凤武指挥，但仍然进展不大。廖耀湘这才决定把新一军这张"王牌"打出来，令新一军军长潘裕昆指挥本军及第七十一军、青年军第二〇七师第三旅夺取黑山、大虎山。而此时十纵已于前一日占领了阵地，建立了防御体系，潘裕昆算是碰到了硬钉子。从23日起，敌人在飞机和大炮的掩护下，对黑山、大虎山的我军阵地发起轮番进攻。但开始的攻势并不凌厉。这里有一个故事：当日下午3时，国民党军开始第二波冲击，廖耀湘通过望远镜看到第七十一军第九十一师部队冲到了离我军阵地前沿100多米处，好不高兴。哪知这时我军发起反冲锋，第九十一师竟然被吓得掉头就跑。廖耀湘气得急火攻心，令宪兵队上去枪毙其师长戴海容。戴海容见宪兵队叫着自己的名字，知道凶多吉少，命令自己的卫队与之对抗，自己趁机开溜了……

出了这件事之后，黑山、大虎山的战斗一次比一次激烈，尤以24日为甚。黑山主方向的101、92、90等制高点多次失而复得，双方打得血流成河。

第八十五团守卫的杨村和小白台子的战况同样激烈，师长刘转连命令必须死守，与阵地共存亡。敌人的战法是先用飞机轰炸，再用大炮猛轰，然后用步兵集团冲锋。我军阵地被轰炸得天昏地暗，有不少掩体被炸毁，战壕被炸平，一时也搞不清有多少伤亡。等敌人炮火一停，战士们就从泥土中钻出来，继续投入战斗。对集团冲锋的敌人，团长黎原配给三营的三门迫击炮大发神威，一发炮弹就炸倒一片敌人。但敌人打不完似的，在督战军官和宪兵队的威逼下不断往上冲。在关键时刻，团长黎原亲自到九连阵地指挥，跟随他的军务参谋杨洪山被敌炮炸伤。九连三排伤亡惨重，仅剩八人，阵地丢失。尤其是九班的地堡修在一块高粱坡地上，前面20多米有一道塄坎，敌人就利用这道塄坎隐蔽，后突然发起冲击，所以九班打得更为惨烈。据当年参战的老战士张翼鹏和吴殿军回忆："这次阻击战打得非常残酷，人员伤亡很大，惨不忍睹。阵地一度被敌人占领，黎原团长立即组织反击，调集多门迫击炮，在师山炮营的配合下，由一、三营向丢失的阵地猛攻，消灭敌人100多人，夺回了阵地。"李延年作为警卫排长，参加了夺回阵地的反冲击战，在九连三排的阵地甚至拼上了刺刀。他回忆说："说不清哪个敌人是谁打死或刺死的，反正敌人在我们阵地上和阵地前尸横遍野。"有这么多吗？"仅以九连九班的阵地为例，战后纵队一位副司令专门去数了敌人的尸体，不算被敌方抢回去的，还有80多具，可见战斗的残酷和激烈。"至于感受，李延年说："其实当时什么也没想，一个个都打红了眼，一线阵地大多数人都牺牲了，一个班只剩下一两个人。什么生呀死呀，没人考虑。团长都不怕死，在一线，我们还怕什么！"

战至25日，十纵仍在阵地上与敌人反复争夺，在天黑前，所有阵地都被收复。黑山、大虎山这一道铁门槛，廖耀湘算是过不去了。而此时，我军八纵已占领台安，堵死了他逃往营口的路。我军五纵、六纵从新立屯南下，又关上了他回沈阳的大门。我军攻锦各纵队四天赶了150公里，将廖耀湘兵团包围在大虎山以东仅120平方公里的狭长地区内，使其成为我军俎上之肉。

26日，团长黎原带领部队从黑山正面投入反击，猛追逃敌。27日拂晓，他们追到胡家窝棚时，敌人以重炮拦阻。炮弹把路边的杨树一根根拦腰折断，不少人被倒下的树干压住，但一个个都挣扎出来，跟随团长继续向前。黎原对大家说："我们不能因为伤亡而畏首畏尾。现在廖耀湘兵团已经被我军分割包围，指挥瘫痪，乱作一团，这两天正是我们歼灭敌人、大抓俘虏的好时机。我们要大胆穿插，不要怕乱。我们乱，敌人比我们还乱，这时候就看谁敢打敢冲了。"他让各营分散行动，各自为战，不等命令，不要请示，积极歼敌。李延年运气不错，没有受伤，也没有被树干砸到，跟着团长随二营行动。这时，廖耀湘因指挥失灵，危机中干脆用明语对下喊话，这就等于把所有机密告诉了我军。我军按照他指引的方向将他的部队分割包围，其手下各部听东边枪响就往西跑，听西边枪响又回头往东跑，眼看往哪里跑都碰到解放军，于是彻底绝望，作鸟兽散，十几万大军盲目奔突，各自逃命。廖耀湘和手下的军长、师长已经无法控制部队，只好各自带几个心腹，逃命去了。李延年带着警卫排的几个人未费一枪一弹，就抓了百余个俘虏。还有不少国民党部队成连、成营地放下武器坐在地上，等着解放军来俘虏。一个炊事班、一个通信员俘虏上百人，一点不稀奇。全团共毙敌300余人，俘敌2600余人（其中有新三军少将参谋长），缴获火炮十余门、枪千余支、军马百余匹、汽车数辆。

辽西会战结束后评功评奖，团里给李延年记小功一次。

第七章

起义军官训练营的教官

1948年11月2日，辽沈战役结束，东北全境解放。就在这个月，中共中央军委发布关于统一全军组织和部队番号的规定，东野被编为第四野战军（简称"四野"），十纵被编为第四十七军。李延年所在的原第二十九师第八十五团改番号为第一四〇师第四一八团。

"老婆孩子热炕头"的诱惑

因在黑山阻击战中伤亡很大，第四十七军没有参加辽沈战役第三阶段——解放沈阳的作战，在整补后，随即进行入关作战政治教育。部队中东北兵多，看到家乡农民的日子过得美滋滋的，而一想到黑山阻击战中尸横遍野的惨景，就感到后怕。于是，很多人产生了"革命到头"的思想："东北已经全部解放了，该回家种地找媳妇了。"那时流行一首歌，开头两句为："三头黄牛一呀嘛一匹马，不由得我赶车的人笑呀嘛笑哈哈。"这是描述"土改"后翻身农民的愉悦心情的。还有一个非常流行的顺口溜："三十亩地一头牛，老婆孩子热炕头。"李延年虽然不是东北人，但家乡河北昌黎县也已解放。是回家还是留在部队解放华北，解放全中国，对他也是一个严峻的考验。他在《历史思想自传》中写道：

辽西战役结束后，动员解放华北。经动员后，自己知道了我们的革命部队是为了解放全中国，不是把东北解放就算完事。华北的老百姓还在受蒋匪军的欺压，我们不能等华北部队解放华北，要和华北的解放军老大哥部队并肩解放华北。我又是一个共产党员，更应该带领部队完成任务。当时个人职务是排长，党交给的任务是把全排圆满带到华北并完成战斗任务。当时思想上很有信心完成（任务），因为华北是我的家乡，解放以后还能回家看一看。在进关20多天的行军中，经常帮战士扛枪、背背包，早起为战士做饭，并对有思想毛病的同志进行说服教育，保证了全排圆满完成行军任务……

第一四〇师是11月23日从辽宁北镇出发，经锦州、锦西、冷口等地，长途行军700多公里，于12月23日到达天津宝坻县的。按四野命令，第一四〇师暂时脱离第四十七军建制，参加平津战役。第四一八团配合友军夺取了汉沽以南的金钟河桥，接着又奇袭宁车沽，俘敌400余人；再与全师一起攻打新河镇，全歼守敌2400余人，仅缴获的卡宾枪就有1000余支。上述战斗是平津战役的一部分，其重要意义在于掐断了津京之敌的联系。

上述战斗，仗仗打得如行云流水、水银泻地，而在群众纪律上却出了问题。在打宁车沽和新河镇时，部队的粮食供应一度中断，有的战士就跑到老乡家里去翻吃的，造成了恶劣影响。"这不是跟土匪一样了吗？"李延年大怒，除严格约束本排外，他还出面制止其他分队的违纪行为。"那你说，后勤不给粮食，部队没饭吃怎么打仗？"李延年说："那也不能这样胡来！"他主动向团里建议，借鉴红军经验，以单位名义向群众借粮，打好借条，由新成立的人民政府来偿还。于是，团里下了通知，允许有组织地向群众借粮。这样，既解决了部队的吃饭问题，又避免了违纪现象的发生。

12月28日，第一四〇师归建第四十七军，进驻京津之间的廊坊，准备攻打北平（京）。在廊坊待命期间，第四一八团对从东北出发以来的工作进行讲评，在全团排以上干部会上，李延年受到表扬。他万万没有想到，就这个表扬改变了他的任职方向。他军事素养好，团里一直把他作为军事干部来培养和使用。在从东北到华北的700多公里连续行军中，他一路为战士背枪、背背包，一路做思想工作，全排无一人掉队，无一人违纪，特别是在天津郊区部队断粮之后，其表现更为可圈可点。因此，他被师、团政治机关看上了，1949年1月北平和平解放前夕，他被通知参加师政治教导队的学习，并被任命为区队长。

这大大出乎了李延年的意料。对改行干政工，他心里很抵触，觉得自己就不是那块料，脾气不好，说话直来直去，动不动就会得罪人。在他看来，政工干部的标准应该比军事干部更高，军事干部出点纰漏，还有政工干部给他"擦屁股"，而政工干部出了问题就不好办了。因此，他死活不愿改行，在被迫去政治教导队时，提出"学了回来还当军事干部"的要求。他这种态度受到批评，教导队指导员孙通洲要他在大会上作检讨。对此，他在《历史思想自传》里写道：

> 经过上级谈话，认识到自己思想模糊。一个共产党员不愿做政治工作，嫌做政治工作麻烦，（是）单纯的军事观点。缺乏政治头脑，就不能完成党交给的任务……

在政治教导队上的第一课，是毛主席为新华社写的1949年新年献词——《将革命进行到底》。文中说：

> 现在摆在中国人民、各民主党派、各人民团体面前的问题，是

将革命进行到底呢，还是使革命半途而废呢？如果要使革命进行到底，那就是用革命的方法，坚决彻底干净全部地消灭一切反动势力，不动摇地坚持打倒帝国主义，打倒封建主义，打倒官僚资本主义，在全国范围内推翻国民党的反动统治，在全国范围内建立无产阶级领导的以工农联盟为主体的人民民主专政的共和国……如果要使革命半途而废，那就是违背人民的意志，接受外国侵略者和中国反动派的意志，使国民党赢得养好创伤的机会，然后在一个早上猛扑过来，将革命扼死，使全国回到黑暗世界。现在的问题就是一个这样明白地这样尖锐地摆着的问题……

从东北出发时，李延年满腔热情，决心投入解放华北的战斗中，但对于华北解放后的路该怎么走，他还没想那么远。

"想那么远干啥？我已经帮你想好了。"他父亲李辑瑞找到部队来了，拉他回家结婚。父亲告诉他，家乡昌黎已进行"土改"，家里被划为下中农成分，分了六亩多地，加上自有地，共有15亩。父母亲身体都很好，奶奶也搬回来住了。这句话只有他听得懂，在他去东北的时候，奶奶是不住他们家的，因为他们家常常穷得揭不开锅，奶奶不得已住姑姑家去了。而奶奶住回来，说明日子真的过好了。父亲给他设想好了，回去找个本地姑娘结婚，一家三代住一起，除了种地，还可以做点小生意，这日子要多美有多美！"男大当婚，女大当嫁。你也快21岁了，农村跟你一样大的都有几个娃了。"但是，他刚学了《将革命进行到底》，岂能听父亲的回家结婚。父亲气得拍了桌子。父亲不懂革命道理，就认一个理："儿子就得听老子的！老子把你养这么大，学会造老子的反了？"李延年脾气也上来了，顶撞说："你怎么养我了？我7岁就给人放猪，14岁去东北当学徒，你管过我吗？"这一下揭了父亲李辑瑞的伤疤，父子俩竟都哭了起来。良久，李延年说："要不是共产党、解放军解放了昌黎，谁给你分田分地？"父亲说："这个我懂。可看你当兵又危险，又辛苦，又没有钱（当时尚无工资），干了三年多了，应该回去结婚过日子了。"李延年跟父亲讲："如果都这样想，谁来解放全中国？"父亲说："咱们会君坨就有人回家不干了，你只是排长，他是连长。"李延年说："别说他，营长、团长都有人不干了。但是，他们是他们，我是我。我是党的人，一定要听党的。"父亲看这小子是王八吃秤砣——铁了心，也就不再拖他后腿，回去了。关于这件事，李延年在《历史思想自传》中写道：

父亲叫我回家去结婚，我拒绝了（他），对他进行了说服和安慰。当时打消了家庭观念，一定要将革命进行到底，把全国的敌人都消灭，解放了全国人民再解决个人问题。

粉碎反动军官的叛变阴谋

李延年继续在政治教导队学习。1949年1月31日，北平和平解放。当日是夏历己丑年的正月初三，第一四〇师的部队虽然连着几天吃的都是"光饭"（无菜），但沉浸在北平和平解放的喜庆中而不觉艰苦。北平和平解放，原定的攻城计划自然取消了，部队干什么去呢？第四十七军被调到河北固安地区，负责整编原国民党军华北"剿总"傅作义部下的第二六二师和第二六七师。其营以上军官集中办班，而后决定去处；连以下军官和士兵一起学习，接受改编。第四十七军共派了4000名干部来做这项工作，李延年名列其中。

整编起义部队，可不是按花名册把人员重新分配一下那么简单。当时，庆祝北平和平解放的鞭炮声还没有止息，就出了好几桩起义部队叛乱的事，其中影响最大、最坏的有两起。

第一起是傅作义警卫团的两个营叛变了。为了千年古都免遭战火，我党在关于北平和平解放的协定中写了一条以往从未有过的条款，就是允许傅作义保留其警卫团，由傅作义指挥。我党破天荒地给了他天大的面子，可惜他的警卫团不给他面子。宣布和平解放没几天，两个营就拖枪逃跑，要去找蒋介石。其中一个营跑到了河北省河间县，一个营向西北方向跑去，路上溃散，其中有一股竟然窜到西山毛主席住的双清别墅外边。既然如此，我军只好平叛，并将警卫团全部缴械，从编制表上抹去。

第二起是原国民党第九十二军第五十七师被改编为解放军第五十五师后，在调动中一个团哗变，向京西北山区窜去。我第六十六军部队出动平叛，毙伤叛军67人，俘1039人，我军牺牲7人，伤23人。

李延年随指导员和政治战士共八人到了起义部队一个连（实际上当副指导员用，但未任命）。连长、副连长和四个排长列队"欢迎"，但一个个脸上露出鄙夷不屑的神情。他们个个都佩着先进的加拿大手枪，而李延年等人佩的是匣子枪；他们穿着美国呢子做的笔挺的军装，而李延年等人穿的是鼓鼓囊囊的棉衣，戴着形状各异的"狗皮帽"，总之是差距极大。"就凭这些土包子来改编我们？哼！"这些人心里不服，却要为李延年等人接风洗尘。一大桌子菜，有肉有鱼，有鸡有鸭，还有两坛子"二锅头"白酒。连长指着李延年和指导员说："这是共产党给我们派来的政治干部，大家欢迎！"互相介绍完毕，连长就带头敬酒，李延年和指导员却没有端杯，推辞说："共产党的部队讲究官兵平等，我们要先看看士兵吃什么。"连长不太愿意，又抹不开面子，只好陪着他俩去。这一看，露了馅。士兵吃的是大豆糁饭和水煮白菜！很显然，他们大吃大喝的钱是靠克扣士兵伙食费得来的。李延年和指导员对大家说："共产党军队官兵平等，首先就是官兵一口锅里吃饭，兵吃什么，官也吃什么。"说罢，就让通信员去把他俩的碗筷拿来，然后自己动手，盛上大豆糁饭，跟士兵一样，蹲在地上就吃起来。士兵们一个个停下筷子，像看西洋景一样地看着他俩，有的将信将疑，有的悄悄点头。看来他们根本就没有表达自己情绪的自由。连长和其他军官虽然感到尴尬，但还是回去吃他们的小灶去了。解放军的干部与起义士兵一起吃饭，就拉近了相互间的感情。炊事班长是个老头，他偷偷告诉李延年，连里军官设有小金库，存有不少好吃的东西，有时还到外面上馆子，钱都是靠克扣当兵的伙食费得来的。指导员和李延年商量，就从伙食上的官兵平等打开工作局面。首先按我军的规矩成立了连队军人委员会，订食谱，清账目，每日公布，同时取消军官的小灶，把小金库里贮藏的牛、羊、猪肉和其他好东西都拿出来，供全连享用。就这一招，一下让士兵们知道了解放军的好。

李延年等人在大力宣传党对起义部队政策的同时，发动普通士兵诉苦，以团结贫苦士兵，但士兵有苦不愿诉。他私下会跟你讲，会上却死活不发言，越是老兵，越当哑巴。怎么回事呢？反动军官在底下威胁士兵说："国民党是暂时撤退到西北、西南，第三次世界大战马上就要打起来，到时候蒋总统（此时蒋已下野，但实际上还掌握着权力）就会在美国的支持下带兵打回来，找共产党算账。凡是跟共产党跑的，一个都不会放过。"士兵因长期受反动军官的压迫，一被威胁，就害怕了。通过细致工作，终于有人站出来诉苦了，讲在家受地主压迫之苦，被抓壮丁后在部队受打骂之苦。一人开了头，众人跟上来。许多士兵都站出来控诉旧社会、旧军队的罪恶。

这一下，反动军官坐不住了，他们控制收买了部分人，准备先杀死共产党派来的政治干部，然后拉着部队往西北去。但其阴谋被有良知的士兵觉察到了，他们向李延年反映：有人在非擦枪时间擦枪，好像要出事。指导员和李延年找连长问情况，连长说："擦枪不是我布置的，多半是一排长和三排长搞的名堂。"啥名堂？他也说不清。"希望你能坦诚与我们交心。"他说："我也是穷人出身，抗日战争时为打日本参的军。我知道你们的政策，我没有杀害百姓、强奸民女等大罪行，只求让我平安回家，安心当个农民。""那一排长和三排长到底怎么回事？""在我连的军官中，就他俩是国民党员，听说还在士兵中发展了几个。具体是谁，我也不清楚。""连里有特务吗？""这我还真不知道。"由此看来，国民党反动势力是真的准备生变。但是，马上抓人还证据不足。据我政治战士从擦枪士兵那里了解的情况，擦枪就是由一排长布置的，说晚上有行动。

指导员和李延年立即将情况向团政委报告，团政委与他们一起研究了严阵以待抓现行的处置办法，并确定了协同计划，规定了联络信号。当夜，我军派去的八名官兵都没有睡觉，严密监视着可疑对象的行动。一排长、三排长也没睡，隔一会儿就跑去连部看指导员和李延年睡了没有。见他们房间里一直有灯，怀疑计划泄露，未敢妄动。据一排长后来交代，其实是准备用细绳子勒死指导员和李延年等八人的，勒不死就用匕首，不到万不得已不开枪。把他们弄死后，就带着士兵逃往西北去。李延年一直在连队驻地转圈，隐蔽观察情况，见一排长又来到他们的住房，鬼鬼祟祟地把耳朵贴在门上听里面的动静。"一排长！"突然听到李延年喊他，一排长吓了一跳，因做贼心虚，竟下意识地伸手去掏枪，李延年却不慌不忙地问："这么晚了，还不睡，找我们有事吗？"一排长慌不择话，说："没事，没事。见你们老不熄灯，就过来看看。"李延年心想，他这几句话暴露了他一直没睡觉，在等下手的机会，但现在还不宜一下戳穿他，便说："谢谢你的关心，我和指导员都挺好，你回去安心睡觉吧!"一排长一看李延年他们真有警惕,只好停止叛变计划的实施。

虽然这一夜平安度过了,但长此以往将防不胜防。第二天,团里就通知连、排军官一律离开连队,不带武器,到师训练营集训。这些人一走,士兵胆子就大了,很快揭发了反动军官的阴谋,被发展成国民党员的两个老兵也坦白交代了入国民党的情况。他俩分别是由一排长和三排长发展的,被骗说:"共产党是先甜后苦,现在说既往不咎,骗人的。像你们这样的老兵,哪个没打过共产党?哪个没欺压过老百姓?等着吧!到时候先斗争,后枪毙。跟我们走,不仅能躲过斗争,还能升官发财。等到了西北,保你们连升三级。"没有反动军官捣乱,士兵很快就被党组织掌控了。不过,李延年没有再做士兵的工作,他被调到起义部队连排军官训练营当教员。

"不打嘴仗不抬杠,就摆事实"

起义部队连排军官训练营的课程主要是宣讲党的有关政策,引导学员与国民党划清界限,同时把特务分子、坚持反动立场的顽固分子清理出来。别看这些人都有文化,不少还是国民党中央陆军军官学校毕业的,李延年给他们讲课一点不发怵,因为他有底气。东北战场、华北战场上,他都与国民党军交过手,特别是在辽西会战上,他打的可是蒋介石的"王牌"廖耀湘兵团,敌六个军打东野一个十纵,黑山、大虎山就是死活过不去,最后兵败如山倒,精锐部队变成了一群绵羊,我军一个炊事员就可以抓百余个俘虏。共产党为什么胜?国民党为什么败?这么重大的问题,被李延年这个"土包子"讲得生动具体，看得见，摸得着。

你们的文化比我们高，当兵的时间比我们长，武器装备什么都比我们强，被打败了不服气，是不？廖耀湘被俘后就不服气，我们招待他喝酒，他把酒杯都摔了，说是要重摆战场与林总过招。笑话！打仗不是打架，今天打不赢，明天接着打，你的队伍被消灭光了，拿啥来重摆战场？麻雀下鹅蛋，不可能嘛！华北的情况你们比我还清楚，就不说了。叫我说，就是重摆战场，国民党还是孔夫子搬家——尽是输（书）。凭啥说这话呢？最主要的一点，共产党军队是为人民打仗，得到人民拥护；国民党军队是为地主和官僚资本家打仗，被人民骂，蒋介石被骂成"蒋该死"，国民党被骂成"刮民党"。我1945年在长春参军，那时国民党的中央军还没去，但司令多如牛毛，到处都在招兵。我的一个工友稀里糊涂地被招去了，没几天偷跑回来。我问他为啥？他说："当官的说，'老子这个官是花钱买来的，你们得给老子把钱捞回来'。"当官的让他们去搜刮老百姓，他们搜刮不来就挨打，没有饭吃。当官的对当兵的这个样子，打仗他会拼命？一听我们喊"缴枪不杀"，他们就举手投降了。国民党的中央军比杂牌军稍好一点，但你们的兵有几个不是捆绑来的壮丁？军官有几个没有打骂士兵？有几个没有揩士兵的油？有几个没有吃空饷？老话讲："打虎亲兄弟，上阵父子兵。"我们的兵都是自愿参军的，官兵关系是兄弟关系，而你们的官兵关系是猫鼠关系。兄弟关系，在战场上能过命；猫鼠关系，老鼠会为猫卖命吗？他巴不得你快点死，不打你的黑枪就不错了……我们内部官兵一致，外部军民一致。我们叫解放军，老百姓看我们是"子弟兵"。老百姓见了你们就跑，见了我们就亲。战场修工事，要木料，你们拆人家的门窗，挖人家的祖坟。我们呢？老百姓是主动送上来。我们在黑山小白台子修工事，有个老大爷硬要把他的寿材交给我，我不要，他生气……我军在东北，进关是10万人，出关是100多万人，这么多人从哪里来？大多是自愿参军的翻身农民，搞"土改"，共产党给他分了地，他参军就是要保卫翻身的果实，绝不能让国民党再回来……

我参军不过三年时间，但亲眼看到了共产党在东北是如何发展壮大到最后取得完全胜利的，也看到了国民党是如何从不可一世到走下坡路直至最后彻底完蛋的。50万大军，一个辽沈战役，说没就没了！我不会说话，讲的都是亲眼看到的事。人人都有两只眼，只要不瞎，毛主席、蒋介石、共产党、国民党，做的事都摆在那儿，我们睁眼就能看到。咱们不打嘴仗不抬杠，就摆事实。我觉得吧，只要不故意站到人民的对面，国共两党，哪个不好，哪个好，你能看不到？我们办训练营，不是要给谁"洗脑"，是要你们睁开眼睛看事实，然后明白一个理：跟共产党走才有前途，跟国民党走死路一条。华北"剿总"的傅作义长官都选择了跟共产党走，你们……

"李延年曾经死活不愿当政工干部，说自己嘴笨，这一课，我看笨嘴讲得比巧嘴好。"训练营的领导听了李延年的课，觉得选他干政工选对了。训练营办了三期班，期期都要他参加。不过，他最大的收获不是在如何讲课上，而是在如何识人上。起义部队的这批连、排军官中各种人都有，有抗日战争时为打日本而投军的，有从国民党中央陆军军官学校分配来的，有特务机构安插进来的。最坏的就是那些暗藏的特务分子，可偏偏是这些家伙表现得最老实，伪装得最积极。而那些为打日本而参军、靠战功当军官的人，反而身上有刺。如果不认真调查，耐心工作，很可能将好坏颠倒。因为傅作义不是蒋介石的嫡系，所以往其部队派遣的特务就特别多，一个团就有七八个，多的有十几个。在训练营，大多数特务被挖了出来，一些罪大恶极的反动军官被检举出来，这两种人都被移交给了政法机关。素质较好的部分军官与士兵共5000余人被编入第四十七军，其余被遣散回原籍。

1949年4月中旬，政治教导队随部队南下，行军50多天，行程1500余公里，到达湖北襄阳，途中在河南参加了安（阳）新（乡）战役。虽然在政治教导队一路学到了很多东西，但李延年总感到不能直接参战是个遗憾。他这个遗憾总算在宜昌的古老背战斗中得到了一点补偿。7月12日，第一四〇师第四一八团通过一夜强行军赶到古老背长江渡口，防敌渡江逃走。师政治教导队区队长李延年也带着人赶来了。团长黎原布阵从东、北、西三面对守敌形成包围，李延年主动要求随抢占东面码头的部队行动，得到批准。部队直扑码头而去，李延年带着几个人作为奇兵沿着江滩向码头方向逼近。在江滩一拐弯处，他们一下俘虏了十几个敌人。此战加上白云山战斗，俘敌近2000人。于是，一个重要任务在等着李延年。师政治部首长对他说："两仗抓了一两千个俘虏，师里要成立解放战士训练团，你去当四连的指导员。"半个月的训练结束后，李延年带的四连除十来个兵油子之外，全部补充到了各团的连队。李延年因此受到师政治部的表扬。

在政治教导队，李延年还有最后一门实习课要完成。师里任命他为政治部武工队副指导员。干啥？筹粮。此时，部队已经进入湘西。因为湘西一下集中了数十万部队，加上国民党反动派和土匪的封锁，粮食供应非常紧张。李延年先在沅陵，后在芷江征粮，都出色完成了任务，尤其是在芷江的一个顽固保（保甲制度中的保，约为现在的村），他通过发动群众，迫使地主、保长交出了秘藏的粮食，还缴获了六支私藏的步枪。在五个月的征粮工作中，李延年不仅征集的粮食多，而且政策执行好，没有出现任何问题，受到师政治部的表扬。

"你现在可以毕业了。"1950年1月，李延年从师政治教导队毕业，但政治部首长还留他继续担任武工队副指导员，带领30余人在芷江征粮和剿匪。直至3月李延年被任命为第四一八团三营七连副指导员，他才离开师政治部。

第八章

湘西剿匪，『别去惹七连』

湘西的土匪出名，第四十七军以在湘西剿匪出名。

事情有时候就这么怪，打正规军反而不如剿匪受老百姓关注。第四十七军在辽沈战役中打的黑山阻击战名垂军史，但鲜有人说，湘西剿匪却被传得神乎其神。其实，剿匪打的是政治仗，并非都像小说里写的那样具有传奇色彩。政者，正也。认真贯彻党的政策，耐心细致地做群众工作才是战胜土匪的法宝。

独当一面，带队下乡驻剿

李延年是随着师政治教导队进入湘西的，其中一项工作是调查社情。

湘西是湖南西部的简称，大致包括北至龙山、桑植，南到通道，东起大庸、沅陵、黔阳、绥宁一线，西至贵州、四川边界的这一片地区（即今天的张家界市、湘西土家族苗族自治州、怀化市以及邵阳市的一部分）。这里分布着巍峨连绵的雪峰山和武陵山脉，沅水、澧水、酉水等大小河流纵横其间。新中国成立前有句民谚："湘西处处有山，山山有洞，洞洞有匪。"

湘西的土匪有10万之众，而且几乎都成了政治土匪。在我军进入湖南前，湘西土匪成了国民党各派争先笼络的香饽饽。湖南省主席程潜、华中"剿总"司令长官白崇禧和副司令兼十四兵团司令宋希濂各怀鬼胎，抢着对各路土匪进行收编，大放番号，大封官爵。宋希濂"出手"阔绰，一下就放了三个暂编军、12个暂编师、数十个暂编旅的番号，旅长以上都有国防部正儿八经的任命状；程潜所封的官多为保安旅长、保安团长；白崇禧更绝，竟与匪首们金兰结拜，歃血为盟，封了一堆"××行署主任"或"××警备司令"。1949年8月4日，程潜与陈明仁在长沙率部起义，其所收编的匪首有归顺的，也有继续为匪的。白崇禧和宋希濂都指望土匪能在湘西缠住解放军，以延缓大军向广西和向西南的前进步伐。

进入湘西后，李延年带武工队先后在沅陵、芷江筹粮（见上章），却没有遇到特别严重的匪情。为啥？因为土匪没有按白崇禧、宋希濂的要求缠住解放军。匪首鬼精，知道与我军对抗是死路一条，在我军过后，才有自己的天下。9月13日至10月5日，我四野第十二、第十三两个兵团在湘西和衡宝战役期间，解放了沅陵、泸溪、怀化、芷江、会同等12座县城，土匪都潜伏未动。10月初，刘邓大军在刚解放不久的常德休整，准备入川。四野和湖南军区令第四十七军兼湘西军区，负责打通入川道路，并随二野入川，然后再返回湘西。他们的第一个任务就是攻克号称"湘西北门户"的大庸县城（今张家界市），消灭宋希濂手下的第一二二军，原以为土匪可能会配合其行动，但在我军攻打大庸时，各路土匪全都隔岸观火，仿佛事不关己。土匪很沉得住气，耐心等着我军狂飙过去。眼看二野铁流向贵州、四川而去，就连兼湘西军区的第四十七军也只留下了一个第一四〇师，主力送二野入川去了，直到这时，匪首们才欢呼雀跃，手舞足蹈。"现在该咱们出头了！"连已经投降的匪首也几乎全都叛变。

湘西土匪厉害，难道比东北土匪还厉害吗？参加过东北剿匪的第四十七军开始对湘西土匪不以为然，结果吃了大亏。最先吃亏的就是李延年的老部队第四一八团。11月，副团长陈明友（不久任团长）率团直和一个营在湘西纵队（改编的地方部队）警卫队的配合下，去辰溪龙泉岩进剿张玉琳匪部。开始在刘家坪没放一枪，就活捉土匪30余人，部队因此麻痹轻敌。次日清晨，先头部队的200多人在板溪一槽形地带架枪准备吃早饭时，突遭张玉琳匪部伏击。狡猾的土匪让老百姓在前面当流动掩体，部队不敢向群众开枪，也不敢使用重武器，只好无奈撤退。撤退中，共伤亡100余人，其中20余人牺牲，湘西纵队警卫队长易鹏飞负伤，被土匪抓获斩首……

李延年没参加这一仗，他还在师政治部武工队负责筹粮工作。芷江是著名匪首杨永清的老巢，在我军解放芷江县城时，杨永清带着土匪主力逃到了湘、黔、桂三省交界的山区，但还有许多匪众混在老百姓中间，瞅准机会就会干上一票。我军一个班在执行侦察任务时，突然被三股共数百名土匪包围，顽强抵抗后全部牺牲。李延年带人筹粮，是土匪要消灭的重点目标。但他有一个绝招，就是会发动群众。群众发动起来了，不仅会告诉你哪里有粮食，还会自发保卫你的安全。当时，地主、匪首利用征粮问题煽动群众，因此引起的叛乱此起彼伏，连大年三十（1950年的2月16日是农历己丑年除夕）也不得安宁。这年的春节，老百姓是在暴乱的频频警报声中度过的。在此期间，土匪重新占领了乾城（旧县名，今吉首）、古丈、麻阳、凤凰、会同、靖县、绥宁、通道八座县城。好在第四十七军主力在送二野入川后，又回到了湘西，才稳住了大局。

1950年2月，第四十七军发动春季攻势，向土匪展开全面进剿，共发动了六次合围战，攻克了八面山、长田湾等多个著名的匪窝，歼匪9000余人，缴枪近万支，再次解放了上述八座县城，一举压下了土匪的嚣张气焰。然而，非常遗憾，尽管部队战无不胜，但对被合围之股匪都未能做到全歼，除匪暂二军代军长石玉湘等数人投降外，其他重要匪首无一被击毙或抓获。究其原因，主要是尚未发动群众，造成匪民难分，匪首混在群众中轻松溜走了。事实证明，用打敌人正规军的办法来剿匪行不通，必须将会剿与驻剿相结合，把大多数部队分散到乡村发动群众，建立基层政权和农民自卫武装，让散匪无处藏身，这样才能取得剿匪的胜利。正是在这一背景下，李延年结束了在政治部武工队的工作，被任命为第四一八团三营七连副指导员。因没有指导员，他实际是以副代正，主持连队政治工作。

七连是一个老连队，李延年到任时却必须重新组建。因为1949年朝鲜民主主义人民共和国首相金日成致信我党中央和毛主席，要求在中国人民解放军服役的朝鲜族官兵回国参加朝鲜人民军，得到同意。第四十七军计有朝鲜族官兵3900余名，李延年所在的第四一八团就有数百人，他们一走，七连等连队一下成了空架子。李延年上任后的第一件事就是与连长元宝成一起重组七连。连长是从机关总务科下来的，搞伙食有一套，但带连队没经验。战士是从一营和二营的各个连队调来的，要"捏"到一块也需要时间。但是，因剿匪迫切需要兵力，没有时间让他们坐下来整顿磨合，七连甫一重组，立即独当一面，被派到会同县剿匪。

会同县地处湘西南边陲，乃湘、黔、桂之咽喉；背靠三座大山，曰雪峰、金龙、八仙；境内两大河，曰渠水、巫水，从南向北，汇入沅江，有大小码头五六十个；辖区汉、侗、苗等多民族杂居。著名军事家粟裕大将就是会同伏龙乡的侗族人。始建于明代的侗族村寨高椅村，状如一把太师椅，三面环山，一面向水，按八卦图设计建成，宛如迷宫，是湘西著名的人文景点。七连来到会同，连长带两个排进驻县城，李延年带一个步兵排和一个炮兵排进驻连山。

群众发动了，土匪就如无水之鱼

连山现为会同县的一个乡镇，仅从设有火车站（枝柳线）这一点，即可看出其在地理位置上的重要性。新中国成立初期，会同当然不可能有铁路，但连山同样是南北交通线上的一个重要节点，会同往南通靖县（今靖州苗族侗族自治县），无论是走陆路，还是走水路，过了连山不远就进入靖县的甘棠坳（镇）了。在湘西剿匪时，这两个小地方，曾是剿匪部队与土匪拼死争夺的要点。

如前所述，因仅凭会剿不能奏效，第四十七军调整了剿匪策略。对于湘西 22 个县，将大庸、永顺、保靖以南，会同、黔阳以北，凤凰、麻阳以东的 14 个县划为中心区，将龙山、桑植、靖县、通道等 8 个县划为边缘区，集中十个团的兵力先肃清中心区之匪，而对边缘区采取守势，待中心区肃清后，再集中兵力进剿。会同县属于中心区，其连山乡处于中心区最南端；其南边的靖县被划为边缘区，甘棠坳处于边缘区的最北端。因此，李延年除了要清剿连山本地的土匪，还要时刻警惕土匪从靖县甘棠坳攻进来。自我剿匪部队按新的部署撤出靖县后，靖县便为土匪所占领，并在甘棠坳集结重兵，伺机攻打连山。

李延年和连长元宝成分别进驻连山和县城，两地相距约 10 公里。部队分散进村发动群众，一个班包干一个村。部队的战士多为北方人，与湘西群众语言不通，互相听不懂，好在部队这次是与地方的"土改"工作队联合下乡，有工作队员做翻译，军民交流起来就顺畅多了。当时，湘西发生春旱，李延年带着大家为群众车水、打井；群众粮食不够吃，李延年一面给揭不开锅的贫民送粮，以解燃眉之急，一面让部队和工作队做担保，向富户借粮；群众没盐吃，李延年让给养员给断盐户一家分一点……如此这般，群众逐渐把解放军当亲人了。

这天，李延年听一个战士汇报说："我们可能帮错人了，帮了半天，帮的都是土匪。""你咋知道的？""就是那个姓张的贫民告诉我的。"为弄清情况，李延年就去村里与此人一起踩水车车水，两人用互相半懂不懂的语言聊天。李延年问起："为什么有的人不愿跟部队说实话？"张姓农民说："说出来了，怕被你们抓起来枪毙。"

这话从哪里来？李延年解释说："我们的政策都写在公告上了，一个村都贴好几张。怕群众不识字看不懂，我们大会讲，小会讲，说得清清楚楚，对土匪是首恶必办，胁从不问。"

张姓农民说："人家说这是骗人的。"

李延年说："那是造谣。共产党说话算话，不会骗人。抓起来就枪毙的话，你是听谁说的？"

"都这么说。"

"都这么说，你也这么说吗？"

"不！不！我是听人家说的。"

看来他是不敢把造谣者揭发出来了。李延年也不逼他，继续与他聊天。这人接受过七连给的大米和食盐，还到连队吃过饭。说起吃饭，他无意中说："你们的饭比土匪的饭差远了。"

李延年觉得话中有话，便问："土匪的饭，能随便让你吃？不是吹牛皮的吧？"

张姓农民说："平时吃不着。要是打了胜仗，就会大伙一起打牙祭（会餐），杀猪宰羊，非常热闹，席面上鸡鸭鱼肉啥都有，饭管吃饱，酒管喝够……"说到得意处，他禁不住嘴里"吧嗒"两下。

"这么说，你是参加吃了的。"

"对呀！全村有一半多的男人都吃了的。"

听到这里，李延年心中有底了，明知故问："你们又不参加打仗，土匪凭什么给你们吃？"

"谁说不参加？吃的人都参加了的。"

"你们又没有枪，赤手空拳，怎么参加？"

"手上都有家伙。空着手去，人家不要。"

"你拿的啥家伙？"

"我拿的是一把鸟铳。"

"别人呢？"

"有拿红缨枪的，有拿鸟枪的，还有拿菜刀的。"

"都是谁？"

张姓农民突然发现说漏了嘴，吓得停下踩踏水车的脚步，扒在水车的横杆上，对着李延年连叫："长官饶命！我是瞎吹的。"

李延年说："你别怕！看样子你们大多是胁从，平时在家种地，偶尔临时参加。不去不行吗？"

"不去肯定不行。你不去，他要杀你全家。"

"你们打仗，打的都是谁？"

"什么人都有。有不肯出钱的地主老财，有过往的马帮，有不同山头的土匪，有省里派来的围剿部队……"

"你们跟着去，能得到什么好处？"

"打输了，啥也没有，保住命就不错了。打赢了，能'捡'（实为抢）点东西，运气好的时候能分到一块洋钱，还能有一顿好吃好喝。"

这小子说着说着，语气中居然有点留恋的味道。李延年不觉也陷入了沉思：像眼前的这个张姓农民，一方面被匪首或惯匪逼迫参加土匪活动，可被称为业余土匪、临时土匪，是受压迫、被利用的人；另一方面，干业余土匪得到的那一点实惠，又让他们不无眷念，欲罢不能，一次又一次地跟着匪首走。他们太穷了，跟着去抢一点东西，能捞到一袋粮、一床被子、几件衣服最好，哪怕能"捡"到一个盆子、一把筛子、一个碗，也算没白走一趟。他们既可怜又可恶，平时是好人，入伙就变坏。对这些人不能嫌弃，严格按党的"胁从不问"的政策办事，才能把他们争取过来，孤立匪首。

见李延年突然不说话了，张姓农民问："你们说'胁从不问'，是不是再也不问我们了？"

李延年说："'胁从不问'是指不问罪，而不是不问情况。如果不能老实交代，包庇匪首和惯匪，那就另当别论了。"

张姓农民又问："像我们这种跟土匪跑过的穷人，'土改'能参加分田地吗？"

李延年回答："当然能参加分田地，但先要团结起来，把地主斗倒，把土匪肃清。今天我说的这些话，你能告诉和你一样的人，让他们都知道吗？"

"能！"张姓农民满口答应。

于是乎，村子里出现了新气象，很多农民主动找七连战士和"土改"工作队反映情况：全村当过临时土匪的人占农民总数的80%以上；有两个惯匪，在解放军进驻之前逃跑了，暂不知去向；村里只有两个小地主，没有什么大的罪恶，也处处受土匪的窝囊气；土地大多集中在大小匪首手里，他们委托代理人管理，负责向农民收租。"凡当过土匪的人，抓起来就枪毙"，这条谣言的来历也弄清了。村里有人到连山赶集，碰到一个小惯匪，闲聊起来，小惯匪把这条谣言告诉了他，要他回去跟大家都说一声，免得上了共产党的当。我军很快在连山抓到了这个小惯匪，据他交代：会同的大小匪首和大多数惯匪都跑到靖县去了，他是被派回来当交通员的。匪首们最怕那些当过业余土匪的农民被解放军"收买"。因为一旦这些农民与解放军站到一起，他们就成了无根浮萍。

但是，李延年遇到了一个在东北参加剿匪和"土改"时未曾遇到过的问题：这里的业余土匪都是穷苦农民，按照贫雇农的阶级路线对他们是否适合？如果不适合，在湘西的土匪窝子里，我们就没有依靠力量了！他个人认为应该实事求是，这些人虽然被迫当过临时土匪，但贫雇农的阶级属性并没有改变，所以只要没欠血债，没干过伤天害理的事，该依靠的还得依靠。他一面与"土改"工作队交换意见，一面向上请示，在没有得到答复前，先按这个想法干起来再说。所幸上级很快就给了答复，同意了他的请示。于是，农民协会建立起来了，自卫队也建立起来了。自卫队队员与解放军战士一起站岗放哨，土匪无机可乘了。

土匪不灭，"土改"就没法进行下去。因为许多土地是匪首的，只要匪首还在，即使你把他的地分给了农民，农民也不敢要。因此，剿匪与"土改"应该互为前提。那么土匪在哪里呢？会同县已经没有了股匪，只剩下散匪，正在被逐步肃清，股匪都跑到靖县去了。当时，靖县与会同就像沦陷区与解放区一样。因第四十七军一时顾不上边缘区，靖县便成了土匪的天下，县城和乡村都被土匪占领着，紧邻会同县连山的甘棠坳更是集结了600余名土匪，他们随时准备进攻连山。第四一八团得到相关情报后，决定先发制人，一举歼灭甘棠坳之匪。李延年奉命带七连参加战斗。

5月17日，团长王明友指挥三营两个连和机炮连大部、二营四个排，直奔甘棠坳而去。可惜因打迂回的二营没能按时到达指定地点，结果打成了击溃战，土匪向东南方向溜走了。但这些土匪都是惯匪，匪首很快发现解放军来的人并不多，竟想集中力量反攻，把前来甘棠坳的部队"吃掉"。王团长正为没能打到土匪发愁，得知土匪准备反攻的情报，不禁喜出望外，决定部队暂不撤回会同，在甘棠坳布防。

麇集于靖县的土匪主要有三个番号：一个叫"中华民族自救军第三方面军第五纵队"，是由会同、靖县、绥宁、通道四县的土匪组成的，简称"五纵"；一个叫"华南民众自卫军湘黔桂边区游击总指挥部"，下辖若干纵队；一个叫"湘桂边区反共突击军"，也辖若干纵队。在甘棠坳被击溃的是湘桂边区反共突击军第四纵队，他们逃走后联络第二、第三纵队，纠集匪徒1000余人，于19日向甘棠坳发起了进攻。这一次，土匪宛如自投罗网，刚一开战，就死伤狼藉，不得不赶紧逃命。清点战果，我军毙伤土匪80余人，生俘31人。

50对2000，以少胜多威名扬

此战后，第四一八团部队主动撤回会同。李延年出发前还有一点担心：连队出去剿匪后，连山只留了一个班，主要靠农民自卫队守卫。而农民自卫队队员十有八九都当过业余土匪，他们会不会在坏人的煽动下，抢劫公家的粮食和商品？回来一看，他发现自己的顾虑实属多余。公家的粮仓以及街道上的商店，一切都完好无损。听说部队在甘棠坳打了胜仗，农民们一个个笑逐颜开。那个曾与他一起车水的张姓农民也是自卫队队员，他告诉李延年："你们走的这几天，有个人来造谣说：'解放军在甘棠坳被土匪'围剿'，死了好多人，回不来了。'我们把他抓起来，送到了乡里。"李延年听了非常高兴，觉得两个月的工作没白做，群众发动起来了，剿匪、"土改"就都好办了。不过，张姓农民又告诉他："听说土匪在靖县那边闹得很凶，这边老百姓还是有点怕，怕土匪打过来。"一想也是啊！如果你是当地老百姓，难道就不怕土匪杀回来吗？李延年想了想，对他说："跑到靖县的土匪恐怕做梦都想杀回来，但只要我们军民团结，土匪来了，我们也能消灭他们。还有，我们这边尽快完成了清匪和'土改'，解放军才好集中力量去消灭靖县的土匪。"

李延年说对了，麇集在靖县的土匪在甘棠坳吃亏后，时刻想着报复，竟然采取了以攻为守的策略。6月3日，匪湘桂边区反共突击军第五纵队副司令覃治平，在甘棠坳召集傅太和、丁克平、肖凤鸣、黄泽民等匪首开会，研究进攻会同驻军的计划。27日，大批土匪从靖县涌入会同。李延年正在部署连山的防御，突然接到县城也遭到土匪攻击的情报，连长元宝成要求李延年立即带部队去支援。这就给李延年出了难题：这次土匪是多点进攻，兵力比较分散。如果不去县城支援，县城丢失了，政治影响极坏；如果去县城支援，连山就可能丢失。这里是剿匪部队的粮仓，丢失了，剿匪部队就会断粮，自己杀了头也负不了这个责任。两难之下，怎么办？李延年想出了一个两全其美的好办法：用炮火支援县城。前面说到，李延年手下有一个步兵排、一个炮兵排。他派连山的农民自卫队给炮兵排带路，抄近道往县城方向赶，找一个视野好、比较隐蔽又便于防守的地方构筑阵地，对县城进行炮火支援。在县城的连长元宝成听说李延年不来支援，只用炮火助战，老大不高兴，向上告了李延年一状："畏敌不前，见死不救。"他未曾想到，在县城保卫战的关键时刻，还真是李延年的炮火支援解决了问题。本来土匪气势汹汹，嗷嗷乱叫地向县城进行集团冲锋，几颗炮弹在匪群中爆炸，匪徒立马成了覆巢的蜂子，四处乱窜，加上炮弹追着打，他们吓得一退好几里，连头也不敢回转一下。县城之围就此被解，匪部风传："县城有炮，不能去！"

土匪27日的这次多点进攻全部被击退，他们没有捞到任何便宜，反而死伤不少，但受美、蒋特务控制的匪首们从电台中得知朝鲜战争爆发的信息，认为第三次世界大战就要开始，突然像打了鸡血一样，来了精神。7月11日，匪华南民众自卫军湘黔桂边区游击总指挥部集中其第二、第四、第五纵队以及湘桂边区反共突击军一部，共2000余人，准备进攻连山。李延年事先得到情报，并且提前修好工事和战壕，部队与农民自卫队人人都明确了任务和战位，只等土匪来。

13日凌晨，土匪从东、南、西三个方面开始进攻连山。很奇怪，这一次，他们不像上次搞集团冲锋了，而是小群多路地往前攻，看着不激烈，其实更危险，让你炮兵很难发挥拦阻作用，别想一发炮弹炸死他一群了！李延年一看这架势，就知道这群土匪中有老兵油子，告诉部队隐蔽好自己，瞄准了打，等他们到近处就投手榴弹。这么"乒乒乓乓"地打了一阵，土匪始终没能接近我军前沿阵地。为啥？虽然匪军中的老兵油子很会利用地形地物，但他们是特别惜命的，不敢与我军短兵相接。匪首眼看久攻不下，不得不变阵为大规模进攻，竟有土匪脱掉衣服，口念咒语，挤作一团往上冲，这正好为我军炮兵当了靶子。

土匪毕竟是土匪，打仗的目的就是要捞油水。打连山为了啥？匪首想的是捞取政治影响，好在匪特的功劳簿上记上一笔，等国民党军队打回来，可恃功邀赏，升官发财；而普通的匪徒想的是拿下连山，能到粮仓里抢粮食，到商店里抢布匹。但前提是要活着，要是把老命拼掉了，那就什么也没有了。对于这么一支都想着捞油水又不愿拼命的队伍，只要不放松警惕，事先做好准备，击退它是有信心的。李延年在阵地上来回穿梭，进行宣传鼓动，以使大家蔑视敌人，增强信心。土匪第一天的三波进攻都被打退了。天黑下来，为防敌偷袭，李延年派出了六个警戒小组，前出两三公里负责警戒，发现有土匪来袭，便按规定的办法报警。这一夜，土匪的几次偷袭行动都因此而夭折。

土匪14日的进攻比13日更频繁，但都被七连和农民自卫队击退。连山被包围，但大家守着粮仓不愁吃。李延年最担心的是子弹，两天两夜打下来，子弹和炮弹打得所剩无几了，不节约使用，就撑不过第三天。虽然上级在战前明确说过，只要你们撑三天，师里的援军就能赶到。但李延年知道，本团的兵力高度分散在各个点上搞驻剿，要集中起来不容易，要派援军，必须由师里从外团、外县调，以湘西的交通条件，援军只能靠步行，三天能不能赶到是个问题。因此，要做好援军三天赶不到的准备。李延年召集班长以上干部开会，要求大家咬紧牙关，再坚持两天，一定要等到援军来，战斗中要节约子弹，尽量用手榴弹，因手榴弹还有不少。

15日的战斗异常激烈，由于主要靠手榴弹杀敌，打的差不多都是近战，还出现了白刃格斗的情形。但战至下午，土匪突然停止了进攻，向后退去。李延年判断，一定是师里派的援军来了。还猫在阵地上干啥？赶紧出击吧！

援军是第四一八团老团长、第一四〇师参谋长黎原带来的，共六个连队。援军一到，战斗很快就结束了，土匪被打死、打伤的不算，光被俘虏的就有1000余人，仅七连就俘虏了200余人，其中有一个匪支队长。

连山之战让土匪胆寒，李延年率部坚守三天两夜当居首功。经师、团核实，两个排共毙伤土匪340人，俘匪26人（不算最后合围的200余人），我军牺牲农民自卫队队员1人，部队与自卫队各伤1人。李延年手下的部队不到50人，配合作战的农民自卫队不到百人，土匪却有2000余人，这是一个以少胜多的奇迹！为表彰守卫连山的壮举，师授予参战的两个排各一面"固守连山英雄排"锦旗。

此战后，李延年从副指导员变成了指导员。土匪也领教了七连的厉害，视连山为畏途。据俘匪交代，匪首们告诫部下："别去惹连山的七连。"

三个月后，第四一八团完成了在会同的驻剿和"土改"任务，对匪巢靖县发起围剿，攻克县城，活捉匪县长沈大海。但李延年所带的七连没有参加围剿靖县的战斗，而被派到通道县单独执行驻剿和"土改"任务去了。

第九章

从剿匪战场到朝鲜战场

通道县（1954年改为通道侗族自治县）在湘西最南端，位于湘、桂、黔三省（区）六县交界处，历史上为楚、越分界的走廊地带，有"南楚极地""百越襟喉"之称，战略地位非常重要。

第四一八团团长王明友摊开军用地图，指着通道县对李延年说："你带七连去通道剿匪，协助地方工作队征粮。"

李延年问："就我们一个连吗？"

"对！就你们一个连，暂时脱离营、团建制，单独执行任务。团主力要打靖县，抽不出更多兵力。"

在连山驻剿，李延年虽然也是独当一面，但在营、团的建制内。而去通道，要脱离营、团建制，如此放单，对李延年来说是一个新的考验。

一路学习进侗乡

从会同到通道，必须穿过整个靖县。最方便的路线是坐船沿渠水逆流而上，但因连山往南还是边缘区，而边缘区说白了就是匪占区，部队走水路若无人掩护，容易遭到土匪的伏击，因此，不如走陆路，那样遇到情况好处理。李延年带着七连，先尾随进攻靖县的大部队行军，然后离开大部队经横江桥、县溪镇等地奔通道而去。

沿途地方都还没有经过驻剿，匪情不清，所以行军路上七连一直要保持战斗状态。李延年利用中途休息和宿营的机会，对部队进行有关通道县的社情和剿匪政策的教育。

通道县有"三多"：一是山多，山地占全县总面积的3/4；二是树多，山上都是森林；三是溪流多，平均每平方公里就有四条溪流，部队走不到一里地，就有一条溪流。其他地方的河流基本朝一个方向流，通道县的溪流有向北流的，属长江水系；有向南流的，属珠江水系。

通道县历史上叫罗蒙县。宋徽宗崇宁二年（1103），王祖道坐镇罗蒙，用安抚的手段平定了侗乡907峒，集结壮丁6万余人，开通道路600公里。湘、桂、黔三省（区）间的通道从此打开，遂改罗蒙县为通道县。

通道县有侗、汉、苗等14个民族，其中侗族最多，占总人口的78%以上。古时候，侗族地区的行政单位，县之下为峒，相当于内地的乡。峒有峒主，又称峒首，由选举产生。侗族最基层的组织叫卜拉（又写作补拉），一个卜拉就是一个近亲家族，由德高望重的长者管理，也有年轻人当家的，但比较罕见。若干个卜拉组成的联合组织被称作款，款首（或款主）由各个卜拉的代表选举产生。款有联合武装，由推举出来的寨老指挥、管理。一般数款为一峒，也有一个大款即为一峒的。

李延年深感如果不学好侗族的相关知识，尊重侗族的风俗习惯，不但完不成任务，还有可能被侗族同胞赶走。所以，他事先找人将侗族的有关知识编成问答题，利用行军中途休息、开饭之前等零星时间随机对部队进行教育，如：

问：侗族的"建筑三宝"是什么？

答：鼓楼、寨门、风雨桥（又叫福桥、花桥）。

问：鼓楼建在哪里？是干什么的？

答：鼓楼建在寨子里，一般一个寨子建一座，也有建两座以上的，有的大寨建四座。鼓楼是侗族同胞集会和娱乐的场所。

对必须严格遵守的侗族风俗习惯，李延年要求大家牢记在心，并且要考试，如：

问：侗族的"六不"风俗是什么？

答："六不"为：一是不争路，就是在路上要礼让，让对方先走；二是不收过渡钱，就是不管熟人、生人，都免费义务摆渡；三是不踩生，就是谁家生了孩子，你不能进人家家门；四是不架筷，就是不能把筷子架在碗上；五是不进房，就是不可进人家的卧室；六是不剩位，就是在人家家里做客时，坐时不能架二郎腿，不能叉脚，告别时不能拍屁股就走，要让凳子归位。

问：在侗族人家喝油茶有什么规矩？

答：侗族同胞招待你喝油茶时，会同时给你一支筷子。如果你喝好了，就把筷子架在碗上。否则，主人会一直给你加油茶。这与吃饭不可架筷的规矩正好相反。

问：寨子里有什么地方是绝对不能去，也不能问的？

答：萨玛祠，这是寨子里祭祀女神的地方，非常隐秘，外人不可进，不可动，也不可问。

李延年带着七连来到了通道县。根据县委的分工部署，他们要配合工作队负责八个寨子的剿匪和征粮工作。

剿匪、征粮，李延年都已干过，并且都干得非常出色，但这一次很多老经验不管用了。在剿匪方面，湘西的侗族与苗族虽同为少数民族，但有所不同，有一些苗王被匪特所操纵，成为他们的帮凶；

而侗族很少有款首、寨老与匪特同流合污的情况，这与款首、寨老是选举产生的有关。诚然，侗族寨子也容纳过匪特队伍，藏匿过匪特人物，但那是被迫而为的。在征粮方面，不论汉族、苗族，粮食都在地主、匪首手里，而侗族的款首、寨老因为是被选举出来的，辈分、人品被放在第一位，所以大多并非富人，有的甚至比较贫穷。如果沿用老经验，不仅征不到粮，还会无端树敌。总之，要认真调查研究，才能找到好的方法。部队在分散前，与工作队一起进行了集训，专门学习党的民族政策，明确在侗族地区，暂时不搞"土改"，不搞阶级斗争，只有模范执行民族政策，才能胜利完成任务。

与款首、寨老打交道

侗族历史悠久，有语言，但没文字（后政府组织专家创制峒文）。侗胞一般讲侗语，只有上层人士和读书人会说汉语。所以，可将地方工作队和部队一起混合编组，地方工作队可以给部队当翻译。

侗族没有单家独户居住之说，村寨多依山傍水而建，聚族而居，大的有三四百户，一个寨子差不多就是一个款；小的寨子有三五十户，是一个卜拉。房子极富民族特色，清一色的"干栏"楼房，一般三间两层，偶有三层的，正房左右连偏厦。一层放石碓等生活用具，也堆放柴草，用来饲养家禽、家畜；楼上住人，前半部为劳动之所，后半部正间为堂屋，供神龛，两边是火塘……卧室在偏厦。

七连负责八个寨子，住在鼓楼。没法做到一个点一个干部，有的点就由班长负责。李延年带一个通信员，在八个点之间来回跑，及时听汇报，作指导。部队刚住下不久，恰逢侗族的吃新节。在侗族等少数民族，吃新节是仅次于春节的大节日，是庆祝丰收的节日。

各个寨子的吃新节的日子不一样，但大致在小暑后的"卯"日或"寅"日，约定俗成。这一天，全寨子的男女都要穿上崭新的民族服装，各家拿着做好的糯米饭和丰盛的酒菜，集中到鼓楼摆成一长条。庆典开始，寨老代表全族敬神，嘴中念念有词，乞求神灵保佑五谷丰登。各家把饭菜放在铺在地上的芭蕉叶上，在长老动筷子后，大家就围着芭蕉叶吃喝……喝的是香甜的糯米酒，吃的是可口的糯米饭，菜肴丰盛，其中最珍贵的一道菜是酸草鱼。酸草鱼可腌制三五年，一般很难吃到。但必须要吃一道"忆苦菜"，即不用油盐煮出的野菜，以示富不忘贫。晚上，寨中更加热闹，有看侗戏的，有唱侗族琵琶歌的，有跳哆耶舞、芦笙舞的……如此盛大的节日，好客的侗胞当然要邀请解放军参加。但是，各个点的负责人都不敢点头，害怕违反了纪律。不等反映上来，李延年就主动通知各个点，除哨兵外，全部参加，与群众一起过节。侗胞敬你糯米酒，不可拒绝，但只可喝一点，绝不可喝醉；侗胞让你吃菜，味道不习惯也要吃进去；侗胞请你跳哆耶舞，应该积极参加。不参加就没法与侗胞打成一片，就熟悉不起来，就完成不了任务。

李延年当然也参加了吃新节，与寨老一起互相敬酒祝福。他知道糯米酒喝着香甜，酒精度数不高，但一旦醉了，会特别难受，且一醉就是好几天，所以他每次抿一小口，跟寨老说明："你看，我这么瘦，就因为有胃病，不能喝酒。"寨老也就不勉强他了。晚上跳哆耶舞，侗胞穿节日盛装，围成圆圈，有节奏地边跳边唱，李延年和战士也跟着转圈起舞。寨老非常高兴，对李延年说："解放军才是真自己人。"难道还有假自己人吗？寨老喝得有点晕乎了，趁着热乎劲，说："国民党开口闭口称兄道弟，可一来就要钱、要粮，还要人，像土匪。"

哪是像土匪啊？寨老所说的国民党，那可是真土匪。李延年问："您说的那些人，打的旗号是不是'华南民众自卫军湘黔桂边区游击总指挥部'？"

寨老一下想不起来，叫来一个年轻人问，年轻人说："就是大军说的这个，下面分纵队，再下面是支队。"年轻人还要说下去，被寨老一个眼色制止了，显然是怕他说漏了嘴。

李延年来通道县之前，团首长特地跟他交代过："通道县西与黔东南的黎平、从江接壤，南与广西的三江、龙胜为邻，这一带都是苗族、侗族集聚区，语言一样，风俗相同，土匪利用少数民族作掩护，凭借三省交界的便利，这里剿就往那里窜，那里剿就往这里窜。土匪在会同、靖县遭到沉重打击后，大多跑到了黔东南地区。你去以后，要特别防止土匪跨省作乱。"寨老为什么不让那个年轻人继续说下去？十有八九是不想暴露寨子与土匪的关系。李延年要部队进行助民劳动，帮侗胞干农活，以加深感情。

随着军民关系越来越紧密，寨老的那点秘密终于被弄清了。匪湘黔桂边区游击总指挥部派人到寨子里来过，造谣说："共产党来了，苗族、侗族都得遭殃，男的杀光，女的当妾。"吓唬之后，要求各寨都参加他们的队伍，根据寨子大小武装多少，给寨老封支队长、营长、连长等官衔。李延年所在的这个寨子大，他们要封寨老为支队长。但是，寨老是久经风霜、见过世面的人，贺龙率红二军团长征时途经通道县，秋毫无犯，与侗胞亲如兄弟，哪有什么"男的杀光，女的当妾"之说？现在的解放军就是当年的红军，会像他们说的那样？打死他，他也不会信。不过，他也不敢得罪国民党匪特，深知他们心狠手辣。弄得不好，他们可能会烧你的寨子，杀你的人。所以他只好虚与委蛇，表面上答应他们，实际上另有打算：要钱，我是真没有；要粮，你不是一时还用不着吗？我先为你存着，等你要的时候再来拿；要人，侗族好多人连一句汉语都不会讲，从未离开过侗族的地界，还是侗族自己人在一起好。你们把我们编成什么支队，那我管不着，但支队长这顶帽子我不戴。到时候你们要有事需要我们，我们听招呼就是了。匪特明知他在耍滑，但也不敢彻底得罪。他们知道，侗族的寨子为了自卫，一般都有自己的武装，把他们惹火了，子弹也是不认人的。匪特为了收买寨老，给了他十几支枪，侗族小伙看了抢着要，寨老一支也不发下去，让人秘密埋在地下。他知道，凤凰的苗王龙云飞因为听从了匪特，最后落了个走投无路、饮弹自尽的下场；贵州六盘水的彝族土司安克庚，因死心塌地为匪做事，最后被剿匪部队枪决了。绝不可学他们！他在观望，在等待……等解放军到寨子里来。但只要黔东南的匪巢不被端，他还是心有余悸。李延年与寨老成了朋友，把他的秘密也摸了个一清二楚，但必须找一个机会让他自己来揭秘。

10月，我西南军区部队采取铁壁合围的战术，将黔东南的土匪大部肃清，残余逃到了北部的雪洞、凉伞地区，与湘西巨匪杨永清之残部会合，为湘桂黔边区的最后一股土匪。中南军区与西南军区举行联合会剿，将其合围。这时，李延年到通道县已快三个月，七连的战士和工作队的人都有点着急了，埋怨说："土匪没抓到一个，粮食没征到一斤，指导员咋就沉得住气呢？"李延年笑笑，要求部队继续搞好军民关系，功夫下足了，功到自然成。

果然，这一天，寨老派人急急忙忙地来找李延年，悄悄告诉他："有两个匪徒从黔东南逃到寨子里来了，请寨老保护，现藏在山洞里。因他俩带着枪，寨老想让部队派人去抓。"接着，李延年与这人商量了抓捕的办法……傍晚，以送晚饭为名，一举将两个匪徒生擒。能抓到这两个土匪，寨老立了首功。说起来，寨老能够从犹豫观望变得立场坚定，还得亏这两个家伙。他俩将黔东南匪巢覆灭的情况一说，寨老就知道了，匪特在湘桂黔边区彻底没戏了，他再也用不着担惊受怕了。这个顾虑一消除，寨老就像变了一个人。他不仅把土匪送的枪主动交上来，而且把寨子自卫的武器也上交了；至于粮食，按照政府的征粮标准，足额送到了政府的粮仓，说："这是我们自愿的，要不是解放军来，土匪还不知道要抢走多少哩!"

七连进驻八个寨子，全部复制了李延年摸索出来的经验，实现了剿匪、征粮双丰收。到1951年春节（2月6日）之前，七连共收缴各类枪支1000余支，超额完成征粮任务。李延年当选为师党代会代表，到芷江去参加党代会。

带出一个"双好连"

1951年2月召开的第一四〇师党代表大会，是一次湘西剿匪的总结大会，是一次积极准备参加抗美援朝的动员大会。

此时，湘西剿匪大功基本告成，股匪已被彻底消灭，只剩下百分之几的散匪还有待清查，地方政府和地方部队即可解决问题。已经具备了将野战军撤出的条件。

此时，在朝鲜战场上，中国人民志愿军和朝鲜人民军正在进行抗美援朝第四次战役。以美国为首的"联合国军"发现我军后勤补给困难和一线兵力不足，对我军发起反攻。我军在其主要进攻方向上未能阻止其进攻，转入运动防御战。

关于第四十七军的任务，早在1950年9月16日，毛泽东主席在以中央军委的名义给中南军区第二政委邓子恢、第三政委谭政等人的电报中，明确要求："湖南之两个军（即第四十六军、第四十七军），请你们考虑，在明年春季集中一个军于机动位置，明年夏季或秋季再集中一个军。"按毛主席和中央军委的要求，第四十六军已经集中了，第四十七军也要提前集中了。原因无他，朝鲜战场需要新的兵力。因为参战的志愿军部队已经非常疲劳，迫切需要休整、补充。

当然，上述这些情况是高层干部掌握的，传达不到团以下干部。在第一四〇师党代会上，师党委向代表们介绍了朝鲜战场的情况，号召在全师开展仇视美军、蔑视美军（简称"两视"）的教育。李延年竖起耳朵听首长讲话：

想当初，美国介入朝鲜战场时，势头是何等嚣张！1950年6月26日，即朝鲜内战爆发的第二天，美国总统杜鲁门就迫不及待地跳了出来，命令美国驻远东的海、空军参战，支援南朝鲜（韩国）军队……9月15日，麦克阿瑟指挥美第十军在朝鲜的蜂腰部仁川登陆，一下将进入南朝鲜的朝鲜人民军置于两面作战、进退维谷的不利境地。美军迅速向北推进，越过了三八线，占领了平壤，战火烧到了鸭绿江边。这个时候，趾高气扬的麦克阿瑟以为天下无敌了，没想到遇到了不怕鬼的，那就是中国人民志愿军。

我志愿军是10月25日入朝的。因为没有对美军摸底，为谨慎起见，原计划先到预定地域组织防御，先摸摸底，然后再考虑进攻。不料美军进展神速，朝鲜已经没有地方让志愿军组织防御了。形势逼迫志愿军刚一上阵就得打进攻，组织了第一次战役。以一个军配合朝鲜人民军在东线阻击，以五个军在西线突然对"联合国军"展开打击，一下子将侵略军从鸭绿江边驱逐到了清川江以南，粉碎了麦克阿瑟"感恩节（11月23日）前让孩子们回家"的狂妄计划。

但刚愎自用的麦克阿瑟仍然认为中国人只是在保卫边界，不足为虑，决定继续向北进攻，在圣诞节前结束战争。他牛哄哄，却没想到正中了我志愿军的诱敌深入之计。11月24日，"联合国军"发起进攻，被我志愿军诱入预定地区，西线在清川江两岸，东线于长津湖畔。"联合国军"遭到沉重打击，被迫退出平壤，放弃元山，分别从陆路和海路退到三八线以南地区。这就是抗美援朝的第二次战役。

以美军为首的"联合国军"惨败后，一面扬言要对我军使用原子弹；一面操纵联合国成立了一个"朝鲜停战三人委员会"，打起了"先停火，后谈判"的幌子。我志愿军没有上他们的当，在1950年的12月31日17时发起了第三次战役：越过三八线，把战线推进到北纬37度附近，占领汉城（今首尔），这才停止追击。

现在，我志愿军正在进行抗美援朝的第四次战役……

晚上，副师长、第四一八团老团长黎原来看参加党代会的老部下，见到李延年，问："你们七连分散在八个点，迅速收拢没问题吧？"

李延年答："报告首长，没问题。"

黎原问："仇视美军、蔑视美军的教育有什么困难没有？"

李延年答："现在连队75%以上是解放战士，从土匪队伍中解放的还比较好，从国民党军队中解放的就比较迷信美国人。"

黎原说："辽西战役中，在廖耀湘兵团中的王牌部队都是美械装备，是由美国顾问帮助训练出来的，不是也被我们打败了吗？美军有什么值得迷信的？你到时候就把亲自经历的事给战士们讲一讲。"

老领导与老部下谈了很久，黎原让他回去后立即收拢部队进行集中教育，"两视"教育搞好了，部队才有敢打必胜的信心。

李延年回到通道县的侗族寨子，马上集中部队进行教育，边教育边组织大家自愿报名参加中国人民志愿军，全连100多人，个个都报了名。"那好！"李延年说，"我们就等命令，上级一声令下，我们立即出发。"

师、团派人来七连检查剿匪和"两视"教育情况，给予很高的评价。师司令部、政治部奖给七连"双好连"（剿匪好，"两视"教育好）锦旗一面，给全连每人奖励"双好"笔记本一本。

打虎回连，带队出征

3月上旬，七连接到了准备出发的命令。为欢送七连，八个寨子的侗胞都来了，他们穿着民族服装，跳起了芦笙舞，芦笙一把接一把，足有上千把。在芦笙的乐曲声中，李延年与寨老挥泪告别，带着连队前往码头。他们将乘船沿渠水顺流向北，先坐船，再步行，前往芷江。

七连在离芷江20多公里处宿营，李延年接到通知，上级让他带一名通信员去芷江师部开会。这是一次部署行军的会议，全师大部分部队都要先集中到芷江，然后再分批乘汽车前往湘潭、长沙。开完会，已是傍晚，李延年必须连夜赶回连队，因为要求第二天12点之前连队必须到达芷江的指定位置。李延年让通信员留下，预先把连队到来后的住处及做饭的地方找好，自己独自往回赶。通信员不放心，说："路上山多林密，夜间一个人走不安全。"李延年说："土匪都消灭光了，还怕有劫道的吗？"通信员说："不是怕土匪，是怕野兽。"是啊！自到湘西以来，李延年和战士们没少见过狼、豹子和老虎，但还没有发生被野兽伤害的事故。李延年说："我有枪，不怕。"为保险起见，通信员要把自己的枪也给李延年，反正他在芷江用不着。"那好吧！"李延年带着两把枪，一路飞奔而去。

新中国成立初期，湘西的野兽是很多的。不少食肉动物喜欢夜间活动，当地走夜路的人往往会举着一个火把，一为照路，二为吓唬野物。李延年没带火把，想趁天还没全黑快点赶路。所谓"住不离山，走不离盘"，湘西的少数民族都依山而住，出门的路都是弯弯曲曲的盘山路。怕迷路，他带着指北针。随着天渐渐黑下来，环境也越来越恐怖。从茂密的林子里不时传来野兽的嚎叫声，在山谷中回响，即使胆大的人也会汗毛倒竖。李延年经历过枪林弹雨，但没有与野兽搏斗的经验。在东北那么多年，他还没有在野地里见过老虎、豹子，反倒是在湘西多次见到。他听老乡说过，老虎看着凶，其实只要你不主动惹它，它一般不会主动伤人，老虎不吃死物，实在不行，你就装死，它闻闻就会走开；最讨嫌的是狼，独狼还好办，它不敢伤人，遇到狼群，你千万别惹，能不能逃脱就凭运气了。有时候就那么怪，怕什么就偏有什么。他走着走着，竟然与一只老虎不期而遇。他发现了老虎，老虎也发现了他。月光下，老虎的两只眼睛发出慑人的光，摆出百兽之王的架子，挡在路上，盯着李延年，似乎在说："是你让我，还是我让你？"李延年也下意识地停下了脚步，两只手都摸上了枪。他想起当地老乡的告诫：不能主动伤它，但总不能这么长时间地僵持下去吧！于是，他掏出手枪对空放了一枪，意在威胁，只见老虎抖了一下，然后大吼一声，向山林中窜去。李延年未敢再开火，急急忙忙地赶路了。后来有人对他说："你算是遇到了一只好老虎，要不然，你开枪，如不能一枪毙命，就等于找死，它会不顾一切地扑向你，宁死也不会放过你。"李延年想想也觉得后怕，但当时只想着快点回连队，天不亮就得让战士们起床吃早饭，天一亮就得急行军呀！

次日中午12点之前，李延年把七连带到了芷江。师里通知他们先住下，至于何时登车，等通知。芷江这个偏僻之地，抗日战争时期作为大后方曾热闹过好几年，建有机场，是连接西南的枢纽。抗日战争胜利后，接受日本投降的受降仪式就是在芷江举行的。解放战争时期，芷江又一度成了土匪武装的大本营，巨匪杨永清的"楚汉宫"就建在这里，白崇禧曾屈尊下驾来这里与湘西各路土匪歃血为盟。李延年利用这些活教材来增强大家的信心。日本人那么厉害，不是被我们打败了吗？不是在投降书上签字了吗？土匪那么厉害，不是被我们剿灭了吗？美国兵算什么，我们也能战胜。

两天后，七连乘汽车离开芷江，到达湘潭整训，准备进入朝鲜。

第十章

『这个先进我不配』

1951年4月12日，第四十七军指战员从安东（今丹东）地区进入朝鲜，成为中国人民志愿军的一个军（6月正式入列）。

"雄赳赳，气昂昂，跨过鸭绿江！保和平，卫祖国，就是保家乡！中国好儿女，齐心团结紧，抗美援朝，打败美帝野心狼！"

第一四〇师作为军的东路，是从长甸河口入朝的。晚上6点，天渐渐黑下来，李延年带着第四一八团七连，高唱着《中国人民志愿军战歌》，走上了架在鸭绿江上的浮桥。在南岸的桥头上，美丽的朝鲜姑娘端着香茶，欢迎志愿军的到来。喝过朝鲜的茶水，李延年要队伍往下传："跟紧点，不能掉队！"夜行军，又是在陌生的土地上，一旦掉队，要归队就有点麻烦了。

懂军队的人都知道，部队中有三个官最难当：班长、连长（指导员）、团长（政委）。李延年作为七连指导员，首先是要把全连战士一个不落地带到指定地点，然后才能说其他。他最担心的是有人开小差，而连队中解放战士占了75%以上，四个中就有三个。他们是解放军的新兵，但大多数其实是从国民党军队或土匪武装中解放的老兵。有的人年龄比李延年大，兵龄比李延年长。带这样一个连队，对谁而言都是一个巨大的考验。能够把这个连队从湘西通道县带到朝鲜，已经很不容易，而要在异国他乡作战，遇到的问题肯定会更多。

十天夜行军，一夜70里

此时的朝鲜北部，遭受了美军和南朝鲜军队的蹂躏，经历了美军的多次轰炸，但植被还比较茂密。部队夜行军，严格管制灯火，禁止高声喧哗，尽量做到神不知，鬼不觉。对中国军队的这一长处，美军可以说警惕到了神经过敏的程度，管你有没有动静，只要是从中朝边界通往前线的道路，夜晚都要派飞机来侦察，来轰炸。因此，志愿军在沿途相隔几里就设一个防空哨，哨位设在制高点上，一发现有敌机来，就马上鸣枪示警，俗称"打防空枪"。

"马上向路两边疏散！注意隐蔽！"

听到枪声，李延年冲着部队大喊，并用双手示意。大家刚在树林或草丛中隐蔽，敌机就投下照明弹，把黑夜照得如同白昼。一开始，大家都紧张得大气不敢出，生怕被敌机发现了。也许因为我们隐蔽得好，也许因为敌人观察不仔细，敌机飞走了，照明弹灭了，有人就开始议论了："我的妈呀！美国人的新玩意就是厉害，把夜晚搞得像白天。"

这些议论，李延年听到了。如果是初见照明弹的战士这么说，表现出对未知事物的恐惧，那最多只能叫少见多怪，完全可以理解，可偏偏说这话的人是一个多次见过照明弹的人，他姓王，是在东北从国民党军队里解放过来的。在东北战场上，国民党的主力部队就有美国提供的照明弹，为阻止我军夜间进攻，屡屡使用照明弹，他应该是见过的。国民党军打照明弹，虽然给自己壮了胆，给我军造成了困难，但仍然没有改变失败的结局。这，他应该也是看到了的，要不然，他也不会成为我军的俘虏。因此，作为政治指导员，李延年对他的言论有所警惕了。王某可以说是个老兵油子了，是第三次向我军投降后才参加解放军的。头两次，他缴了枪，领了路费，谎称要回老家，其实又跑回国民党军队里去了；第三次，他一把鼻涕一把泪，说再也不会当国民党兵了，硬要参加解放军。对这个兵，李延年本不想要，认为这种老兵油子恶习太多，很难改造，有可能一颗老鼠屎坏一锅汤。可机关有人说："他也是穷人出身，这样的人改造过来更有说服力，说不定能当大典型呢！"李延年说："我不要什么典型，就要品德好、能打仗的兵。"人家却说："只有不会带兵的干部，没有带不好的兵。个个都品德好、能打仗，还要你这个指导员干啥？"李延年心想："真是站着说话不腰疼啊！你以为什么木头都能做车辕吗？"但他嘴笨，讲不过人家，人家又代表领导机关，他只好把王某收下。在湘西剿匪时，王某平时的表现除了有点稀拉，还算可以，可一打仗，他的毛病就出来了。在连山保卫战中，副班长受了伤，他把副班长背到了隐蔽处，自己也隐蔽着不上去了，负伤的副班长赶他走，他也不走，说："我不能丢下你不管。"要知道，当时土匪约2000人，李延年手下的兵才不到50人，恨不得一个顶十个用，你送伤员一去不回，等于一下减员两个。幸好这个副班长是唯一伤员。对他这种行为，你明知他打的什么小算盘，但还不太好公开批评，老兵油子"油"就"油"在这里。难道丢下副班长不管就对了吗？李延年只好跟他个别谈话，指出问题。部队在开往东北前，在湘潭、长沙，湖南省都请部队吃了饭，菜品非常丰盛，大家都说感谢的话，王某却说："枪毙犯人前还给顿酒喝哩！要放开肚子吃，吃一顿少一顿。"这一次，李延年没有对他客气，狠批了他一顿，并警告他："如果再说泄气话，将以动摇军心论处。"他一度怀疑王某被敌特收买，但保卫部门没找到证据。王某虽然不是敌特，但是革命队伍的腐蚀剂。任其活动，连队的战斗力将大打折扣，甚至军心涣散，丧失斗志。你搞了半天的"两视"教育，他一番"高论"就可能让你嘴上抹石灰——白说。

因在行军途中，李延年不便对王某进行当众批评，只要求他："准备在全连讲一讲你看到的照明弹，要讲清为什么国民党军打了照明弹，结果还是被消灭了。"次日，天黑前，李延年集合连队，说："昨夜美军飞机投了几次照明弹，我们大多数同志是第一次见到照明弹，很新鲜，也有点害怕。王某过去是多次见过照明弹的，请他给大家讲讲。"王某说："国民党军队害怕解放军打夜战，把美国给的照明弹当宝贝，遇到夜战就打照明弹，照明弹一打，不是看清楚了吗？这样打枪打炮就有目标了。但解放军很聪明，很快就有了对付的办法。一个是快速隐蔽，照明弹一打，一眨眼的工夫，目标就不见了，人家就近隐蔽了；一个是秘密接近，挖运动壕，一直挖到目标跟前，等你发现，打照明弹也不管用了……"

有人问他："那你昨夜怎么叫爹叫娘地说'美国人的新玩意就是厉害'？"

王某顿了一下，说："那是随便说着玩的。"

"照明弹可不是闹着玩的。"李延年说，"以后我们可能天天都会遇到照明弹，行军中主要是注意隐蔽。昨晚我们隐蔽得不错，敌机不是没有发现我们吗？将来打仗，敌人也会打照明弹，我们要想办法对付。"

七连跟随大部队，整整走了10个夜晚，平均每夜行程35公里，经过朝鲜的朔州、青山石、军隅里、三所里，终于在4月22日抵达顺川郡西北五六公里处的新里地区。整个行军途中，美军夜夜都打照明弹，多次投弹轰炸，但因师、团组织严密，安排周到，加上基层部队纪律严明，令行禁止，部队无一伤亡。在没有制空权的情况下，这是只有中国军队才能创造出的奇迹。李延年以此教育部队："美国空军虽然很厉害，天天都来监视我们，又打照明弹，又投炸弹，但一个人也没有炸到。这说明，只要我们注意防空，美国飞机并不可怕。"

对扰乱军心者，惩无赦

第四十七军作为志愿军的战略预备队，先负责修四个机场，为我空军入朝作战提供条件。

第一四〇师在新里地区驻扎下来，负责修顺川机场，4月25日就开工了。这里东距顺川才五六公里。机场建设指挥部设在一侧的地下工事里，部队全部住在附近农村，每天步行2—5公里去上班。李延年每天带着七连到工地，按照指挥部的安排，分早、中、晚三班连续作业。此前，我空军都是从国内机场起飞迎敌，为了早日让他们用上朝鲜的机场，减少飞行航程，上级要求在5月底完工，其中包括60米×2000米的跑道一条，平行滑道、疏散滑道各一条，30米×100米的停机坪两个以及附属工程若干。飞机场这么大的工程，不可能不被美空军发现，美机没有一天不来轰炸。为保护机场建设和人员安全，上级派了高射炮和高射机枪部队作掩护，施工部队也在附近构筑了地下掩体，挖了防空洞。工地上，施工的机械的轰鸣声、高射炮的砰砰声、高射机枪的嘎嘎声，还有飞机的怪叫声，交织在一起，巨大的噪声让人的耳膜和心脏都受不了，但为了赶工期，施工只暂停过11次。当时，我防空火力对在中低空飞行的美机是有威胁的，但对其B-29高空轰炸机鞭长莫及，奈何不了。美军一旦出动B-29高空轰炸机，施工就被迫暂停。

修机场虽然不是在第一线打仗，但同样考验着每一个人的战斗意志和牺牲精神，这是李延年最关注的问题。第一次遭到高空轰炸时，部队战士们多少有些慌乱，但总算都按预案钻进了防空洞，无一人伤亡。李延年收集了战士反映的情况，除了大家都大骂美国佬，也有人讲泄气话，说："美国的飞机咱惹不起，躲过了今天，躲不过明天；躲过了明天，躲不过后天。"说这话的是谁？又是王某！李延年气不打一处来，他马上把王某叫来质问："美军打照明弹，你吹美军。现在投炸弹，你又吹美军，散布失败情绪，你究竟想干什么？"王某狡辩说："我就是想让大家提高警惕，注意防空。我要不把美军说厉害点，有的人就不在乎。"嘿！他反而变得有道理了！李延年说："有你这样让大家提高警惕的吗？你是在散布失败情绪，对连队是非常有害的。上次你吹照明弹，说泄气话，我给了你面子，如果你还不改，就是扰乱军心了。"在第一次遭高空轰炸后，美机又连续轰炸了多次。基本上都是敌机一飞走，七连就从掩体和防空洞里钻出来继续施工。有人对王某说："美军飞机也没有你吹得那么神嘛。"王某口里不辩解，但脸上的神情似乎在说："你知道啥？"的确，美军的轰炸越来越厉害，屡屡把刚修好的跑道炸毁，但轰炸一停，部队马上就会把被炸毁的部分修好。如此多次，美军气急败坏，使出了自己的绝招。

5月12日，美军对正在建设的顺川机场进行了饱和轰炸，一次投弹600余枚。更可恶的是，其中绝大多数是定时炸弹，你不知它在什么时候炸。有的几个小时后炸了，有的两天后还没有炸。这怎么能行呢？机场建设工期很紧，必须把定时炸弹排除。然而，军和师都没有拆弹专家，咋办？有人建议引爆，而担任机场建设顾问的两名苏联专家不同意，建议先挖掘，再拆卸。因无人会拆卸，第一四〇师师长黎原不同意他们的意见。那时，苏联顾问是很"横"的，尤其是在技术方面享有至高无上的权威。他们越过师长，直接找到师工兵张主任，拉着他一起去战俘营，选了几个美军的工兵，要他们来排除定时炸弹。苏联顾问以为找到了拆弹专家，好不得意，哪知这几个美军工兵其实根本不懂定时炸弹。其中两个不懂装懂，盲目拆卸开了，不料一下引爆了炸弹，两个美俘、工兵张主任、一名参谋和两名战士被当场炸死，苏联顾问等十余人受伤。

这是第一四〇师入朝以来最大的一次事故，在部队通报后议论蜂起。七连的王某沉默了好一阵，现在又活跃起来了。"我说美国人厉害，有人不信，现在看到了吧！""对美国来说，定时炸弹只是小菜一碟，最厉害的是原子弹。日本厉害不？厉害！可美国原子弹一投，他们就乖乖投降了。""听说美国也想在朝鲜打原子弹，真要打原子弹，大家都完蛋。"他的言论把一些没见过世面、不明就里的战士吓住了，有人向他讨教："该怎么办？"王某神秘地说："世上啥最要紧？命最要紧。所以不论干啥，保命是第一的。上了战场，咋保命？我当兵七八年了，开始是干伪军，后来是干国民党军，少说也打了几十仗，还活得好好的。"他瞅了瞅周围，见没有干部、党员，便悄悄地说："躲得了就躲，躲不了就跑，跑不了就投降。我向解放军投降了三次。"有人说："投降解放军是弃暗投明、光荣的事。"王某说："啥光荣不光荣，就是为了保命。"有人问："跟美国人打仗，你咋保命？"王某说："没别的办法，就是投降，只有投降，才能保命。"

李延年在跟战士谈心时得知上述情况，不免大吃一惊，王某已经不是一般的散布失败情绪的问题，而是有了瓦解部队的犯罪行为！经另外几个在场者核实，李延年当机立断，将王某抓了起来！王某见指导员动了真格，"扑通"跪下，说："指导员饶命！我保证再也不胡说八道了。"李延年说："没说要枪毙你，你就叫'饶命'，说明你知道罪行严重。"说罢，李延年命人将他武装押送到团保卫部门，并请上级审查他是否有敌特背景。王某最后被送回国内，因查出与敌特有关，被判处极刑。

一个埋在连队的定时炸弹被清除了，而肃清其影响的工作还得做细。除了上大课，还得与一个个战士谈心。李延年让干部、党员分片包干，一人与几名战士谈心，务必要战士保持高昂的斗志，树立敢打必胜的信心。

4月25日，第一四〇师修建顺川机场的开工之日，正是我志愿军进行第五次战役之时。各参战部队奋战一个多月，歼敌8.2万余人，将我军阵地向前推进了40多公里。5月22日，在我军准备胜利回师休整时，以美军为首的"联合国军"瞅准了我军因补给困难，最多只能打一个星期攻势的软肋，纠集四个军13个师的兵力，有计划、有目的地对我军进行疯狂反扑。而我军对此估计不足，计划不周，于是处于被动境地，部队只能边打边撤，实施机动防御，以稳定战局。同时，志愿军总部令在后方二线的战略预备队随时准备参战，第四十七军向部队下达了预先号令。也就是说，从5月22日起，部队既要继续修机场，又要进行训练，随时准备开赴前线。

第四十七军的部队有个特点，就是在准备执行任务时，都要唱自己的军歌《说打就打》。七连爱唱这首歌，上课前、行进中、开饭前，都要唱一唱。求战情绪在歌声中提振，必胜信心在歌声中增强。作为一个老兵和政治工作干部，李延年能够从战士唱歌的声调和表情的微小变化察觉其心理。他觉察到有的人虽然也在开口唱歌，但其实是应付差事，显得有气无力，心不在焉。特别是有几个从国民党军队里解放出来的战士，似乎心事重重。李延年开骨干会时布置道："这些人得重点帮助。"他要求逐一谈心，摸清思想，解开心结。因为实在太忙了，他没能亲自与这几个战士谈话。他很着急，连队自参加湘西剿匪以来，就没有进行过系统的训练，而且75%以上的兵员是解放战士。如果不好好训练，到时候不能完成战斗任务，那就是对中朝人民犯下罪过。从步兵的五大技术、单兵战术，到班、排的攻防战术，李延年把从东北军大学到的理论加上自己的实战体验，结合朝鲜的地形地物，教给大家。在他觉得对连队的军事素质多少有点数了的时候，他突然接到报告："姚某被手榴弹炸伤了！"

姚某也是一个从国民党军队中解放过来的兵。

李延年立马赶到了现场，见姚某只是伤了脚，便让卫生员和另一名战士送他去卫生所。这天，班长组织带战术背景的实弹投掷训练，战士都分散在各自的掩体里，按班长出的情况投弹，不知怎么的，姚某就被炸伤了。李延年仔细看了姚某负伤的地方，问班长："你看怎么才会炸伤脚？"班长一看，不对呀！在掩体中，除非人为控制，不然手榴弹不会只炸伤脚，而不伤及它处。"怎么人为控制？"班长说："身体隐蔽在掩体内，把脚伸出掩体外，让手榴弹在脚附近爆炸。"说到这里，班长突然一拍脑袋，说："浑蛋！他这是自残呀！"李延年说："暂时先不下结论，只能说有可能，要问问他再说。"班长说："别问了，他就是怕死，老是说'我还没有结婚哩'……"

在保卫部门的审问下，姚某承认了是自残，目的是逃避上前线。姚某得到了应有的惩处。

清除了王某和姚某这两个毒瘤，七连的队伍纯洁了，全连士气高昂，干劲冲天，施工和训练成绩双双冒尖，被评为"双先连"。但李延年坚决拒绝了这一荣誉，说："这个先进我不配！"为啥？出了王某和姚某，脸丢大了！他对全连说："这个先进我们不要，啥时候要呢？谁英雄，谁好汉，战场上见！"

听了阿妈妮的控诉……

没等顺川机场竣工，第一四〇师就奉命将剩余工程移交友军（机场最后因防空问题没法解决而没能投入使用），随后立即开赴前线。第四一八团作为师的第二梯队，驻扎在黄海北道兔山一带练兵，随时准备与一线部队轮换。

李延年在大抓训练的同时，一直思考着一个问题：对敌人有多恨，在战场上就有多狠。而恨与爱一样，是一种情感，情因感而生，感情，感情，无感哪有情？尽管连队在国内就进行了对美帝国主义的"两视"教育，但大家对美帝的仇恨只停留在课堂上，是听教员讲，缺少感性认识。就像解放战争时期，要提高战士的阶级觉悟，讲多少堂课都不如搞"诉苦三查"。一个人诉苦，全连都掉泪，看他人，想自己，对地主阶级和国民党反动派的仇恨如烈火燃烧，被泼冷水也浇不灭。于是，出现了刚被解放过来两三天的原国民党军队的士兵，在"诉苦三查"后当了解放军的英雄功臣的情况。对情感的培育，听人说不如亲眼见。眼下在朝鲜，越往南走，美军和南朝鲜军队的罪行就越多，留下的罪证就越多。何不借鉴"诉苦三查"的经验，用身边活生生的事实来控诉美帝罪行，来激发战斗精神呢？

然而，兔山一带的朝鲜居民，一开始对接待志愿军面有难色，似乎有难言之隐。有人因此发了牢骚，遭到李延年的严肃批评。他认为群众态度微妙，其中必有原因。他让各班不得进民房，一律住在山上树林中，或利用友军留下的工事，或重新挖掩体。自己带着一个翻译去走访群众，一调查，情况清楚了：他们怕部队来了会招惹美军的飞机来轰炸。为啥这么怕？说来太惨了：美军和南朝鲜军队在向南逃跑时，把全村的男人差不多都杀光了，大多只剩下孤儿寡母。在村子里，你看到的不是阿妈妮（老大娘），就是小孩子，阿朱玛尼（年轻媳妇）很少见，为啥？有的被强奸后悲愤自尽了，有的被掳走了。村里就剩下这点生灵，如果再遭美军轰炸，就有可能连根都保不住了。因此，应该充分理解群众的担忧，要用实际行动来争取他们的支持。

时值6月上旬，位于北纬约38.5度的兔山一带虽然春天来得晚，但漫山遍野已被杜鹃花染得火红，"布谷布谷"的鸟叫声在山坳中此起彼伏。稻田里虽不缺水，可就是没有劳动力来耕种，眼看就要误了农时，群众心急如焚。李延年摸清了情况：该村共有60余亩稻田。如果全连出动，一人平均就五分地，边训练边支农，应该没有问题。七连的指战员全都来自农村，南方兵占一半，种水稻很在行，不到两天时间，全村所有稻田都被插上了秧苗。朝鲜人民第一次见到这么好的军队，感激不尽，拿不出什么东西来报答，便为七连指战员洗衣服、被子、床单。群众还要求为部队烧水做饭，李延年本不同意，但盛情难却，最后还是答应了，战士们分散到各家去吃饭。不过，有一条死规定：必须和群众换着吃，一半一半。咋回事呢？村民吃的是马铃薯和野菜，部队吃的是米和面，蔬菜供应不上，但有罐头，与村民的伙食相比，简直是天上、地下。阿妈妮把烙得香喷喷的饼塞到战士手里，而自家的小孩子喝着用土豆和野菜煮的稀汤，战士们不禁眼泪汪汪。而当战士把烙饼送给小孩时，阿妈妮却坚决不肯，最后战士只好抢着喝稀汤，把好东西留下，并且用"如果你不吃我们的，就再也不来你家吃饭了"相"威胁"，阿妈妮才有所妥协。部队与村民混熟了，李延年请村民来给连队上课，控诉美国和南朝鲜军队的罪行。一个阿妈妮控诉道："那天，南朝鲜军队突然包围了村子，让全村人到村头集合，逼迫男人参加他们的军队，没人愿意，他们便大开杀戒……"这个阿妈妮的丈夫和儿子都被杀害了，儿媳妇上去和他们拼命，也被杀害了，最后只剩下她和一个小孙子。她悲痛得晕倒在地，说不下去了。全村只剩下了三个男人，有两个是因为外出不在而幸免，还有一个是从死人堆里爬出来的。敌人搞集体枪毙，他也和大家一样倒在血泊之中，算他运气好，子弹只打着了他的胳膊，他流了不少血，但没要他的命。敌人走后，他爬了出来……这个左臂残疾的男人领着七连指战员，去看了杀人现场和死难者的墓地。一个不足30户的小村庄，竟然一下添了50多座新坟头。是可忍，孰不可忍！有人自发地喊起了口号："为朝鲜人民报仇！""打倒美帝国主义！"

　　这一堂课上，大家的眼泪从头到尾就没有干过，很多人与村民们一起失声痛哭。李延年觉得，这是入朝以来最成功的一堂仇视美帝国主义的政治课。有了这一课打底，他对全连的战斗精神心中有底了。

第十一章

从美军骑一师的虎口拔牙

——写在346.6高地上的辉煌（进攻篇）

1951年6月，朝鲜战场的形势变得异常紧张。我军发动的第五次战役，虽然歼灭了"联合国军"8.2万余人，挫败了其总司令李奇微在我军侧后登陆、在朝鲜蜂腰部建立新防线的计划，但由于对敌人的反扑估计不足，在撤退中遭到较大损失。志愿军副司令员兼后勤司令员洪学智后来在回忆第五次战役时写道："我军的口子张得太大了，想一下消灭敌人五六个师，过后看来是不可能的。所以打了平手，没能大量歼灭敌人的有生力量。""我们在这次战役中，仍然是靠自己身上背的那点粮食、弹药，所以还是'礼拜攻势'。"

　　李奇微是接替麦克阿瑟担任总司令的。他正是抓住了我军的上述弱点，瞅准我军弹尽粮绝的关口，疯狂反扑过来。他对负责追击我军的第八集团军司令范佛里特中将下令说："你的主要任务，就是尽可能多地杀伤中国人。"范佛里特也非等闲之辈，被美国记者吹嘘为"一个强健的军人和第一流的指挥官"，在战场上"像一位冷静、机智的足球教练一样足智多谋"。不得不承认，他俩比刚愎自用的麦克阿瑟难对付得多。

　　李延年所在的第四十七军是志愿军战略预备队，属第十九兵团建制。就是在这严峻的态势下，部队被拉上了前线。兵团杨得志司令员、李志民政委当面给第一四〇师师长黎原、政委赵平交代任务："接替第六十五军在临津江以东的阵地，确保我临津江以东阵地的安全。"第一四〇师部队冒雨向前开进，于19日正式接替了南起高作里、北至小峙目的防务。整个阵地宽约40公里，纵深25公里。此后三个月，黎原指挥第四一九团、第四二〇团不仅牢牢守住了阵地，而且主动占领缓冲区，将战线向前推进了10—15公里，作战百余次，歼敌3300余人，击毁击伤敌坦克、汽车30余辆，击落、击伤敌飞机7架，缴获火炮6门、各类枪支240余支。

但是，十分遗憾，李延年眼看着兄弟部队打仗，自己却连边鼓也没能敲上。为啥？他所在的第四一八团除二营配属第四一九团行动外，其余当了预备队。

憋坏了的预备队

李延年喊着口令，带领战士练战术。他喊"卧倒"，战士们便分别就近趴在一个"炮弹坑"里；他喊"跃进"，战士们便飞身跃起，弯腰往前奔，如此反复。

一连串的"卧倒""跃进"，战士们练得有点烦了，动作自然就松垮起来。李延年一看火了，召集大家，列队训话，指着一名战士问："你说说，为什么要卧倒在炮弹坑里？"

战士回答："因为没有两颗炮弹会落到同一个点上，卧倒在炮弹坑里，就不会被后续炮弹打着。"

李延年又问："为什么要反复练通过炮火封锁区？"

战士答："因为在战斗总伤亡中，被炮弹和炸弹炸死、炸伤的占80%以上。"

"不是不知道，为什么不认真练？"

李延年这样质问，大家一下都不作声了。半晌，十班长张德福才举手说："报告指导员，不是大家不认真练，而是看到人家打仗，自己光练不打，没劲！"

李延年其实比战士更着急，但还得一本正经地教育战士："我问你们，打扑克牌的时候，你会不会第一张就出大王？"

战士回答："不会！"有人补充说："极个别的情况除外。"

李延年说："那就对了。王牌要用在关键时刻。打仗也是这样，让谁先打，让谁后打，上级首长比咱清楚。特别是留着当预备队的连队，那是啥？那是最能打仗的连队，那是王牌！最关键的时刻才能打出去。明白了吗？"

张德福居然毛着胆子说："不明白。"

李延年正要发火，他继续说："来到前线，守阵地，没用咱；进攻缓冲区，也没用咱。现在阵地马上要交给兄弟部队了，还没咱的事。什么王牌，窝在手里出不去就是死牌！"

"你胡说八道什么？革命军人，一切行动听指挥。上级叫干啥就干啥。"

李延年的批评似乎显得力量不足，张德福嘟哝道："要听指挥，也得要积极争取呀！"

这等于在批评连队干部没有主动求战，李延年感到很冤屈。为抢到战斗任务，他找了团首长，甚至越级找了师长，首长的意思很明确：少安毋躁。越是当预备队，越要准备打恶仗。要教育部队沉住气，连队干部要带头沉住气。

战士们这一激，他有点沉不住气了，说："你们以为我没争取吗？在首长那儿，我嘴皮都快磨破了，最后首长都烦了，不让我见了。"

战士们说："再争取争取吧！就怕一仗没打就撤回去了。"

对！李延年也怕把"王牌"窝成"死牌"，他正想去找首长，就接到了后撤的命令。李延年和全连战士都感到窝囊，别的部队在评战功，七连却没啥说的，在前线干啥？一仗没打，整天在训练。

"有大仗要打啦！"团长陈明友见李延年不高兴，告诉他："要打第六次战役了。"在开过连以上干部会议之后，全团开大会进行战斗动员。

这里是一个群山环抱的山谷，满山的松林是一个巨大的天然"伪装网"。第四一八团2000多名指战员在此集会，听团首长的作战动员报告。此前，部队分散守卫阵地，好久没有全团集合了，所以大家都格外地兴奋。各营、连之间比赛拉歌，一个比一个嗓门大。除了《中国人民志愿军战歌》和诞生于第四十七军的《说打就打》，还有到朝鲜后新学的《歌唱吧》："歌唱吧，同志们……英雄们告别了亲爱的祖国，英雄们打开了和平的大门……我们成长在国际主义大学校，我们驰骋在现代化的战场上……"

在热烈的掌声中，团首长开始了战斗动员："以美国为首的'联合国军'发动的春季攻势被我们粉碎后，他们的总司令李奇微不甘心失败，正密谋发动秋季攻势，就是要把我们尽量往三八线以北挤，多占地盘，多杀人，从而加大他们在谈判桌上的筹码。同志们答应不答应？"

"不答应！"指战员的集体回答声在山谷松林里回响，一浪接一浪。首长接着说："对！我们坚决不答应！李奇微不是想发动秋季攻势嘛，我们就来一个针锋相对，打一个第六次战役！"指战员听了一阵欢呼。欢呼罢，首长说："我们要不负祖国的重托，不负中朝人民的期望，把穷凶极恶的美国兵赶到南边去！"

"我们团的任务就是攻占铁原。这是美军和南朝鲜军队的一个重要据点，攻占铁原，同志们有信心没有？"

"有！"回答的声音颇有排山倒海之势。

"好！我们要以迅猛的攻势拿下铁原，尽可能多地消灭敌人。拿下铁原后，我们干啥呢？就地休整，由兄弟部队接替我们再往前攻。"

内行一听就明白了，这一次要吸取第五次战役的教训。部队因为只能背一个星期的给养，所以发动的攻势被美军称为"礼拜攻势"。这次是接力攻击。因此，团首长要求：

为使部队减轻负重，能够干净利索地投入战斗，每个战斗员除武器弹药和一块雨布外，什么也不要带。个人的被子、衣服和其他用品，以连为单位集中，放在山上的树林中，等拿下铁原后再来取。有人担心，找不到了怎么办？找不到就不要了。只要你们打了胜仗，这点东西会补给你们的。

听了动员讲话，全团指战员一个个热血沸腾，两腿生风想冲锋，两拳紧攥想打人。七连有战士对李延年说："指导员，这回你要抢不到任务，我们就要求调连了。""去！有本事就去！去了别后悔！"两人都笑了。战士笑，表达的是对李延年的信任；李延年笑，表达的是对战士的满意。不过，他心里还真没底："不会再让七连当预备队吧？不行，我得去找找陈团长。"团长一见他就说："回去！不要来干扰我的指挥。"李延年说："全连都不想当预备队了！""什么全连？我看带头的就是你！"见李延年站在那儿不走，团长说："你这不是犯傻吗？打这么大的仗，还能没有你七连的份？回去告诉大家，准备挑重担吧！"

李延年回到连里说："报告大家一个好消息：团长要我连准备挑重担！"听罢，全连像过年一样兴奋，不少人咬破手指，写下血书，决心以死报国。

然而天公不作美，连续几天的大雨使低洼的地方都变成了一片汪洋。七连的战斗热情却并没有被大雨浇凉，战士们天天盼着出发。一个星期后，天似乎要放晴了。该准备出发了吧？不！上级传来指示：因大雨造成朝鲜北部严重洪灾，我军的运输线被洪水冲垮，修复仍待时日。加上情报表明，对于我军打第六次战役，美军已做好了准备。所以，原定的第六次战役计划取消，各部队要提高警惕，准备迎接敌人的秋季攻势。

"有本事，就把助攻打成主攻"

"天气也是反动派！"七连的战士对取消第六次战役计划颇感遗憾，议论纷纷。"你说这老天爷管下雨，在北部猛下，在南部不下。这不是在帮美国佬吗？""没准是因为我们没有猪头孝敬他。""要不拿个罐头敬敬神？""你拉倒吧！老天爷年纪大，哪见过罐头呀？还以为你拿铁盒子忽悠他哩！"

"什么乱七八糟的！"李延年听到战士议论，气不打一处来，批评道，"啥年头，还迷信，瞎扯淡！"

其实，他比战士们更着急。入朝快半年了，还一仗没捞上打，窝囊不窝囊？他的情绪被营、团首长发现，被批得不轻："你就是不耐心做思想政治工作，没带好头。"首长还把他入朝时的老账翻出来一起算："入朝前，你硬要改行当军事干部，理由是剿匪主要靠政治，朝鲜战场主要靠军事。糊涂！军事、政治能分家吗？思想政治工作不做好，就靠我们的这点家当，怎么打美国鬼子？美国打的是钢铁，我们打的是士气，政治工作就是给大家鼓劲打气。行了！回去好好带领大家进行临战训练，还是那句话：准备挑重担。"

"是！"李延年一个敬礼后就要告辞，首长又叫住他，问："叫你准备挑重担，你知道'重担'指的是啥吗？"

"不就是最艰巨、最危险的任务吗？"李延年回答。

"你说的又对又不对。"首长说，"不错，执行最艰巨、最危险的任务叫'挑重担'，但太大而化之了，不具体。实话告诉你：叫你准备挑重担，就是要你准备打美陆军的王牌部队——第一骑兵师（简称'骑一师'）。回去好好研究这个对手，进行针对性训练。"

关于美骑一师，李延年是从美国飞机撒下来的传单上知道的。这种传单是心理战武器，部队捡到后必须上交到团政治机关。七连捡到的传单，由他看后再上交。那时，大多数战士是文盲，也不知传单上写的啥，乍一听"骑一师"，以为都是骑马的。有的说："美国佬就是摆谱，当兵的都跟我们的营长一样，有马骑。"有战士说："打骑兵有啥难的。老话说得好：'射人先射马，擒贼先擒王。'咱先打他的马，他没有马就成熊包了。"这些话惹得了解情况的人大笑。"哪跟哪呀！人家早就不骑马了。"

美军在传单上把骑一师吹上了天，说其在美军中被称为"第一队"，自参加第二次世界大战以来，所向披靡，从未打过败仗。还吹嘘说："世界上能打败骑一师的部队还没有诞生。"总不能用传单上的鬼话来给部队上课吧！李延年跑到机关去找人请教，掌握了不少资料，然后给连队上课："美军骑一师虽然成立于1921年，但其中的第二骑兵团有100多年的历史，据说是成立于1833年的龙骑兵团。据他们自己吹牛，它还没有打过败仗。究竟是真是假，我也搞不清。但我搞得清楚的是：它不可战胜的神话已经被我们志愿军打破了。1950年11月，我第三十九军部队与美骑一师的第八骑兵团及配合它的南朝鲜部队，在温井地区的云山交战，打了两天三夜，结果怎么样呢？美国佬被打得狼狈不堪。这一仗，我军歼敌2000余人，其中美军约1800人，击落敌机三架，击毁和缴获坦克、汽车几十辆。缴获物品中怎么没有一匹马呢？因为他们早就用汽车、坦克代替马了，之所以番号上还保留'骑兵'两个字，就是为了显示它历史长，有战绩。这一战，他们败给了我们的第三十九军，但他们在传单上还照吹牛皮。这样不要脸地吹，我看它一方面是想吓唬我们，另一方面是走夜路唱曲儿，自我壮胆。大家说说，它能吓唬住我们吗？"

"不能!"

"能不能?"

"不能!"

"对!它吓唬不了我们。"战士们回答后,李延年接着讲:"不过,毛主席怎么教导我们的呀?在战略上要藐视敌人,在战术上要重视敌人。美骑一师是纸老虎,同时又是真老虎,是钢铁老虎。所以,我们千万不可小瞧了它。它厉害不厉害?确实厉害!它不是厉害在步兵上、单兵上,它步兵打不过我们,单兵更不是咱的对手,枪不如咱打得准,手榴弹不如咱投得远,拼刺刀更是两腿发软。它厉害在武器上,靠的是炮火,是坦克,是飞机。我们的大炮不如它多,我们的坦克数量不到它的零头,飞机更是没法比,制空权还在美国人手里。那我们咋办?不打了吗?"

"不!要坚决地打!"

"要坚决地打,就得拿出打的办法。我们要搞针对训练,训练如何防炮击,如何打坦克,如何防空袭。现在大家都急着求战,光急是不行的,还得把本事练好,武艺涨一分,胜利的把握就多一分,伤亡代价就少付出一分。从今天起,大家安心练兵,耐心等命令。"

朝鲜北部的雨还在断断续续地下,晴天也好,雨天也好,都是练兵的好时光。李延年带着七连,晴天一身汗,雨天一身泥,带着敌情背景练,反复练。

七连在二线练了17天,终于等来了作战命令。

情况是这样的:"联合国军"发动的春季攻势被我军粉碎,损兵折将,还丢了不少地盘,不得不又回到开城的谈判桌上来。但美方代表狂妄无理地提出:"因为我方有'海空优势',握有制海权、制空权,所以划分军事分界线时,必须在陆地上得到'补偿',军事分界线应划到中朝军队阵地以北38—68公里。"如此一来,他们就可不战而侵吞朝鲜1.2万平方公里的土地。这个无理的要求被中朝代表拒绝，美国代表恼羞成怒，临走时撂下狠话："那就让炸弹、大炮和机关枪去辩论吧！"于是，范佛里特调兵遣将，在西线发动了秋季攻势。参战的美军中，就有大名鼎鼎的骑一师。

"敌人在谈判桌上得不到的，休想在战场上得到！"志愿军对敌之秋季攻势采取攻势防御，以攻对攻。第四十七军决定在前沿实施反击作战，李延年所在的第四一八团三营的任务是：从美骑一师手里夺回346.6高地。

346.6高地可以威胁涟川至铁原的铁路和公路交通线，所以战略地位相当重要，敌我双方曾反复争夺，控制权几次易手，10月初为美骑一师部队占领，守军为一个加强连。

三营的进攻部署为：九连从左翼进攻，为主攻；七连从右翼进攻，为助攻；八连为预备队，随九连投入战斗。

"凭啥让我们打助攻？这不是瞧不起人吗？"七连指战员憋了半年多，好不容易轮上打仗了，主攻却被人家抢走了。战士们不甘心，就乱嚷嚷。李延年发火了："瞎嚷嚷什么呀！有本事，就把助攻打成主攻。"他把全连的班长、骨干召集在简易沙盘前，一步一步推演，看敌人每一步可能如何运动，我们应该注意什么问题……

七连，七连，又是七连

再大的决心，如果没有扎实的措施来保证实现，表决心就成了说大话。李延年喜欢那种天不怕、地不怕的兵，但绝不允许说大话，讲空话。你说"保证完成任务"，他就要问："你用什么来保证？"他这种严谨的作风并非与生俱来，而是从军校特别是从首长身上学来的。

　　李延年当兵后打第一仗就受了奖，就是凭一股不怕死的精神，"呼啦"就冲上去了，因冲击速度太快，敌人竟然没有反应过来。他在受奖的同时，也受到了善意的批评：打仗不能不讲战术，要学会利用地形地物。这是他第一次听说"战术"这两个字。他对军事着迷，尤其迷战术。在战术的运用上，他最崇拜的是自己的老团长、现在的师长黎原。因为他当警卫员和警卫排长时，与首长有近距离的接触，学到了很多在学校里学不到的东西。解放战争时期，打吉林乌拉街，李延年跟随黎原去侦察敌情，敌人的一颗子弹打着李延年的大衣后掉了下来，说明他们离敌很近了，大家都劝黎原往后撤，可黎原说："情况不摸清，怎么打仗？"他不顾危险，硬是绕着乌拉街看了大半圈（其中一面临河），把情况基本摸清后才筹划战斗方案。开战时，黎原跟着先头连实施指挥，一举取得全胜。打黑山阻击战，部队连夜跑了90多公里赶到黑山，黎原第一件事就是看地形。发现小白台子南山石头多，土质坚硬，很难挖掩体和交通壕，马上派部队去征集建材，自己也亲自去动员老百姓。就是靠从老百姓那里征集来的木料等建材，才修筑起了南山上的工事，抵挡住了敌人的反复冲锋。三营的阵地最危险、最重要，黎原就到三营来指挥。到朝鲜来，第一四〇师一个师接替了第六十五军一个军的阵地。换防路上，友军听说才来一个师接防，非常担心会把阵地守丢了。但全师指战员坚信，咱们的黎师长来看过地形，肯定有办法。果然，黎原与政委赵平商量后，采取坚守防御与攻势防御相结合的战术，第一四〇师不仅守住了原有阵地，而且把战线往前推进了10—15公里，一下子改变了临津江以东的攻防态势，直接威慑到敌人的后方补给线。李延年体会到，黎师长之所以能够创造性地执行上级指示，指挥作战，逢战必胜，最重要的原因就是绝不想当然，总是深入一线，全面分析地形和敌情，然后拿出打仗的方法。李延年学黎原，特别是当了指导员以后，每遇战事，他必先侦察分析情况，避免打糊涂仗。在湘西会同剿匪时，他指挥的连山保卫战，以不到50人和农民自卫队一起击退2000多名土匪，堪称经典。眼下要打的是美军"王牌"骑一师，李延年对地形、敌情的研究更加仔细。

346.6高地并非一座山峰，而是由五个山头呈"一"字形排列而成的，第五个山头是主峰，便以其海拔高度命名。高地总面积约1平方公里，西侧，即面对我方的一侧有一条公路、一条小河，名驿谷川。越过小河，山前有一片坡度平缓、约300米纵深的开阔地。要攻占这个高地，首先遇到的难题是：如何过河？如何通过这300米纵深的开阔地？弄得不好，可能部队还没有投入战斗，就被敌人消灭在这条河里和这片开阔地上了。怎么过河？上级通报说因河水较浅，可以涉水而过，问题是该如何涉水而过。李延年想得很细：虽然我们要秘密涉水，但也有可能被敌人发现，一旦被发现，炮弹就会飞过来，而部队在水中没法就地隐蔽，又不便运动，挨炮弹就会损失惨重。咋办？必须尽量做到秘密，同时要做被炮击的打算。为减少损失，人员必须高度分散。李延年决定全连分六路过河，路间隔20—30米，人间隔三米以上。最大的困难是如何通过300米纵深的开阔地。因地势较平坦，没有地形地物可供隐蔽，一旦暴露，敌人肯定会用炮火封锁，怎么办？李延年说："这就要把我们战前训练的利用炮弹坑隐蔽、逐坑跃进的战术发挥出来，同时，人员之间至少要相距三米。"他算了一下，即使如此，也会有不少牺牲，如果十个人中能有八个顺利通过，就算保本；能有九个顺利通过，就是大赚。

打仗当然离不开用计，《三国演义》把诸葛亮的用计描写得神乎其神。小说家言，只能姑妄听之。其实，计并不神秘，刘伯承元帅说："计，就是计算时间。"当时，李延年还不可能听到刘帅的这句经典名言，但他已经懂得打仗是要仔细计算的。

有人对李延年的这些做法颇不以为然，觉得"打仗嘛，哪能像做针线活那样细呀"。而李延年觉得，当战士也许不用考虑太细，只要勇敢机智，能随机应变，就是好战士；而当干部，如果事前不考虑周全一点，全靠临时应变，就有可能一时手足无措，造成被动局面。

10月8日夜，李延年和连长刘凤臣带七连出征。他给全连鼓劲说："同志们！师里、团里对我们要打的这一仗非常重视，用强大的炮兵群来支援我们，特别是有苏联提供给我们的'喀秋莎'火箭炮，那是我们从未见过的，非常厉害，一打就红半边天，会让敌人吓破胆。到时候，我们的炮火一停，大家就跟我跨过河去。"

晚上10时，我军的炮兵发言了。果真如李延年所说，发射的"喀秋莎"火箭炮映红了半边天，敌人的纵深阵地上顿时一片火海。战士们高兴地跳了起来。

"大家别忘了，我们的炮兵可以打他们，他们的炮兵也可以打我们，要防备敌人的炮弹。"李延年告诫说。

果然与原先设想的情况一样，我们的队伍刚过驿谷川河道，敌人的炮火便铺天盖地地覆盖过来。"不要慌，按训练过的动作来！"李延年大声提醒大家。七连的战士按照战前反复练过的"卧倒""跃进"的动作要领，在炮火封锁区中前进。究竟有多少人顺利通过了这道"鬼门关"，李延年顾不上统计，他必须将注意力转移到进攻战斗上来。此时，副连长杨德珍带领突击排——三排，已经向第一个山头发起了进攻。最前面的是排长带领的十班。李延年对十班是特别有信心的，因为班长张德福、副班长邓克洪都非常优秀，不仅军事技术过硬，而且能处处给战士做榜样，发挥先锋模范作用。在他俩的带领下，拿下第一个山头应该不成问题。果然，不一会儿就传来了攻克的捷报，缴获轻、重机枪各两挺，歼敌数量不详。"好哇！十班立了首功！"李延年当即宣布为十班请功，并且即时向各班、排传达这一鼓舞人心的消息。

第一个山头被攻克，等于把敌防御体系撕开了一个口子。按照营里的既定作战计划，七连是助攻，协助担负主攻任务的九连展开进攻。可不知为什么，此时阵地上还没有九连的影子。怎么回事？一时也搞不清。不管它了！那就七连单独继续向前！李延年指挥部队攻击前进，要求大家："向十班学习，争取立国际功！"

也许因为敌人被七连勇猛的动作镇住了，第二、第三、第四个山头，分别被七连的一班、四班、七班攻克。李延年都及时在全连宣布为他们请功，也为三排长请功。因为三排长带领十班攻克了第一个山头后，又带着七班攻克了第四个山头。

此时，前四个山头的敌人没有被打死的，都跑到第五个山头上去了。这是主峰，也是敌人设防的重点，部署了密集的火网。这个山头不拿下，就等于346.6高地还在敌人手里。但直到这时，主攻的九连才上来了一个班。于是，李延年统一指挥部队作最后攻击。部队被敌人火力压制，无法前进。十班长张德福带领副班长邓克洪、战士朱协甫等，沿着右翼交通壕摸到距顶峰30米左右的地方。敌人发现后，"突突突"地打起机枪，让人无法抬头。在这千钧一发之际，班长张德福连投两颗手榴弹，敌人的机枪哑火了，他正要往前冲，又有机枪打子弹过来，他不幸头部负伤。他顾不得鲜血直流，让战士朱协甫为他拧手榴弹盖。朱协甫拧一颗，他就投一颗，大概投到第13颗时，敌人的机枪全部哑火了。在向顶峰冲击时，张德福昏了过去。七连三排和九连的一个班一起冲上来，仅五分钟就扫除残敌。至此，346.6高地被我军完全占领。美骑一师的一个加强连被歼灭。

攻坚战斗结束了，坚守阵地的战斗即将开始。就在这时，传来连长刘凤臣被提升为营代理参谋长的命令。连长说："我下去营里上任，连队就全靠你了。"对此，李延年虽然感到愕然，但只能接受现实。在向全连干部和班长通报这一情况后，李延年立即部署各班、排抓紧构筑工事，准备打击敌人的反扑。想起战前战士们对打助攻有一肚子的意见，牢骚话气得他说："有本事，就把助攻打成主攻。"他用的是激将法，不料战士们真的把助攻打成了主攻。直到这时，他才知道，担任主攻任务的九连和紧随其后的八连由于队形太密集，在通过敌炮火封锁区时，损失惨重，基本丧失了战斗力。这就是直到攻击主峰时，才见到主攻连一个班的原因。好在八连、九连和机枪连虽已残缺不全，但除伤亡者外，最后都上了阵地，增强了守卫的力量，让七连不至于孤军奋战。

李延年一面在阵地督促各班构筑工事，一面清点人员。一副担架被抬了过来，李延年问："上面是谁？"有人回答说："张德福，十班长。"李延年赶紧迎上前去，对着担架上的人喊："张德福！张德福！"但张德福已昏迷不醒，不能回答他了。李延年伸手去摸他的脸，湿漉漉的、黏糊糊的血沾了李延年一手。他怕把张德福碰疼了，赶紧把手缩回来，眼泪像开了闸一样滚滚直流。张德福呀张德福，一个军政全优的好班长，一个群众威信很高的共产党员，党支部是把他作为干部苗子培养的。就是他，在战前公开批评李延年没有积极向上要任务，虽然他是冤枉了人，但这种冤枉却让人心里舒坦，战斗热情饱满的战士是胜利的资本；就是他，带领十班攻下了第一个山头，取得首胜，极大地鼓舞了全连的斗志；就是他，身负重伤仍带头冲锋向前，带领大家拿下了主峰！在这场攻坚战中，他是名副其实的先锋，他用鲜血向全连展示了什么叫共产党员的先锋模范作用。一个连队只要有几个这样的班长，这个连队就能当先锋，打硬仗。李延年一时陷入了沉思，任泪水滴在身上，直到听到担架员说"指导员，我们要走了"，才回过神来。李延年对担架员说："快点送下去，要快，要平稳。"

许多伤员已经在战斗过程中被送下去了，李延年一心指挥战斗，没能关照他们。据统计，全连伤亡加起来，已经减员近20人。一场攻坚战，连夺五个山头，虽然这个代价不算大，但照样让李延年心疼不已，他们中的大多数是解放战士，是从国民党军队和土匪武装中解放出来的，现在把鲜血洒在了朝鲜的土地上。让李延年感到欣慰和骄傲的是，这个时候，七连的建制还比较完整。有人就好办，就能打赢接下来的阵地守卫战。

第十二章

挺身压阵，灭了美军600多人

——写在346.6高地上的辉煌（防守篇）

紧接上章，李延年一边清点人数，一边指挥大家抓紧构筑工事。这时，他与上级的无线电通信还是畅通的。按照营里的命令，因其他连队伤亡较大，七连要挑重担，负责主峰和第四个山头的防御。346.6高地的五个山头，头朝东北，脚朝西南，与铁原到涟川的交通线大体平行。我军进攻时，根据地形，由低向高即从脚到头比较方便；而敌人要进攻，正好相反，因为主峰山势向南伸出较远，坡度较缓，敌人占领了南山腿，既可以向主峰进攻，又可以横向发展，攻击其他山头。其他四个山头虽然海拔低于主峰，但面敌的一面坡度较大，不利于坦克等机械化装备运动。因此，主峰便成了防御之焦点。

　　进攻，七连把助攻打成了主攻；防御，七连被摆在了首要的位置。"这是上级对我们的信任，是我们最大的光荣。"李延年每走到一个哨位，都这样鼓励战士们。10月的夜晚，朝鲜的山上已经比较冷了，战士们都穿着单衣，白天衣服已经被细雨和汗水浸湿了，但打攻坚战，战士们精神高度紧张，体力消耗特别大，太疲劳了，晚上凉风一吹，有的战士虽然打起寒战来，但抱着枪就睡着了。作为指挥员，李延年可不敢让战士休息，如果姑息，就是犯罪，就是不爱惜战士的生命。道理很简单，你不修好工事，敌人的炮弹打来，就会把你炸得粉碎。

　　在主峰的一条交通壕里，李延年老远就听到一声声有节奏的呼噜声，走近一看，是一班的战士滕桂桥靠着壕壁在呼呼大睡。在这次战斗中，一班被编为爆破班，专事爆破，立了大功。滕桂桥作为党员骨干，处处奋勇当先。他太辛苦了，累得睡着了，睡得很沉，很香甜。但是，即使他再困，也必须把他叫起来。李延年上去拍他的肩膀，他毫无反应。李延年又捏他的鼻子，他用手"呼啦"甩一下，又睡着了。李延年不得不对着他大喊一声："滕桂桥！有情况！"这一下，他醒了，腾地抓起枪站起来……

"你今天打仗有功，但我还是要批评你，平时你就有点拖拖沓沓，现在又不修工事，偷偷睡觉，像个党员吗？"李延年劈头盖脸地一阵猛批，把滕桂桥的瞌睡全赶跑了。李延年接着问："你是想消灭敌人，还是想被敌人炸死？"滕桂桥回答："我想消灭敌人！"班长听到后，也带着战士们过来了。李延年接着批评："跟你们讲过多次，美军的炮兵快速反应能力很强。因为现在是夜晚，他们没打炮。如果我们不好好利用夜晚修工事，天一亮就准备挨炸吧！"批评完，李延年又在现场教大家如何就地取材、快修工事的办法。346.6高地曾为我友军占领，上面挖有战壕和交通壕，修有一些地堡。美军占领后，又在上面修了部分地堡、机枪掩体和迫击炮发射阵地。他指着一个地堡说："像这个地堡，我们只要再用土认真加固，就可以用。"他钻进一个屯兵洞看了看，出来说："这个洞不错，可以防炮，但只有一个出口，一旦被炸塌，战士就全部闷死在里头了。你们连夜再挖一个出口，改造成一个小坑道。"

就这样，李延年把阵地转了一遍，给各班、排都交代了一遍后，才回到连指挥所。

尝到了美军"打钢铁"的滋味

10月9日早晨，七连居然吃上了一顿早饭。早饭是炊事班"老班长"送上来的。"老班长"50多岁了，但不服老，谢绝了领导要他留在国内的好意，硬是随队来到了朝鲜战场。大家都"老班长""老班长"地叫他，反而忘记了他的姓名。在战斗环境下吃上一顿热食，无疑是比过年会餐还令人兴奋的事。怕白天送不上饭来，"老班长"还给大家一人两个大烙饼。要知道，烙饼可是比炒面好吃得多。虽然李延年是他的指导员，但在他眼里，全连都是他的孩子。李延年表扬他，就像儿子夸奖爹那样不自然，一个劲地催"老班长"快下阵地。李延年估摸敌人的炮火很快就会打来，只因早上能见度不好，美军才一时没有动炮。

雾气从地面慢慢上升，从山脚爬上山头，然后与天上的云融为一体了。虽有云层，但大地看起来越来越清晰，从346.6高地上，可以隐隐约约地看到涟川至铁原公路上运动的车辆。李延年估摸，敌人的进攻就要开始了，他让通信员刘双功通知各班、排做好准备："敌人打炮时，要注意隐蔽，等炮火停了再出来……"

9时，敌人的炮火还没有来，飞机先来了。8架飞机轮流向我军阵地投弹，一颗炸弹就炸出一个大坑。这种炸弹，李延年在顺川修机场时见过，如果直接命中我们的地堡，那将是灾难性的，也许一个人也跑不脱。美机欺负我军没有防空武器，故意飞得很低，飞机发出的刺耳的噪声，会把胆小的人吓住。8架飞机来回绕了三四圈，把所带的炸弹投完才飞走。飞机刚走，炮弹接着就来了。

李延年不知该用什么词汇来描述遭到美军炮击时的情形。他是个久经战阵的人，见识过各种炮击的场面。打黑山阻击战时，在小白台子村南山阵地，对手国民党的"王牌"廖耀湘兵团，大多是美械装备，炮兵相当厉害，打得我军阵地地动山摇，碎石乱飞，战士藏在掩体内不敢露头，也不敢与掩体内壁贴得太紧，因为传导出的巨大震动足以让人的心脏停跳。美械装备的国民党军虽然厉害，但与美骑一师的炮击相比，简直就是小巫见大巫。打小白台子村南山的炮火固然密集，但总有间隔，一阵子一阵子的，似乎要喘息一下；而美军打来的炮弹却像放鞭炮一样接连不断，几乎没有一丝间隔，又像夏天大雨前的连环雷一样，不停地炸响。国民党军的炮弹把小白台子村南山上的石头炸成了碎石子儿；而美军的炮弹则把346.6高地表面炸成了粉状，足有一米多深的坑（出坑道后才发现）。坐在掩体或坑道里防炮，感觉大地一直在颤抖、摇晃，不时有泥土从上面掉下来，砸在人身上。因掩体或坑道里面空间狭窄，能见度低，爆炸声不绝于耳，晃动则一秒也不停息，让人产生幻觉：整个人仿佛被一种神秘的力量拉向恐怖的深渊。都说美军战术不咋地，就会"打钢铁"，可这回尝到了美军"打钢铁"的滋味，才知道那是多么难受！李延年所在的坑道是原友军部队挖掘的，前一天晚上战士们又连夜进行了改造，但在连续炮击下，坑道仍然岌岌可危。此时，他考虑的不是自己的安危，而是全连的兄弟。昨夜，他虽然差不多跑遍了阵地上的每一个点位，检查、督促了工事构筑，但临时构筑的脆弱工事究竟有几个能逃过美军的炮火？他暂时不得而知，而越不知道，就越焦急。但此时出去等于白白送死，只能等对手停止炮击后再出来。

对美军的火炮数量，李延年是知道的，其一个师的火炮比我们一个军的要多得多，而且他们得到上级炮火支援比我们更方便，再加上有空军的支援，我们与之相比，就像叫花子与龙王爷比宝。他当时还不知道的是，为夺回346.6高地，美军编组了10个炮兵群来支援步兵作战。我方虽然也集结了包括"喀秋莎"在内的炮兵，但仍然难以压制对方的炮火，只能打巧仗。李延年想：美军可以这样用炮兵打我们的步兵，我们为啥不能用炮兵打他们的步兵？待会儿阻击开始后，如果能得到炮兵的支援，那多好哇！

敌人的第一次炮击终于停止了，不用说，他们的步兵马上就会在坦克的掩护下发动进攻了。李延年带着通信员刘双功跑出坑道，到阵地上去检查。天哪！阵地已经面目全非。此前，高地虽经敌我两番争夺，三浴战火，但植被仍然比较茂密，而眼下，只有高大乔木的"尸骸"还在冒烟，其他所有的植物都不见了，都变成二氧化碳飘走了。炮弹爆炸时的高热使土壤中的水分蒸发了，原来湿润的土地变成了粉尘，一抬脚就抛出一道烟尘。战壕、交通壕大多已踪影难寻，只有少部分还能见到轮廓。陆续有战士从掩体里爬出来，因浑身灰尘，一时也分不清谁是谁，李延年使劲大喊："赶快把人都找出来，准备战斗！"然而，有的人是不可能出来了，因为他们藏身的掩体已被炸塌，又被外面的泥土掩盖。活着的人马上要对付进攻的敌人，只能快速地一阵扒拉，能扒拉出来算命大，扒拉不出来的，别人也一时抽不开身来帮忙挖掘。这时，李延年听到一个焦急带哭腔的声音：

"指导员！枪管被尘土塞上了，没法打了，怎么办？"

李延年循声跑去一看，果然如此。敌人马上就要上来了，枪没法打，急死人了！李延年对他说："抓紧用捅条捅，万一还不行，就投手榴弹，用掷弹筒打炮弹！"

不等李延年把阵地看完，敌人的进攻就开始了，美骑一师约一个连的兵力在坦克的掩护下，向346.6高地发起攻击。主峰西南山腿上，双方已打成胶着状态。守在那里的是三排十班。听动静就可以听出，他们用的主要武器是手榴弹、炸药包，因为枪声大多是对方的，而不是我方的。双方的枪不一样，发射的声音也不一样，不知他们是否也有枪管被堵塞的情况。如果枪没法打，他们又不会使用其他武器，问题就大了！手榴弹、炸药包，没有人不会用，而掷弹筒，特别是用掷弹筒打炮弹，很多人不会，因为战前很多人没练过。李延年决定来一个现场示范，在二排的阵地上，他用掷弹筒先打了一颗手榴弹，接着又打了一颗六〇炮炮弹，手榴弹和六〇炮炮弹都在敌群中爆炸，大快人心。"就这样打，把敌人打下去！"

美军的进攻来势很猛，可一看攻不上来，不到20分钟就缩回去了。一般来说，炮火准备的时间短，步兵冲杀的时间长，而这次这种情况与一般战斗大相径庭。李延年还没有见过。"炮击30分钟，步兵攻击才20分钟，玩的什么把戏？""哦！"他很快就明白了，美军有的是钱，打的是富贵仗、钢铁仗，惜命不惜钱，新一轮的炮击马上就会来了。于是，他命令大家抓紧加固工事，迎接第二波炮击。同时，他向营里报告，请求在敌人冲击时进行炮火阻拦，就像敌人拦阻我们那样。倘能如此，步兵防守的压力就会减轻许多。

敌人的第二波炮击虽然时间比第一波短，但弹种比第一波多，增加了燃烧弹和毒气弹。这比一般的榴弹和迫击炮弹更难对付。燃烧弹把阵地变成了一片火海，战士们躲在掩体里也被炙烤得几近窒息。如沾上一点点火，就会全身着火，烧得你非死即残。毒气弹打的是催泪瓦斯，即使你意志再坚强，也会泪流不止，喷嚏连天，丧失战斗力。战士们把小便尿在毛巾上，用其蒙住嘴鼻也无济于事。好在当天有风，催泪瓦斯很快被风吹走了，才没有造成大面积伤害。敌人的第二次进攻也被打退了。

美军的这种简单粗暴的拼钢铁的战术，几乎无战术可言，笨得叫人无可称道，但你又不能不承认它厉害。它仰仗着制空权和重武器的优势，一轮又一轮地从空中和地面铺天盖地地炸你，第一轮炸不死你，再来第二轮，第二轮还炸不死你，接着来第三轮……如此反复，直到把你炸死或逼迫你屈服。打退美军的第三轮进攻后，李延年发现连队已损伤过半，决定调整组织。一排拟缩编为两个班，由副指导员许尚玉指挥。一班长报告说："报告指导员，副指导员已经牺牲了！"二排拟缩编为两个班，准备让一直跟着三排的副连长杨德珍来指挥，可三排报告："副连长已经牺牲了。"这就是说，连队干部就剩下他一个了，加上一排长、二排长、四排长两个负伤、一个牺牲，排长中也只剩下三排长一个了。李延年只好指定由一班长、六班长分别代理一排长和二排长。三排长带着的三排建制还比较完整，每班还剩下五六个人，仍保留三个班。四排原已分散配属各步兵排行动，依旧不变。

李延年刚刚调整完组织编成，美军的第四波进攻就开始了。这一波比头三波更猛，但在七连的顽强阻击下，美军仍败下阵去。和以往几次一样，打得最激烈的是十班的阵地。在前阶段的进攻战斗中，十班作为突击班立了头功，但班长张德福负重伤，被抬下去了。转入防御之后，十班还剩下六人。副班长邓克洪带领大家守在最前面的山腿上。李延年指定邓克洪为代理班长，交代他说："这里是全连最前沿、最危险的地方，共产党员、共青团员要当先锋模范，带领新同志守住阵地。"邓克洪把大家分成三个战斗小组，分别负责左、中、右三个方向，并对大家说："左边是敌人的必经之处，最危险，我是党员、代理班长，我来负责；朱协甫，你是党员，负责中路；刘祥，你是团员，负责右路。三个新兵，我们一人带一个。虽然有分工，但要注意互相配合、支援。"照说，十班守的阵地，应该是敌火重点打击的地方，但说来也怪，不知为什么这里挨的炮弹竟然比后面的要少，也许是他们怕炸着自己人，把安全距离（炮弹最近落点与进攻的先头部队之间的距离）划得过大了。打完头三波之后，全班六个人居然一个没少。这一波敌人炮击时，邓克洪让新兵隐蔽，自己在硝烟的掩护下观察敌人。敌人开始冲击了，邓克洪对新兵说："只要你能供上我手榴弹，来个三五十个敌人，我包干了！"就这样，邓克洪就像一门发射手榴弹的小钢炮，把一颗颗手榴弹打到敌群中,听见美国兵的惨叫,他心里一乐,身上劲头更大了。他觉得在战壕中投弹不过瘾,突然跳到地堡的顶上猛投手榴弹,连投五六颗后,伸手再要,新兵说:"没有了。"他跳进战壕,抓起一挺轮盘机枪向敌群扫射,边打边对新兵说:"你别露头,给我压子弹!"新兵虽然当志愿军不久,但也是见过战争世面的,在湘西被迫当土匪的时候,各种土的、洋的枪他都见过。跟邓克洪后,两人都爱搜集枪,多次冒险爬到敌人丢下的尸体上去拿枪。邓克洪选了五种枪放在地堡里,要新兵把每支枪都压满子弹,以备用。眼下,轮盘机枪内的一盘子弹被邓克洪打光了,他马上又抓起一支轻机枪……五支枪的子弹都被他打光了,他正要抓起最先使用的轮盘机枪,敌人竟退回去了!

邓克洪这才来看本班的中间和右边阵地,发现他们都打得非常漂亮,可惜朱协甫的助手、新兵蒙永坤腰部负了伤。邓克洪问:"要不要派人送你下去?"他说:"我这点伤,咬咬牙就过去了。指导员要求大家轻伤不下火线,重伤不哭,我会做到的。"这个新兵也是在湘西从土匪武装中解放出来的。

然而,七连的其他班、排没有十班这样幸运。在一排和二排的接合部,一群美军越过交通壕,占领了我军部分阵地,正在向两边扩展。如果不把这股敌人压制下去,后果不堪设想。李延年手里没有预备队,只好把文书、司号员、通信员、卫生员和几名轻伤员集中起来,编成两个战斗小组,亲自带领去打反攻。他给大家鼓劲说:"阵地是我们从敌人手里夺过来的,绝不能再让他们夺回去!他们能摸上来,我们就能把他们赶下去!大家跟着我往前冲,瞄准了,狠狠打!"两个组交替掩护,有章有法,动作勇猛,气势如虹,敌人坚持不住,丢下同伴尸体,往后溃逃。李延年大喊:"追着打!"于是,又打死了几名美军。

失去的阵地被夺回来了,李延年发现阵地丢失是因为伤亡过大。二排编一个班都不够了,一排也不够编两个班了,唯有三排还比较好，可以编两个满员的班。比大量伤亡的情况更危急的是，与上级的通信联络完全断了。

就在反击敌人的第四波攻击时，李延年与营里进行了最后一次无线电通话，此后，电台就被炮火炸"哑巴"了。在李延年报告了阵地上的情况后，营代理参谋长指示："实在不行，就集中守一个主峰，其他山头的人可边打边往主峰撤，暂时放弃，等兄弟部队来了再收复。只要守住了主峰，就算完成了任务。""我不同意！"李延年大声"抗命"，但耳机里传来的是刺耳的尖叫声，也不知对方听到了没有。此后，电台就被炸成了废品。这位营代理参谋长原来就是他的搭档，上阵地后才离开七连。李延年觉得他犯了严重的战术错误，如果听他的，只守主峰，其他四个山头被敌人占领后，主峰就会四面临敌。孤立守一点，能守得住吗？就算守住了主峰，其他四个山头被敌人占领了，到时候就是想撤也无路可撤，只能等兄弟部队来支援。那我们三营成了啥？英雄气概何在？而且，气可鼓，不可泄，一旦宣布放弃四个山头，部队士气一泄，就必败无疑。作为政治工作干部，他想得更深：美军企图用军事上的胜利来加重谈判的砝码，我们即使只丢掉一个小山头，也会成为敌人在谈判桌上讨价还价的借口。因此，346.6高地的五个山头一个也不能让敌人占领。想到这些，李延年感到有一种神圣的历史责任感在召唤自己，在此关系生死存亡的关键时刻，必须有人挺身而出，来压住阵脚。

压阵者的风采

李延年决定挺身而出了。

他首先将本连的40多人再次整编为四个班，明确了各班班长。

一排两个班，指定了一人代任排长；三排两个班，三排长虽负轻伤，但要坚持指挥战斗。

然后，他去了解兄弟连队的情况，发现九连只剩下一个班，就是和七连一起攻上主峰的那个班。因一时找不到九连的其他人，李延年让这个班与七连一起战斗，听从七连指挥。

八连的情况比九连稍好一点，但损失也很严重：连队的干部大多伤亡，只剩下排长宋国亮，总共还有19人。李延年将他们编成两个班，指定两名党员为班长，宋国亮为代理副连长。他动员说："八连是有荣誉称号的，是响当当的'钢八连'。现在，你们就是'钢八连'的代表，是'钢八连'的根。我之所以要指定宋国亮为代理副连长，就是为了保存'钢八连'的建制。只要还有一个人在阵地上，'钢八连'的旗帜就飘扬在阵地上。相信你们一定能打出'钢八连'的威风来！让美帝国主义看看，也让兄弟连队看看。你们有信心没有？""有！"大家回答。代理副连长宋国亮代表大家表态："我们是'钢八连'的战士，坚决服从指挥，英勇杀敌，保证人在阵地在，请指导员放心。"李延年说："从现在起，全营统一指挥了，你们的英勇事迹，我保证向上反映，现在是你们立国际功的时候了！"

李延年又找到了机炮连，发现其连长王财、指导员王荣宝都还在，不禁喜出望外，说："有你们在，我们就更有胜利的信心了。"但王荣宝告诉他："机炮连也仅剩七名战士和八名弹药手了。"因为机炮连一直是配属步兵作战，李延年与他俩商量，将这15人编成两个班，给弹药手发武器，准备独当一面。

李延年掐指一算，全阵地上还有五名干部，其中三名正连、两名排长。他召开了一个紧急干部会议，指出："现在与上级的通信完全中断，我们必须自主完成任务。我提议，我们五个党员干部组成一个临时支委会，作为阵地的领导核心。这个时候，我就不客气了，由我当临时召集人。如果我牺牲了，由机炮连指导员王荣宝当召集人。我们的任务，就是带领大家坚决守住阵地，直到上级派部队来接防。"

大家都在算阵地上还有多少人，怎么算也编不成一个连了，而且其中不少是伤员。有人因此信心不足。李延年觉得，如果干部没有信心，那是很危险的事。没有时间讲大道理了，他灵机一动，黑着脸严肃地说："这个时候，绝不能有丝毫动摇！我们是无产阶级的硬骨头，是阵地的领导核心，要用钢铁般的意志和模范行动带领大家完成任务。有意志动摇和投敌苗头的，要坚决执行战场纪律，毫不含糊！兵力问题上，我还留了两个火箭筒班的预备队没有动，准备留在最危险的时刻用，大家不要担心。"这是他第一次故意撒谎，给战友唱了出"空城计"，好在只有七连三排长知道底细，这善意的谎言竟稳住了大家的情绪。他觉得这属于临机处置的工作方法，而不是狡诈行为。

接下来，李延年对战斗任务进行了重新部署。原来是七连守第四、第五个山头，八连、九连守另外三个山头，机炮连配属行动。这样分工不太科学，指挥也不方便。李延年把阵地分为左、右两翼。虽然左翼对着我方，但因山下小河驿谷川与山体之间有约300米纵深的开阔地，敌人可以迂回到我后方来发动进攻；右翼是面敌的一方，是敌人进攻的重点，敌人的前四波进攻都是从右翼发动的。李延年提议："由机炮连连长王财统筹、协调两翼；左翼兵力为八连两个班、机炮连两个班，由王荣宝指导员指挥，主要任务是防敌迂回进攻；右翼兵力为七连加九连一个班，由李延年指挥。"对此分工，大家都没有异议，李延年说："时间不等人，各自照此行动。"

下午2时，阵地防御部署还没有完全调整完毕，美军的第五波进攻就开始了。这一次，美军似乎吸取了前四次一味正面进攻的教训，采取了正面进攻与迂回包抄相结合的战术。在用飞机、大炮猛轰之后，从左、右两翼展开进攻，各有一个连的兵力。幸亏李延年调整了部署，加强了左翼的兵力，也幸亏有机炮连指导员王荣宝当左翼指挥员。他所带的八连两个班是有武器的，由宋国亮代理副连长带领。机炮连临时编成的两个班15人是没有轻武器的（枪炮已经毁坏）。王荣宝带着大家在阵地上从敌人尸体上找武器和弹药，居然全副武装起来了，有人还有了两支枪。美军也许低估了我军的侧翼防御能力，居然以密集队形向我军阵地冲来，想不到突然遭到连珠炮似的手榴弹轰击。敌人在一个土包后架起机枪向我军扫射，但我军一颗手榴弹就将它炸哑了。志愿军有多少人投弹？其实，投弹的只有一个人，他叫高青山，是八连九班的战士，共青团员。九班是八连的突击班，可惜班长、副班长在通过开阔地时，就被炮火炸伤了，所以高青山一直憋着一口气，一定要为班长、副班长报仇。机会来了，他用20多颗手榴弹打退了敌人的首次冲锋。敌人整顿了一下队伍，又继续往上冲。高青山准备的手榴弹已经全部扔完了，他的三〇枪也被炮火炸出的泥土堵塞得一塌糊涂，连枪栓都拉不开了。敌人就要上来了，他急得打转转，这时，新兵胡中华递给他一支卡宾枪，是从敌人尸体上捡回来的。高青山接过卡宾枪，五个单发就撂倒了五个敌人，对胡中华说："你看，鬼子多好打，一枪就是一个。你也来试试。"说着，他便把枪交给了胡中华。胡中华接过枪来，两梭子打出去，也撂倒了五个敌人。高青山表扬胡中华："你打得很不错！但没那么多子弹给你一打一梭子。还是我来吧！"高青山接着打了十个单发，灭敌七人……

紧挨着八连阵地的机炮连两个班，刚组建就遇到了恶战。敌人分两路向机炮连阵地冲来。指导员王荣宝对大家高喊："不要怕！看我的！"他一连投出16颗手榴弹，其中一路敌人被炸得死伤一片，活着的也东躲西藏。另一路敌人快要接近我军交通壕，二班长燕从臣端起机枪一阵猛扫，一下打死好几个。但敌人稍作整顿后，又一下冲了上来，眼看就要得手了。这时，王荣宝高声喊道："共产党员、共青团员、革命战士，跟我冲啊！"他带领大家跃出战壕，对着敌人，用机枪、冲锋枪猛扫，用手榴弹猛投。敌人被他们的气势吓倒，丢下尸体和伤员，退了下去。但是，王荣宝的腿和脚负了伤，他站不起来了。这时，剩下的子弹、手榴弹不多了，而敌人又涌了上来，王荣宝对大家说："子弹没了，就用爆破筒、六〇炮炮弹打！"战士们说："指导员，你放心，我们一定要把敌人打垮！"他们说到做到，一番激战后，把敌人反击下去了。

打得最激烈的还是右翼七连一班的阵地。这个阵地是敌人上山的必经之地，所以要不惜代价夺取。一班打退了敌人连续十余次的冲击，阵地前留下了敌人数十具尸体，而一班也只剩下滕桂桥一个人了。这位孤胆英雄战斗到最后，子弹打完了，手榴弹投完了，赤手空拳，怎么办？他在尘土中猛刨，刨出两根爆破筒。他拿起一根爆破筒，使劲向敌人扔去，可因用力过猛，扔偏了，才炸死边上的几个敌人。眼看40多名敌人号叫着向战壕蜂拥而来，滕桂桥抓起最后一根爆破筒，拉开引信，抱着冒烟的爆破筒冲进敌群。随着一声轰响，敌人倒下一片。英雄战士滕桂桥与敌人同归于尽了！

一班和八班的阵地靠前，李延年视之为重中之重，所以一直在盯着。他目睹了滕桂桥的英雄壮举，心里既为他感到无比骄傲，又觉得对他有几分歉疚。就在昨天夜里，因为他困得睡着了，没有修工事，自己把他狠批了一顿，还把他平时有点稀拉的毛病也抖搂出来一起批。他知道，很多人都怕他，怕他瞪眼，怕他批评，但在战场上哪容得你婆婆妈妈？他带着文书、通信员、司号员赶往一班的阵地，以防敌人趁机爬上来。可他们赶到后没见到一个活着的敌人，只见到阵地前一片美军的尸体。大概是滕桂桥的英雄壮举彻底震慑了敌人，到这一波进攻结束，敌人居然再也没有到这里来。

关键时刻，师长派来援兵

打退敌人第五波攻击后，时间已是下午4点。李延年清点人数，发现左、右翼共伤亡十余人，防守兵力愈加不足了。兵力少，而且弹药也用完了，李延年只得命大家到敌人尸体上去找。他与机炮连连长王财和指导员王荣宝碰头后，决定分头到各个阵地给战士鼓劲，树立血战到底的决心。

李延年正与战士在一起搜集弹药，肩背着美军的卡宾枪，手里提着子弹袋，通信员刘双功急匆匆地跑来报告："师长派二连副连长带一个排上来增援了。"李延年听了精神一振，忙问："在哪里？"通信员说："在反斜面，等你分配任务。""好哇！"李延年在通信员的带领下跑步赶过去。互相介绍后，带队的二连姜副连长向他报告："报告李指导员！我带来的是二连三排，奉师、团首长的命令来增援你们。首长非常关心你们，临走时，黎师长专门让我带来了电台，让你接到电台后就马上开机，报告阵地上的情况。"

听了姜副连长的话，李延年激动得紧紧握着他的手，竟差点流下眼泪，说："你们来了，就有胜利的把握了！"他与机炮连连长王财、指导员王荣宝商量后，决定二连三排留一个班在左翼，听指导员王荣宝指挥；另两个班到右翼，接管七连一排、二排的阵地。

李延年刚打开电台沟通联络，电台里就传出了师司令部作战科科长杨盛德的声音。杨盛德在听了李延年的汇报后，说："你注意听好，1号（师长代号）要对你讲话。""啊！"李延年先是觉得自己听错了，继而又感到这非常符合黎原师长的一贯作风。

"李延年！"

听到师长叫他，他赶紧答："到！"

只听师长说："你们七连打得真漂亮！从敌人手里夺回了阵地，又坚守住了阵地，你们立了大功啊！要继续发扬英勇顽强的战斗作风，狠狠地打击敌人，为党和人民立国际功。师的炮火会全力支援你们，要注意观察弹着点并及时报告。"

"请1号放心，我们保证人在阵地在，把美国鬼子消灭在眼皮底下！"

李延年表态后，师长说："好！看你们的了！"

师长的关心和鼓励被迅速传到了每一个战斗岗位，李延年要求大家打出英雄气概来，争取人人立功，抓紧时间搜集武器弹药，加固工事，同时他告诉大家："师长说了，师的炮火会全力支援我们。有了师里的炮火支援，我们就如虎添翼了。"这番话说得大家心花怒放，信心满满。

炮火支援问题，李延年一开始就跟营代理参谋长讲了，但不知是他没有向上请示，还是请示了而上级没有安排，反正在进攻战斗结束，转入防御后，李延年就再没有见到过自家的炮火。由于全靠步兵防御，在火力上被对手甩出了一大截，仗打得特别艰难，伤亡特别大。眼下，师里的炮火要全力支援了，那就有个如何相互配合的问题。如果配合不好，不仅可能效果不佳，而且可能没打着敌人却打着了自己人。师长要求注意观察弹着点并及时报告，这实际上是要他们充当侦察兵、观察哨，就是给炮兵当眼睛。在湘西剿匪时，李延年指挥过炮兵排，对营属火炮还是懂一点的。另外，机炮连连长王财虽是机枪兵出身，但在这方面总应该比步兵连的干部内行吧！不过，王财说："我指挥的是营属火炮，射程近，指挥大多靠目视，而师里的炮群射程远，要设观察所指示目标。"李延年一听急了，打断他说："大炮小炮，射击原理不都一样吗？你说说，你们连的炮兵侦察兵还有没有。如果有，让他和你、我一起给师炮群当观察所不行吗?"王财说:"侦察兵还有一个,负了伤。"李延年说:"抬着,背着,也得要他立功了。"王财说:"没那么严重,是轻伤,还能走。"好! 那就这么定了。

有炮火参与的防御和单一步兵防御是有很大区别的,尤其是在阵地编成和兵力部署上。比如,有些单一步兵防御必须派兵把守的地方,这样就不必用兵了,交给炮兵用火力控制,表面上看似兵力空白,实际是个大大的陷阱。再如,单一步兵防御时,对付敌人的集团冲锋就很伤脑筋,特别是在机枪被尘土堵死而无法射击的情况下,就主要靠投手榴弹,改变兵力部署后,可以把打击集团冲锋的任务交给炮兵,步兵的主要任务是消灭炮火覆盖后的漏网分子,压力就小多了。李延年和王财一起,对整个高地的防御部署进行了调整,重新明确了任务。为了方便炮兵射击,有些前出的阵地在我军炮击前暂时放弃,兵力收缩回主阵地。另外,因为有了炮兵支援,防御反击的机会便多了,所以要注意在炮击后对敌人进行反冲击,扩大战果。

两人都感到下一步防御的关键是与炮兵的协同。而要协同好,一要为炮兵当好眼睛,二要保持通信的畅通。电台就是宝贝疙瘩。要对电台进行特殊保护,特别是在敌人炮击时不可暴露。

美军经过了约一个小时的准备,于下午5时对346.6高地发动了第六波攻击。其战术还是老一套,用飞机、大炮开道。三营的战士已经在阵地上挨了五六次的轰炸,摸索出了一套保存自己的经验,李延年已不用担心。他担心的是刚刚上来增援的二连三排的战友,所以特意与他们在一起防炮,对他们说:"美国人就这一套,靠飞机、大炮死炸,躲过这一招,一面对面,他就变熊包了。"因为有李延年和他们在一起,大家很快从惊恐中镇定了下来……

敌人的炮声停止了,其步兵分两路蜂拥而来。李延年让侦察兵向师里报告:"主峰东南500米,有敌人约两个连;主峰东北300米,有敌人约一个连。请求开炮!"

不到两分钟，师炮群的炮火就覆盖过来。

先看东南方向。因美军前五波进攻都没有炮兵拦阻，这次突然遇到炮火急袭，其战斗队形一下被打乱了，美军死伤狼藉，四散躲避。但一部分有经验的老兵拼命向前跑，因为越接近我方阵地，防炮就越安全，由于怕打到自己人，炮兵就不敢打。可惜，他们的这一手早被李延年和王财预见到了，把前出阵地上的人收回到了主阵地。李延年命令侦察兵："告诉师里，射程再缩短200米！"就这样，那些已经接近我方阵地前沿的敌人也未能逃脱炮击，被炸得肢体不全……

东北方向的敌人意在迂回进攻，因欺负我军阵地上没有重武器，还像第五次一样，队形密集，大摇大摆地从我军主阵地东边绕了过来。此地为驿谷川之南的一片开阔地，我军夺取346.6高地就是越过这片开阔地后发起进攻的。在这里，我三营的九连、八连没少吃美军炮击的亏。该轮到美军来尝一尝我军炮火的滋味了。这伙迂回之敌有点不经打，在突遭炮火后，便进退失据，手足无措，逃没处逃，藏没处藏，瞬间就丧失了战斗力……

李延年用电台告知师里："炮兵打得很好，现在可停止炮击。看我们的了！"炮火一停，李延年下达了反冲击的命令。战士们跃出战壕，如猛虎下山，向残敌扑去。但不得恋战，追出一两百米后，迅速搜集枪支弹药，快速返回阵地，准备防炮。

凯旋，美军给他留了一个纪念

李延年看了一下表，时间还不到下午6点。根据前面的抗击经验，他预感到在天黑之前，美军至少还会发动一波大规模的进攻，而且航空兵和炮火准备的强度会更大，极有可能会孤注一掷。所以，他让干部要一个一个战位督促，务必加固工事，要准备打前所未有的恶仗。

果真如李延年所料，美军第七波进攻更加凌厉，飞机、大炮狂轰滥炸了半个多小时，大有将346.6高地炸平之势。尽管我军的工事已经多次加固，但在如此高强度的轰炸下，难免会有伤亡。李延年所在的坑道，就有一个出口被炸塌了。所以，等敌人的炮火一停，他一方面请求师里的炮火支援，另一方面让各阵地清点人数，把困在掩体中的战士扒出来。非常可惜，又有十余人在这波轰炸中伤亡。

"同志们！狠狠地打，为牺牲的战友报仇！"

"敌人除了打炮，没什么本事了，同志们放开胆子打！"

李延年即时喊出了鼓舞士气的口号。在我军炮火拦阻后，剩下的敌人被我军三下五除二，几下就消灭了。晚7时，敌人的第七波进攻熄火了。

趁着天还没有全黑，李延年让战士们到敌人死尸堆里去为自己补充弹药，要求"快去快回，注意隐蔽"。十班代理班长邓克洪带着战士专找能自动连发的武器，共找到了三挺机枪、十多支自动步枪以及一些随枪携带的子弹。本该见好就收的，而邓克洪总觉得弹药还不够，决定自己再去搜集，因捡得太多，武器压得他直不起腰来，就在他背着弹药慢慢往回走的时候，敌人的一发炮弹在他的附近爆炸。他负了重伤，被战友抬了回来。李延年也赶过来看他。他在担架上醒过来，从口袋里掏出15万元（旧币，相当于新币15元）钱，对战友们说："请代我把它交给党支部，算是永久党费。我不能参战了，希望你们好好地打，把美国侵略者消灭光。"在场的人都流下了眼泪，李延年握着他的手说："我们马上送你到医院，一定想办法救你，你要挺住！"邓克洪嘴巴动了动，却没有发出声来，似乎已经没有力气回答他了。李延年催促说："赶紧送下去，跑步！"他脑子里像放电影一样，连续出现邓克洪的镜头：东北吉林，贫农老邓家在"土改"中分到了田地，儿子邓克洪报名参军了；在湘西剿匪时，邓克洪不惧危险，深入曾经是匪窝的村子，经细致工作，收缴各类枪支十余支；在连山乡遭 2000 多名土匪围攻，他面不改色，沉着冷静，一枪一个匪徒，吓得土匪再也不敢上前。他在剿匪斗争中经受住了考验，入了党，当了副班长。在眼下的 346.6 高地的战斗中，在班长张德福负伤后，他带领十班独当一面，歼敌多，伤亡小，想不到在打退敌人的第七波进攻后，却身负重伤……他与滕桂桥都是吉北地区的人，一个与敌人同归于尽，一个在立了大功后被炸成重伤，正是他们的牺牲精神确保了阵地的稳固。

按照上级命令，第二日凌晨将有兄弟部队来接防，第四一八团三营下撤休整。李延年得确保阵地安全度过这一夜。据以往经验，美军一般都会尽量避开夜战，迫不得已打夜战，也会借助照明弹。但凡事有一般就有特殊，保不准他们这天晚上就来一个偷袭！这是李延年最担心的。战士们经过一夜一天的作战，加上战前准备，其实已经 30 多个小时没有睡觉了，可以说疲惫至极，站着都会睡着。这晚如果都睡着了，敌人就会偷袭成功，前面的一切胜利都将一下归零。因此，防瞌睡是这晚工作的重中之重。

此时，在阵地上的干部还有五名，李延年召集大家开临时支委会会议，其他人都到了，七连三排长王顺却还没来。李延年派通信员刘双功去催，刘双功回来说："他坐在地堡上抽烟，说马上就来。"李延年说："那很危险，你快去，叫他赶快下来！"没等通信员回来，只听见不远处传来一声炮弹爆炸声。"不好！"通信员跑回来说，"三排长牺牲了！"也许是他抽烟冒出的火光引来了敌人的炮弹，也许是他阴差阳错碰到了敌人随便打的炮弹。李延年悲痛得一拳砸在地上，阵地上的最后一夜才刚刚开始，七连就一下损失两名干将，先是邓克洪，接着是王顺。攻坚战中，第一个山头和第五个山头都是王顺带着十班率先攻克的；防御战中，最危险、最关键的地方是主峰的西南山腿，王顺指挥战士们打得漂亮，战果大，伤亡小。但他竟牺牲在敌炮之下。"可惜！可惜！可惜！"李延年连叫三声，带着大家与王顺告别，送走他后继续开会。

防敌人偷袭就得防自己打瞌睡，没啥道理好讲，也没啥好的办法，就是得死扛。敌人若要偷袭，有三个必经之地，李延年提出在这三个地方设双哨，每班半个小时，每班由一名干部负责。他说："我知道这样排班让大家都休息不好，但又不得不这样，如果一个小时换一次班，肯定大家都在哨位上睡着了。半个小时也许还能坚持。我们干部就得更辛苦一点，两个小时就得轮一圈。"二连姜副连长主动提出："你们打了一夜一天，我们才上来，现在还不到五个小时，大家都精神着哩！因此，夜间放哨最好由我们包了。"这个主意不错，但二连的同志不熟悉阵地情况，咋办呢？来个互相搭配，每班三人，二连两个，三营一个，干部带班不变。具体排班由机炮连王连长和二连姜副连长落实。22时，李延年又特地到各个哨位检查了一遍，才回到连部的坑道里。

平安过了9日24时，进入10日。按计划，接防部队5时上来，三营与之完成交接后，于6时撤出。等待接防的这五个小时是人最犯困的时候，因而也是最容易遭敌偷袭的时候。李延年不敢放心睡，和衣靠在坑道墙上打盹。在湘西剿匪时，他从土匪那里学到了一个不让自己睡死的方法，把一根草绳的一头绑在自己的一个指头上，另一头点着火，草绳烧到头，就会把人烫醒。草绳的长短根据情况来定。因为坑道里阴冷，生了一个火盆，李延年把草绳的一头放在火盆里，一头连着左手的小拇指。他已经连续烧完了三四根草绳，每次被烫醒后，他都会到阵地上去转一圈。3点多了，他又绑上一根草绳，把一头扔进火盆，一下就迷糊过去了。也不知迷糊了多久，在半睡半醒之中，他听到有人大喊："有敌人！在厕所下面！"李延年条件反射似的抓起火盆，对着坑道口外的厕所下面抛去，一串火星形成一条抛物线，只听美国兵用英语叫着："喀秋莎！喀秋莎！"

那时，敌人最怕苏联提供给志愿军的"喀秋莎"火箭炮，他们竟然误把形成抛物线的炭火当成了"喀秋莎"打来的火箭弹，急忙边开枪边往后退，枪声惊动了熟睡的战士，李延年指挥七连、八连左右包抄，围歼偷袭之敌。一阵激烈枪声和手榴弹的爆炸声响过之后，阵地重新归于寂静。右侧的八连报告说："有一个（敌人）跑了，要不要去追？"李延年说："留个活口，让他回去报丧。"

这场反偷袭战打得很漂亮，但想起来还是令人后怕。可以说，这是不幸中的万幸。在作防偷袭计划时，就没有想到这个专门为上厕所而修的小小坑道口，一是它很隐蔽，二是有厕所挡着，人爬不上来。要不是司号员要小便，还发现不了已摸到坑道口下面的敌人。虽然有厕所挡着，但敌人利用攀登工具是可以爬进坑道里来的。多危险啊！这一仗一打，把所有人的睡意都打跑了，大家都自动搜索战位周围是否有敌人。李延年带着通信员和司号员下去检查战果，找到了20余具敌人的尸体，发现没有一个活的，估计敌人来的是一个排，逃走的也不止一人，因为不可能没有伤员，而一个人是带不走伤员的。

凌晨5时，兄弟部队按时上来接防。双方交接完毕，李延年带着三营部队回撤。七连走在最后，李延年走在全连的最后。路上遇到了敌人的零星炮击，好在没有人被炸得倒下。天蒙蒙亮了，通信员刘双功突然发现李延年的后背上有好大一片血，血很新鲜，把衣服染红了半边。刘双功提醒他说："指导员，你背上在流血，得包扎。"李延年其实已经知道后背被"拉"了一下，没觉得疼，但有点烫，凭经验判断，应该是被一个炮弹碎片崩了一下。他笑着对通信员说："我一点没事。我们在这里打了两夜一天，美国兵要不给我留个纪念，也不够意思吧？"69年后，他脱下上衣让笔者看了美军给他留下的这个纪念，这是一个不大的伤疤。

关于此战的战果，李延年估计是消灭了美军500多人。因换防后敌人未再进攻，师、团派人清点，核定此战歼灭美骑一师636人。

第十三章

从野战军到生产建设兵团

李延年带着部队凯旋，听到的是一片祝贺、赞扬之声。没几天，他就被提拔为三营副政治教导员。

但李延年死活高兴不起来，自撤下阵地后，他哑巴了似的，一天也说不了几句话。他惦记着烈士和伤员，想起他们就泪流满面，喃喃地说："他们走了，我却活着……"有位记者来采访他，他没谈几句就把人家给得罪了，结果人家到师里反映："李延年这个人不行，没水平。""哈哈！"师首长一听笑了，说："他要是没水平，怎么能指挥攻下并守住346.6高地？怕是你'撞到'他的犟脾气上了吧!"

他的脾气确实犟，他也太实在，有时实在得让人不愉快。战前的事就不说了，只说眼前，功劳摆在那儿，如果他能说点套话，你好我好，岂不皆大欢喜？可他又犯犟了，嘴里不停地念叨牺牲了的战友，而且说："如果不是各种情况凑巧，也轮不到我出头。"这话很实在，全都是事实，如果不是连长临阵被提拔为营代理参谋长走了，他就不会连长、指导员一肩挑了；如果营里有一位首长在阵地上，就用不着他挺身而出，压阵指挥四个连了……这完全符合时势造英雄的真理，但有的人听了就很不舒服。有人甚至对他说："因为我不在上面，才成就了你。你应该感谢我。""什么话嘛!"李延年当面反驳说，"啥叫你成就了我？牺牲了那么多人，而我们还活着!"

"我要去学习"

李延年对自己的英雄事迹闭口不谈，但三营的干部、战士绘声绘色地讲了出来，他们称他是"阵地的灵魂""定海神针""军政双优的好干部"。在战评中，346.6高地攻防战成了全师的经典战例之一。在此战中荣立一等功的有：七连一班战士滕桂桥、七连十班副班长邓克洪、八连九班战士高青山、机炮连指导员王荣宝。

那李延年呢？师里拟给他立特等功，经军和兵团报到了志愿军总部。志愿军政治部调查核实后，批准给他立特等功，并授予他"一级英雄"荣誉称号。同时，朝鲜民主主义人民共和国授予他二级自由独立勋章和三级国旗勋章。

特等功是当时评功的最高等级，对特等功臣，再根据贡献大小，分别授予"特级英雄""一级英雄""二级英雄"荣誉称号。全军仅有黄继光和杨根思两位烈士被授予"特级英雄"称号，所以，李延年荣获的"一级英雄"称号，在幸存者中是最高等级的了。

另外，团里还给李延年发了15万元人民币（旧币，相当于新币15元）的奖金。

对此，李延年在《历史思想自传》中写道：

上级给了我很高的政治荣誉，可是自己感到对人民、对党的贡献太渺小了，只有在今后更加努力学习，积极工作，保持荣誉，才能对得起人民和党。

1951年11月，在师英模大会之后，李延年最难忘的，是与朝鲜人民军平壤近卫师少将师长宋德万的会面。他们本是一个团的战友，1950年4月，应朝鲜民主主义人民共和国首相金日成的要求，正在湘西剿匪的第四十七军3900余名朝鲜族官兵，接到了回朝鲜的命令。回国后，这些朝鲜族官兵被编为第十八联队（团），由原第四一九团营长张教德任团长，原第四一八团营长宋德万任副团长。6月25日，朝鲜内战爆发，朝鲜人民军节节胜利，很快越过三八线，解放了南朝鲜首都汉城（今韩国首都首尔），推进到大邱、釜山一线，南韩李承晚政权朝不保夕。但在9月中旬，麦克阿瑟指挥7万美军在朝鲜蜂腰部西海岸的仁川登陆后，形势急转直下。朝鲜人民军被美军登陆部队隔断在南边，许多部队来不及撤出，即被消灭、打散。第十八联队也在突围时遭受重创，团长张教德牺牲，剩余700余人由副团长宋德万带领，在敌后打游击。四个月后，部队不但没有被消灭，反而还发展到2200余人。我志愿军入朝进行第一次战役后，宋德万率部与我志愿军部队在铁原、涟川一线会师，回到了后方。金日成首相得知第十八联队的英勇事迹后，称赞宋德万创造了奇迹，接见了他，并且决定将第十八联队扩编为平壤近卫师，任命他为少将师长。朝鲜近卫师是仿照苏联红军制度而建立的，在人民军中有独特的地位。近卫师的战士到其他部队可以当排长，师长出去可以当军团长。由此可见金日成对宋德万的器重。

宋德万和李延年都是1945年入伍的。说起来，师长黎原还是他的救命恩人。那时，黎原是长春公安总队第一大队政委。有一天，黎原行军在吉林市郊区的榆村，发现一个学生模样的青年晕倒在街道上，马上命人将他背回部队，给他看病、喂饭。吃了一点东西之后，该青年说出了自己的身世。青年祖籍釜山，日本侵占朝鲜后，进而侵占我国东北，为达到长期霸占我东北之目的，强迫民众从日本和朝鲜移民到东北，他们一家被"安置"在吉林延边屯垦。因为学习成绩优异，他考上了伪满吉林工业大学。日本投降时，还在上学的他见长春时局动乱，国共内战已经爆发，便想回到延边家里避乱。因为没钱，他只好步行，沿途乞讨。不料，要饭也不是一件容易的事，大学生往往没有勇气开口乞讨，他终因饥寒交迫晕倒了。在部队休养几天后，他身体恢复了元气。因都是学生出身，他与黎原政委相谈甚欢，黎原在给他路费让他回家时，他却要求参军。就这样，他成了我军的一员。因为他有文化，又能吃苦，作战有勇有谋，在部队进步很快。他一开始在营部当文书，之后参谋、连长、副营长、营长一路晋升。李延年与他同年入伍，年龄比他小了四岁，职务比他低了两级，文化程度更是没法与他比，一个大学，一个初小。

从部队在榆树剿匪、吉北"土改"时，李延年就知道宋德万这个朝鲜族的干部。在黑山阻击战时，他们还一起战斗过，所以相互之间很熟。这次，宋德万回到老部队，只在师里待了一天，接着就到了他战斗过的第四一八团。他给部队讲了自己回朝鲜后的战斗经历，然后与部队老熟人以及英模人物座谈。见到李延年，宋德万格外高兴，在师里就听说了李延年在346.6高地打了漂亮仗，便向他表示祝贺。李延年向宋德万打听三营和七连朝鲜族战友回国后的情形，宋德万沉痛地说："他们大多数都牺牲在南边了。我们第四十七军的朝鲜族战士一共有3900多人，最后只剩下了700人。"李延年不禁想起了在346.6高地牺牲的战友，两个人的心情都变得沉重起来。宋德万说："他们是为朝鲜人民而牺牲的，朝鲜人民永远不会忘记他们。"李延年说："虽然打仗免不了有牺牲，但我总觉得对不起那些烈士。"他还想说，被首长打断了："李延年，你留点时间给别人发言嘛。"是啊！第四一八团回朝鲜的战友有几百人，大家都想找宋德万打听打听呀！

宋德万在团里住了两天，才依依不舍地离开。在与宋德万会见后，李延年给自己提出了一个努力学习文化的要求。他崇拜黎师长，佩服宋德万，认为他们之所以有本事，一个重要原因是有文化。所以，在领导问他"当了英雄，有什么要求"的时候，他的回答是："我要去学习。"但在战争结束之前，没有回国学习的机会。1952年11月，经过近一年的补充和休整的第一四〇师再次被拉到了一线阵地，李延年虽然没轮上冲锋陷阵，但在负责打坑道和抢运战争物资中出色地完成了任务，因而受到团党委通令嘉奖，并被选为出席军党代表大会的代表。

1953年7月27日，朝鲜停战协定签字。李延年两次向团里要求去学习，理由是："个人的文化水平低，今后的工作改进是会受到一定限制的。要想把今后的工作做好，必须抓住朝鲜停战这个极好的机会。""好个李延年，学会向组织提要求了啊！"团政委笑着脸"批评"了一句，批准他去军文化速成学校初中班学习。8月25日到校开学。后来，这所学校搬回国内，改名为解放军第三十四文化速成中学，校址在辽宁省抚顺新立屯。

"他这么瘦，还能活吗"

1954年9月，第四十七军从朝鲜回国，李延年也从速成中学毕业了，在待分配期间，他被批准回家探亲。

"你今年26岁了吧？"首长问。

"是。"李延年回答。

"你参军九年了，还一次也没有回过家吧？"

"从东北入关时路过家乡河北昌黎，想回去看看，但马上要参加平津战役，没回成。在北京郊区改造起义部队时，父亲找到团里来了，要拉我回家去结婚。"

"有现存的对象吗？"

"没有。他说回去请媒婆找。"

"新社会了，还请媒婆，闹笑话嘛。你也老大不小了，这次就回去把婚事办了。不过，找对象就不要请媒婆了，政治处给你开了介绍信，你回去后拿着信去请县妇联帮忙，组织出面，可靠。"

看到这里，有人可能会纳闷：当时不少战斗英雄找的媳妇是大学生，有的还是名人，李延年咋就要回老家找呢？不是没有人给他介绍城里的对象，而是李延年觉得自己是农村人，文化又低，还是找个农村人合得来。

就这样，他揣着学校开的介绍信回家探亲了。奶奶和父母亲见他回来，好不高兴，特别是母亲已经九年没有见到儿子了，竟兴奋得哭了起来。哭过后，她问："儿啊！你在队伍当的啥官？"

李延年回答："副教导员。"

"那是个什么官？比连长大还是小？"

"比连长大一点点，和副营长平级。"

"儿啊！这个官咱不能当了，你看你，都瘦到啥样了？一阵风就可以把你吹走。这次回来，结了婚，就不要再去了，在家好好养养。"

母亲的心思他理解，但他怎么能不回部队去呢？说着说着，还是说到找对象上来，李延年揣着学校给妇联的介绍信，可父母亲还是老脑筋，不请媒婆不放心。那就来个"折中主义"，先请妇联介绍，父母再请媒婆去"检验"，算是"双保险"。县妇联的同志看了学校开的介绍信，"吓"了一跳！又是特等功臣、一级英雄，又是副营级干部，虽然26岁稍大了点，但这个条件，哪个姑娘不喜欢！

"李延年同志，你是想找城里的，还是农村的？"昌黎县妇联的同志问。这是一位穿着列宁装的大嫂。

"我是农村出来的，还是找个农村的合得来。"李延年回答。

对李延年的回答，这位大嫂表示赞许，然后说："别看我穿便衣，我可是（19）39年参加革命工作的，新中国成立后才脱的军装。我对咱们部队有感情，但最看不惯的是有的人本是穷苦农民出身，如今在部队当了干部，就学陈世美，不要农村的媳妇了。像你这样主动要求找农村媳妇的，没有忘本，好！你放心，我们一定给你找一个政治可靠、人品出众、聪明勤劳的对象。你先回会君坨家里去，明天就会有人去找你。"

县妇联的同志说话算话，第二天果然有人上门拜访，是乡里的妇联主任，说是已经给他挑选了一个姑娘：

"刘台庄的，叫齐振凤，属猪（乙亥，1935年）的，19岁，你是属龙的（戊辰，1928年），她小你七岁。姑娘鹅蛋脸，大眼睛，不但人长得俊，而且心灵手巧，有初小文化，知书达理。政治上更可以放心，她一直是我们妇联的积极分子，已经是预备党员，今年年底就可转正。"

李延年一听不错，同意和来的人一起去齐家看一看。李延年的父亲李辑瑞对妇联来的人讲的情况不放心，也委托媒婆去打听。

李延年来到齐家，受到齐家母女的热情接待。齐振凤落落大方，一点没有乡村姑娘见了外人的腼腆，反倒是李延年在姑娘面前显得笨手笨脚，因害羞而脸红。姑娘毫无保留地给他介绍了家里的情况："父亲是织布工人，我三岁时，他被工头打死了，家里没了顶梁柱，妈妈带着我姊妹仨，穷得连吃饭的碗筷都没有。爷爷在分家时，才给我妈分了三个碗、三双筷、一间库房、三亩盐碱地，我们吃糠咽菜也维持不了生活。好在母亲会做裁缝，会编苇席。母亲勤劳的双手，不仅让我们姊妹仨活了下来，还让我们上学读了书。我初小毕业后，就跟着我妈干活……新中国成立后'土改'，我家分到了田地，才过上了好日子。社会关系，我姐嫁给了一个空军干部，现在北京；我叔叔齐建国新中国成立前参加革命，现在石家庄工作。"

听着齐振凤的介绍，李延年心中涌上一种惺惺相惜的滋味：他俩都是苦出身，都是读了初小就干活谋生，话应该是能说到一块去的；都是党员，有共同的理想和政治觉悟；是同乡，生活习惯一样……几乎没怎么费心思索，李延年就在心里决定了："就是她了！"

他看上了齐振凤，齐振凤也看上了他，理由很简单："这人老实，靠得住。"有人问："是否因为他是军官，工资高，才看上他？""瞎掰！"齐振凤说，"当时部队还是供给制，（19）55年才实行工资制。我当时根本没考虑钱的问题，就看上他老实本分。"

两个人互相看上了，可双方家长没看上对方。齐振凤的母亲张玉兰烙饼招待李延年，特意多放了油，饼烙得小而薄，以为他起码应该吃上十来个，结果他才吃了两个就说够了。张玉兰暗暗摇头，等李延年走后问女儿："他这么瘦，还能活吗？"意思很明白：连是否能活都成疑问，何谈嫁给他？先别答应他，把他的身体情况弄清楚再说。李延年实打实地把自己瘦的原因告诉了齐振凤："本来从小就瘦，参军后行军打仗，吃饭没个点，饿个一两天时间不算稀奇，就闹出胃病来了，部队医生说：'胃病三分治七分养，你吃饭没个准时，我也没啥好办法。'所以，我一米七几的个子，才90斤。"他有胃病，自己还嫁给他吗？齐振凤没有犹豫，说："现在已经停战了，那你就听医生的，把自己的胃好好养养呗！你要不听话，我也要管你。"李延年听了，心里那个舒坦没法说。见女儿铁了心，母亲也就松了口："女大不由娘。现在是新社会，你的婚姻大事，你做主，是福是祸，你自己扛。"

女方没问题了，李延年的父亲李辑瑞却还在犹豫。他请媒婆去刘台庄打听了："齐家是出了名的穷，齐振凤是出了名的'疯'。她识文断字，觉悟高，有主张。搞'土改'，男人不敢出头，她出头；开大会，别人不敢说话，她敢讲，她是工作队的红人、妇联的骨干……"

这是在夸她还是埋汰她？反正李辑瑞听了心里不舒服："要是娶这么个儿媳妇回家，她说不定要当我的家哩！"他要的是一个老实巴交的儿媳妇，没文化最好，一要孝敬公婆，二要会操持家务。到外头出头露面，说出来都不好听！他这般态度，就与儿子发生了冲突，结果他被乡干部批了一顿，他们说他"旧脑筋，老顽固"。他虽然屈服了，但心里那个坎还是没过去。齐振凤不愧是新时代的女子，还没办结婚证就跟李延年来到李家串门，父亲李辑瑞诧异不已，老奶奶却喜欢得合不拢嘴："跟我睡，多住几天。"李辑瑞把家里的磨坊整了整，搭起一个炕，准备给他们当新房。但是，他俩商量，要到部队去结婚，办新式婚礼，李辑瑞不乐意，但也无可奈何了。

李延年、齐振凤是在辽宁省新立屯解放军第三十四文化速成中学结的婚。齐振凤回忆说："他一个班的战友给我们送了两个脸盆、两个竹壳子暖水壶，我们买了一堆糖果，大家一起乐和乐和，就算把婚结了。"他们被逼着谈恋爱经过，李延年开玩笑说："回老家探亲，在路上看到她一个人在伤心，一问才知道，是她妈把她扔了，没人要了，我就把她捡回来了。"齐振凤立即反唇相讥："你好意思说哩！在路上，我看见一个人被风吹倒在地上，赶紧去扶他，一看，怎么还是个解放军呢？我一问，他说：'我有胃病，瘦得才90多斤，所以风一吹就倒了。'我一听，那咋行啊！咱得拥军啊，把他扶回家给他弄吃的，结果被他赖上了。"小两口的幽默把大家逗得哈哈大笑。也许是这场婚礼给他们夫妻生活的旋律定了调，两口子斗了一辈子嘴，别人以为是夫妻闹矛盾。错了，其实他俩恩爱了一辈子，爱得平平淡淡，"死去活来"。

就因不表态，离开野战军

他们结婚不久，李延年被分配回老部队，先后在三个营任副教导员、教导员。1958年，他被选调到中国人民解放军政治学院学习。妻子齐振凤半年前到北京玻璃厂当了工人。自结婚以来，这对牛郎织女有了三年宝贵的团聚时间。

齐振凤到北京与李延年毫无关系。1958年春天，北京玻璃厂招工，要求工人有初小以上文化，经亲戚介绍，齐振凤被录用。按照军队干部家属随军条件，因李延年结婚前就是营级干部，齐振凤本可立即随军，但出于种种原因，她在昌黎县会君坨李延年老家的那间磨坊里住了四年，一直当农民，直到被北京玻璃厂录用才离开。

一晃三年时间过去了，李延年从政治学院毕业，被任命为第一四〇师第四二〇团政治处副主任，齐振凤又面临一个重大选择：是留在北京工作，还是跟随李延年到部队驻地湖南耒阳？当时，齐振凤被送到团校学习，厂里把她当干部来培养。她姐姐、姐夫在空军机关，一个堂哥在铁道部工作，他们都劝她留在北京。理由很现实："出京容易进京难，北京户口多宝贵啊！你可得考虑清楚。"可李延年说："我们要听毛主席的话，不要留恋大城市。"齐振凤想来想去，还是决定跟李延年走。他太需要有个人在身边照顾了，他的胃病没有好。1956年当教导员的时候，他又得了黄疸型肝炎，差点死了，离职休息了八个月才重新履职。北京户口固然宝贵，但没有什么比人更宝贵。就这么着，齐振凤随军了。她回忆说：

随军后，我就失业了。在耒阳住的那个地方离城里很远，是农村，根本没办法安排工作，买个菜也要走二三十里，没车，买了菜走回来，菜叶子都蔫了，后来家属们就自己种菜。说是随军了，但其实夫妻大多数时间都不在一起。他们开始是在外地搞国防施工，后来又到洞庭湖去搞农副业生产。那时，他已经是团的副政委了。我去洞庭湖看过他一次，进湖区后，没有车了，下着雨，一脚下去陷好深，鞋陷在泥里头，拔不出来。我抱着老三，走了半天才到他的住处。房是茅草房，墙也是茅草墙，隔壁左右动静都听得见。勉强住了一周，我就回耒阳了。他不在，我一人带三个孩子。有次，我因病住院了，两个大的在幼儿园，一个小的交给一个老太婆帮我带。结果没几天，九连指导员的家属跑到医院告诉我说："你给老太婆的奶粉、糖等好东西，都被她自己吃了，小孩已经饿得站不起来了。"这还得了，我没等病好就跑回来，去一看，真像她说的，两岁多、已经会走了的孩子真的站不起来了。我赶紧把孩子接回来，他爬到米缸边，抓起生大米就往嘴里塞，真是饿坏了。后来，有人说这个老太婆是地主婆，吃孩子的奶粉是搞阶级报复，我要去告她。李延年却说："算了！她就是饿疯了，把奶粉吃了，你告她，她就得坐牢，你就是把她杀了，奶粉也回不来了！"你看他这人，孩子受了虐待，他还不让我告。那时，干部从洞庭湖农场回来，都会带点农产品。看有人回家带回不少好东西，鸡、鸭、鱼、蛋等，而李延年带得很少，我问他咋回事，他说："这是我应得的一份，就这么多。"孩子小，看邻家的小朋友有好吃的，哭着要，他就说："我要教你们自己动手，改善生活。"晚上，他提着个鱼篓子，打着手电筒，带着孩子去抓田鸡，钓黄鳝。第二天把菜端上饭桌，他对孩子说："怎么样？自己的劳动成果是不是吃着更香呀？"

虽然李延年是特等功臣、一级英雄，但他的职务晋升并不比同期入伍者快。副营从1951年11月到1957年3月，干了五年零四个月；正营从1957年3月至1964年2月，干了七年差一个月；副团（团政治处主任、副政委）干到快满六年时，他遇到了一个"坎"。

　　时值"文化大革命"期间，第四十七军负责湖南省的"支左"工作。军长黎原遵照毛主席和周总理的指示，与省委原书记华国锋（非"一把手"，上有第一书记张平化）一起，大胆解放老干部，团结广大群众，成立了以黎原为主任的省革命委员会（"文化大革命"时的政权名称），受到周总理的赞扬，却得罪了林彪、"四人帮"。当时，广州军区一个首长秉承他们的旨意，作了个所谓的"三二指示"，给第四十七军加了两条罪名："不听招呼""派性迷心"，并派人在军里成立了一个五人领导小组，代替了军党委。虽因周总理力保，黎原仍担任省革委会主任，军长的职务也还在，但他军长的权力被剥夺了。五人领导小组在军里大办学习班，非法关押了一批不愿揭批黎原的干部，要求团以上干部必须表态站队，打的旗号冠冕堂皇，但实质是看你是否听军区这个首长的。李延年的旗帜很鲜明："我拥护毛主席，听毛主席的。"这显然暗含着他对五人小组的不满。于是，他被叫到广州去参加学习班，他们就是要他思想转弯，与黎原划清界限，学习班上不少"顽固分子"被赶出了部队，李延年也被"单个教练"。办学习班的人软硬兼施，先来软的："李延年同志，你是大英雄，又经过政治学院三年正规培训，但从战场下来以后，你的职务晋升不快，组织上正考虑提拔你当团政委，希望你不要让组织失望。"一看李延年没有反应，他们又来硬的："告诉你，军区某某首长的'三二指示'是有来头的，是根据林副主席和江青同志的意见作出的。执行不执行，不仅是对军区的态度问题，而且是对林副主席和江青同志的态度问题。"可李延年到头来还是那两句话："我拥护毛主席，听毛主席的。"有人气得拍了桌子，说："这个人怎么死脑筋呢？"有人说："他要不死脑筋，怎么会进步这么慢呢？"最后，把他的情况反映到军的五人领导小组，他们觉得这样的人是不能再放在野战军了。军里一个副政委暗中保他，说："那就让他去生产建设兵团吧。"因为原来军党委拟提拔他为团政委，念他是战斗英雄，给了他一个面子。1969年4月，他到广州军区生产建设兵团第七师第十四团任政委（正式命令1970年1月才下）。

"你不能去！应该留下，打仗用得着。"在长沙，军长黎原见到了准备去生产建设兵团的李延年，诚恳地说。但他说的不算了，人家已经随时准备打倒他。李延年说："军长！他们这样做没啥了不起，无非是让我离开部队去搞生产呗。我打仗都不怕，还怕去兵团吗？"

第十四章

祖国大陆最南端，来了个好政委

祖国大陆的最南端是雷州半岛，雷州半岛的最南端是徐闻县，徐闻县的最南端是红星农场。

"文化大革命"期间，红星农场有五年多时间为广州军区生产建设兵团第七师第十四团，团政委是李延年。

徐闻县东、西、南三面临海，东与东北靠南海，西邻北部湾，南到琼州海峡，虽然新石器时代晚期就有人居住，在西汉元鼎六年（公元前111）就已设县，境内讨网港为海上丝绸之路的出发港口之一，但历史上一直被视为蛮荒之地。

蛮荒之地是土匪啸聚的好去处。民国时期，声名狼藉的"雷州土匪"在徐闻县横行达16年之久（1917—1933），可怜全县近2万百姓被杀害，880多个村庄被烧毁。

徐闻县闻名全国是在新中国成立后。两大新闻，一武一文：

第一，它是我军解放海南岛的出发地。1949年冬，我四野第四十、第四十三军就是从徐闻县登船渡海解放海南岛的。

第二，它是我国橡胶种植业的发祥地之一。1952年，国家成立了华南农垦局，由部队改编的林业一师和林业二师分别开赴海南岛和徐闻县，大规模垦荒种植橡胶成功，创造了橡胶种植史上的奇迹，从而打破了帝国主义的封锁。

橡胶是重要的战略物资。简单地说，上至飞机、大炮、军舰、原子弹、宇宙飞船，下至汽车、机械、桥梁、电力设备，乃至日常生活用品，都离不开橡胶。

生产橡胶的原料是胶汁，由巴西的三叶橡胶树分泌。据国际权威论断，橡胶树只能生长在北纬17度以南。而我国不要说大陆，即使是海南省的三亚市也在北纬18度以北，而在17度以南的南海诸岛无法从事种植业，所以橡胶只能靠进口。然而，此路也不通！美国发令了："一克橡胶也不准进入中国。"帝国主义者未曾想到，不信邪的中国人依靠科学技术，硬是突破了橡胶生长的北纬17度线，在海南岛、雷州半岛的徐闻县、西双版纳傣族自治州等地成功栽种橡胶树，生产出橡胶，把橡胶生长线推进到北纬18度以北，最高达到北纬24度。徐闻县的橡胶林是林业二师的前辈栽种、繁育成功的，属华南垦殖局高雷分局徐闻垦殖所。1969年，其改为广州军区生产建设兵团第七师。李延年要去的第十四团在徐闻县最南端，是由0110、0111、0123三个垦殖场合并而成的，有土地7万余亩，职工家属4000余人。

从北纬38度线到18度线

李延年当英雄是在朝鲜的北纬38度线，到徐闻县的兵团第十四团是在北纬18度线。纬度降低了20度，时间过去了18年。

他知道自己是来干什么的。"文化大革命"期间，一切口号、说辞无不"高大上"，他没有本事"反潮流"，但心里有个底，那就是橡胶生产量一定要上去，否则就是犯罪。那时，党的九大已经召开了，毛主席指示："要准备打仗。"因为现代武器都离不开橡胶，从这个意义上说，没有橡胶就打不了仗。唱高调易，产橡胶难。李延年过去从未见过橡胶树，更不知道橡胶是怎么生产出来的。看到这个新来的政委与青年们打了一场篮球，老场长说了一句话："这个政委球打得不错。"弦外之音嘛，自个儿猜去。

李延年也知道自己抓生产还不行，所以下车伊始，他就开始调查研究。他差不多天天都在基层转，在职工家里走访。一番功课做下来，他慢慢理清了工作思路：与打仗一样，把人的积极性调动起来了，就不愁打不了胜仗。那么，他面对的是些什么人呢？主要有四个部分：

一部分是老垦殖人，原是林业二师第五团的官兵，1958年集体转业留在了这里。他们是垦荒的元老、橡胶园的奠基人，功莫大焉。可当年的团、营干部（场、分场领导）大多在"文化大革命"中遭到批斗，靠边站了。同时，他们对垦殖场被改编为生产建设兵团意见很大，私下发牢骚："地是老子开，树是老子栽，派儿子（指年轻的现役军人）来管老子（指老转业军人），凭啥？"据李延年了解，1952年林业二师开到雷州半岛时，团、营干部大多是抗日战争时期入伍的，资格都比自己老。李延年把他们当前辈来尊重，与他们一个一个地交流谈心，并很快给他们安排了工作。

一部分是归国华侨，来自马来西亚和印度尼西亚。他们虽然背景比较复杂，但都爱国，往往都掌握一门实用技术，如懂橡胶树栽培，会开汽车、拖拉机等。对他们，李延年觉得应该充分信任，让他们当技术骨干。

一部分是下乡知识青年，大多是响应毛主席的号召从广州市来的。他们满腔热情，但比较幼稚。

一部分是农工，最老的是当年与林业二师官兵一起开垦的民工，也有后来招进来的民工，他们能吃苦，是从事生产的主力军之一，但文化普遍偏低，不少人是文盲。

他在研究大家，大家也在揣摩他。

亮相大批判会，石破天惊

这是一场在"文化大革命"中由"造反派"组织的大批判会。烈日下，站着一排"地（主）、富（农）、反（革命分子）、坏（分子）、右（派分子）"，一个个都戴着"高帽子"，胸前挂着一块牌子，上面写着各自的头衔和姓名，如"右派分子×××"等。批判者指着被批判者大声数落其"罪状"，如有不服，即拳脚相加。更加荒唐的是，被批斗者的子女也被抓来，跟在父亲（或母亲）后面陪斗。在"文化大革命"中，很多人对这种阶级斗争方式已经司空见惯了。可这次会上发生的事让大家目瞪口呆。

大批判会正开得起劲，政委李延年黑着脸来了。"造反派"以为他是来支持他们的，赶忙迎上去汇报，李延年却把手一挥，说："我有话要说！"只见他一脸严肃，径自走上台去，对正在作批判发言的人说："你先下去。"接着，他走近被拉来陪斗的孩子们，想去拉一个孩子的手，孩子却被吓得慌忙往后退，惊恐地看着他。李延年穿着军衣，当兵几十年，走南闯北，哪有小孩子怕解放军的？他心里特别难受，心想：像这样子搞阶级斗争，难道是要把他们的小孩都斗得怕解放军吗？难道是要给下一代都埋下仇恨的种子吗？于是，他大声说："让孩子们都回家去！""造反派"一下子蒙了，孩子们一下子也没弄明白。他又重复："解放军让小孩子都回家去！"边说边把小孩往下赶。孩子们终于明白，这个叫"李政委"的解放军是好人，"哗啦"飞奔而去。

孩子们走了，组织大批判会的"造反派"和与会群众还有点发懵，这个政委咋不一样啊？曾有军队来"支左"，抓阶级斗争，"左"

得要命。他们眼下看到的是真实的，还是幻觉？只听李延年对着台下说："拉小孩来陪斗，简直是胡来！就算他的老子是反革命，小孩也没有罪呀！我还听说，'五类分子'（即地、富、反、坏、右）的孩子，都不让上学。这是毛主席的政策吗？不是的！党的政策是有成分论，但不唯成分论，出身不由己，道路靠选择。从明天起，让这些孩子都去上学，学校不准拒绝。"他接着问："学校的校长来了没有？"校长举手说："来了。"李延年说："明天，让这些孩子都上学。落没落实，我要检查。"

底下这才反应过来，这个政委是来解放孩子的，有人鼓掌，但一看没有人跟着鼓，不好意思，就停了。他们不知道，李延年还要讲更"出格"的话。他指了指站成一排的斗争对象，说："我看他们很多人才三四十岁，今年是新中国成立20周年，新中国成立时他们不过一二十岁，是地、富的儿子，而不是地、富分子，没有剥削农民。你把儿子当老子来斗，不合适……"于是，戴在这些人头上的"高帽子"和挂在他们胸前的牌子被摘了下来，他们走下台去。李延年接着宣布："农场既然改为兵团第七师第十四团，就得按军队的规矩来，团党委是全团的领导核心。过去的队变为连，党支部就是全连的领导核心。不经过党委、党支部同意，任何人不得进行非组织活动。"这就等于勒令"造反派"解散组织，停止活动。

这一下，如石破天惊，全团都像烧开的水，沸腾起来。有人叫好，说"看到了希望"；有人则担心，说"这行吗？我看危险"；有人反对，说"这是反对阶级斗争，是与'文化大革命'唱反调"，扬言要上告。

老实说，当时，李延年不可能从理论上认清"文化大革命"的错误，也不敢故意与谁唱"对台戏"。他这样做，凭的是他对党的忠诚和在革命实践中积累的经验。东北搞"土改"一开始比较"左"，但那时也没有让小孩子陪斗，也没给未成年人戴地主帽子。当年儿子不要陪斗，如今孙子要陪斗，邪门了！现在挨斗的那些人是地、富的儿子辈，"土改"时还是孩子，长大进垦殖场后，与其他民工一样开荒种胶，一样拿工资，你还把他们当地、富分子斗，难道想激怒他们与我们世代为敌吗？毛主席讲要团结一切可以团结的力量，团结的人越多越好，你唯我独"左"，到处树敌，不符合毛主席的教导。他想的就这么简单，看似没理论，实际都在理。

"刘南祥同志在家吗？"李延年敲开了这位马来西亚归国华侨的门。刘南祥听到有人称他"同志"，一股热血涌上心头。他曾是马共党员，因受当局迫害而归国。他在橡胶园工作过，懂橡胶种植，回国时他与同伴悄悄带回了橡胶种子。正好我国要在海南岛和雷州半岛种植橡胶，他便被安置在徐闻垦殖所。在他浑身是劲地为我国橡胶生产贡献力量的时候，"文化大革命"把他"逮"住了："你参加马共是真是假？马共党员不少被杀了，你没有被杀是不是因为当了叛徒？你与国外还有不少联系，收到过外国寄来的包裹，与你联系的人都是什么人？你回国是不是受敌特派遣？你给国外提供了多少情报……"一连串的问题让他应付不暇，他们反反复复地追问，他没完没了地交代，三番五次地挨斗。许多问题需要外调，而当时中马尚未建交（1974年5月31日才建交），怎么外调？与他一起归国的就有几个马共党员，照说他们可以互相证明，但他们统统都被当成了"敌特"。李延年与刘南祥谈了很久，最后说："社会关系、历史问题先放在那儿，该弄清楚的到时候自然会清楚，但在政治上、生活上、工作上，决不能歧视。团里准备成立一个橡胶生产技术指导组，指定你为负责人之一。听说和你一起回国的另几个马共党员也懂橡胶种植，我委托你把他们和所有真正懂技术的人都找出来，参加指导组，为团里出谋划策，进行技术把关。"刘南祥激动得说话都有点结巴了，表态说："我一定尽力！一定尽力！"

技术指导组成立起来，刘南祥与赖士安、刘道雄、林清水、刘竹满五位马共党员是核心成员。第十四团的橡胶产量过去一直靠后，两年后排在全师第二名，原因是综合性的，但技术指导组功不可没。这是后话。

李延年是一个完全不懂橡胶生产的外行，到第十四团来之所以能很快站住脚，关键是靠正确掌握政策，团结了所有的人，尤其是抓住了两部分人：一是原林业二师的"老垦殖"，二是如刘南祥等各类技术骨干。

对"老垦殖"中靠边站的领导干部，李延年将他们全部"解放"，级别待遇，一律照旧，但对其工作岗位作了适度调整。对资格老但没文化的，就给他们配一个有文化的年轻人当助手。比如，原农场主要负责人李恒良是林业二师的老干部，在战争中多次负伤，有一块弹片从他的耳根后打进，从口里出来，他口腔、舌头受伤后，说话就说不清楚了。他革命有功，垦荒有功，在群众中有威信，李延年让一位知识青年给他当助手。这样"老少配"后，工作如鱼得水。

割掉的"资本主义尾巴"又长上去了

"文化大革命"对橡胶生产的冲击，影响到了国防军工和国计民生，这是国务院和中央军委将种植橡胶树的广东农垦改为兵团的主要原因。李延年到第十四团，是带着"死命令"来的，必须保证完成橡胶生产任务。但当时的生产、生活条件，与生产任务很不匹配。

衣、食、住、行，先说住。大多数干部职工还住在茅草房里。茅草时间长了会腐烂，雨天房顶就漏水，有时会突然掉下一条蛇来，门口的地上会不时爬来蜈蚣、蝎子和叫不出名的毒虫，把北方人和城里来的知青吓得大声惊叫。李延年刚来的时候，就有一个小伙子来告状，说另一个小伙子耍流氓，抱了他的妻子。怎么回事呢？因为没有房子，两人的妻子临时来探亲，两对夫妻就睡在一间房子的一个通铺上，半夜三更，都睡得迷迷糊糊，其中一个小伙子翻身时，一只胳膊搭在了别人妻子的身上。"就这吗？""就这。""这你就别太当真了。""反正他占了我便宜。"李延年摇了摇头，指示马上把一间房隔成两个小间，让他们分开来住。对此，他心里感到非常惭愧。在洞庭湖搞生产的时候，部队也是住茅草房，家属来队也是很难安排，但起码也得用芦苇壁隔成单间，这里条件比洞庭湖好，怎么能这样呢？

再说行。全团（场）近20个连（生产队），相距团部（场部）最远的有20多公里，却连一条柏油路或水泥路都没有，晴天是"扬灰路"，下雨是"水泥路"。雨后道路半干不干时，如果骑自行车出门，得带一根棍子，干啥呢？随时准备捅粘在车轮内外的泥巴，骑一段路就得停下来捅一次，否则泥巴就会卡死车轮。

说罢住、行，再说衣、食。那时，吃粮要粮票，穿衣要布票。在穿衣上，虽然不大宽裕，但缝缝补补也能应付过去。而在吃的方面，虽然国家给农场职工每月40斤粮票，仅次于军队战士的45斤，按当时的标准不算少了，但大人、小孩几乎人人都瘦得皮包骨头。什么原因呢？基本全靠票证的供应过日子，而没有票证以外的供应。李延年非常清楚，在当时的条件下，指望国家再给你提高供应标准是不现实的，即使把粮食标准提高到与军队一样，光靠国家供应，也还是吃不饱肚子的。军队解决的办法是贯彻毛主席的"五七指示"，团以上都办农场，生产粮食和其他副食品，各连都养猪、种菜。没想到，垦殖场有不少空地，却只搞单一的橡胶生产，为啥就不能搞点副业生产呢？房前屋后的地方，为啥不能让职工种点菜，养点鸡、鸭、鹅呢？民以食为天。不让职工吃饱肚子，他们哪有力气来搞建设，夺高产？对李延年提出的这个问题，原来的老领导苦恼地一笑，说："你在军队，不知道地方的情况，一点副业都被当作

'资本主义尾巴'割掉了。政治帽子压下来，谁也挡不住。"

这确实是个难题。"文化大革命"开始后，好多地方的农村都不让农民养鸡了，何况国营垦殖场？不搞农副业生产，职工就挨饿，没有劲搞生产；而要搞，就会被指责为"走资本主义道路"。在"文化大革命"中，这可是一个要命的罪名。李延年琢磨了好几天，终于想出了一个"瞒天过海"的主意，他说："我们团是搞橡胶生产的，上级下达的生产任务是必须完成的死任务，也是我们最大的政治任务。我问了内行，橡胶树和庄稼一样，是要上肥的，要多产橡胶，就得科学施肥。不能上化肥，上化肥就会光长叶子不产胶，必须要上农家肥、有机肥。农家肥怎么来？可以用树叶杂草沤出来，但这样沤出来的肥肥力不够，最好的是人和动物的粪便。一个人一天拉一次屎，我们7000多亩的橡胶林，光靠人的粪尿哪够？一头猪拉的抵你多少人呀！所以，我们必须要养猪、养家禽。每个连都得办一个养猪场，必须完成积肥指标。从我开始，每个干部职工都要有积肥任务，必须完成。为完成国家下达的橡胶生产任务而积肥，是光荣的政治任务。"

他先在党委会上统一思想，再全团动员。有人一听就明白了，也有人还犯糊涂："我怎么能完成积肥指标？"别人告诉他："你没看见政委家都养鸡了吗？"

回忆这段往事时，李延年说："这不符合我喜欢直来直去的做事作风。但当时真是非常无奈，我不能公开讲放开养鸡、种菜，只能打为橡胶树积肥的旗号，算是打了一个擦边球。其实，积肥只是一个方面，更主要的是要改善干部职工的生活，让他们吃饱肚子，增强体质。我是现役军人，按当时的规矩，每月多拿一斤肉，粮票也比地方机关干部（26斤）多几斤，但家里三个孩子一样饿得皮包骨。有一次，家里买了一个猪肚，因我不在家，老婆就用一个防蝇罩罩着，放在吃饭的桌子上，想等我回来后再烧了吃。因为厨房的门不严实，也没上锁，一只狗溜进来，把猪肚叼走了。等着解馋的三个小孩见就要到嘴的美味跑了，失落得大哭起来，我老婆也忍不住哭了。值得为一个猪肚哭吗？要知道，那时只有逢年过节才能吃上一点肉。我身为团政委，当时行政14级（后调为13级），级别也不算低了，家里生活还这个样子，以己推人，知道其他干部职工的日子肯定比我更难。作为政委、党委书记，我就像在部队带兵一样，有责任让他们吃饱饭，改善他们的生活，这样才能带领他们完成国家交给的任务。"

当时也有人提醒李延年："这样搞有可能犯错误，有的人就会上纲上线，才不管其他哩！"李延年说："你们大胆去做，有事我来扛。"有人指责他让割掉的"资本主义尾巴"又长上去了，逼着职工养鸡、养鸭。对此，李延年一肩扛了下来，反问道："橡胶树要农家肥，不养家畜家禽，农家肥从哪里来？没有农家肥，橡胶产量低，完不成国家任务，你负得了责吗？"

理是这个理，但那是一个不讲理的年代。不久，七连押了一个"现行反革命"到团里来。他是一名知青，早晨起来，见自己养的一只公鸡第一次打鸣，冠子红红的，挺神气，便对人说："我这只公鸡红冠满面，神采奕奕。"结果他被人检举为"攻击伟大领袖"，因为当时只要毛主席公开露面，媒体报道必用"红光满面，神采奕奕"的套话，尽管他辩解说"我说的是红冠满面"，仍然"罪责难逃"。团长（场长）见此，对李延年说："反革命案件，还是政委亲自审为好。"李延年仔细听了他的申述，并到七连开座谈会了解情况，发现这个人出身于工人家庭，一直表现很好，就是爱卖弄学识，结果被人抓住了辫子。但问题超出了"案件"本身，有人说："这都是允许养鸡惹的祸，不割'资本主义尾巴'，必然要出'反革命'。"显然，有人就是想通过这个"案件"，给允许养鸡、种菜的做法扣上"复辟资本主义"的帽子。究竟怎么处理这个"案件"？李延年十分为难。按当时"左"的一套来处理，其实很简单，人交公安，鸡鸭宰光。但这样不仅会毁了一个年轻人，而且会毁了刚刚才开创的新局面。

经过领导班子反复讨论，最后作出了一个带折中性质的决定：一是暂不将七连押送来的这个知青送县公安局，在连里批斗后解除关押；二是限制各家养鸡的数量，不得超过十只。

如此这般，虽然对养鸡采取了限制措施，但发展农副业生产的方向坚持下来了。各连队都建起了养猪场，养数十头猪。猪多就肉多，职工生活改善了；猪多就肥多，橡胶树产胶量就提高了。据当年的老职工杨国华等人回忆，连队一般一周杀一头猪，给每家分肉。另外，还种了水稻，可以给食堂补贴一点粮食；水库里养了鱼，过年过节可以给大家分一点；各家各户都养了十只鸡，还利用房前屋后和田边地头种了点菜。职工生活明显得到了改善，大家身上有肉了，脸上有油了。

"艰苦奋斗是为了啥"

前面说到，李延年来的时候，很多职工，还有下乡知识青年都住着茅草房。听说从广州来的女孩子被房顶上掉下来的蛇吓得哭了，李延年就想到自己的女儿被房子里满地爬的蜈蚣吓得哭的情景，心里很不是滋味。然而，有人认为这条件已经比初创时期好多了，城里来的人就是娇气，对他们不能宠着惯着，要教育他们艰苦奋斗。这话似乎不错，但李延年听了总感到不对劲。固然，垦殖场的今天是先辈们艰苦奋斗开垦出来的，他们吃的苦是后人难以想象的，我们应该永远记住他们的功勋，发扬艰苦奋斗的精神，但先辈们当年艰苦奋斗，是为了把荒原变成橡胶林，为国家提供橡胶，以打破帝国主义的封锁，而不是为了吃苦。今天，我们仍然要艰苦奋斗，是为了啥？为了给国家生产更多更好的橡胶，而不是为了艰苦而艰苦。

如果安于艰苦的现状，那就不叫艰苦奋斗，而是不思进取。艰苦奋斗光荣，光荣在奋斗上，而不在艰苦上。

艰苦奋斗的光荣传统很多人都在讲，但李延年讲的与众不同。在团党委会上统一思想后，李延年提议在全团抽调能工巧匠，成立建筑专业队，专事建房和兴修水利等工程建设。据归侨劳永福讲，在专业队成立后，李延年下了"死命令"："要保证一年内让所有知青住上砖瓦房，通上电，装电灯。然后，让全团还住草房的职工全都住上砖瓦房。"在上级的支持和团党委的重点保障下，这个目标提前实现了。这些房子大多数至今还在，房子主人带笔者参观了几户，房子虽然谈不上高大宽敞，但非常实用，堂屋、卧室、厨房、厕所一应俱全，在那个年代算是很先进的了。职工黄彪在老房子里摆上一些当年的生活用具，挂上一些当年的老照片和宣传画后，老房子变成了可以接待游客的民宿。2019年12月底，笔者借他的这块宝地进行了半天座谈采访，坐在门前庭院的花架下，远处是一片绿色的原野，身边是盛开的红色三角梅，还有挂满果实的木瓜树、芒果树，吃着刚从田里砍下来的菠萝，聊着当年的往事，真是别有一番风味。

在房子里参观时，笔者问："你这房子当年就有自来水吗？生活用水是从哪里来的？"

这一问引出了李延年与水的故事。在他来之前，这里与广大农村一样，职工吃的都是塘里的自然积水，因此患肠道传染病的人不少，如细菌性痢疾、阿米巴痢疾等。李延年来后一看，说："过去这样是不得已，长此以往可不行。饮用水不卫生，人的健康就得不到保证，那就一切都谈不上。"于是，他对水进行了专题调研。位于雷州半岛最南端的这片红土地，因地势原因而存不住水，下雨就雨水泛滥，雨停即干涸。原先修了几个小水库，但比较浅，雨大就漫堤，除了冬天，小孩子都在里面游泳、洗澡，水质较差。就这点水，既要供人畜，又要用来浇橡胶林。李延年请教了相关水利专家，提出了水利建设规划：第一步，扩大水库面积，加宽加高堤坝，增加蓄水量，建成人工湖。团部（场部）和每个连（队）都要打一口吃水井，以井水代替塘积水和水库水。第二步，修建水塔，把自来水通到公共场所和住户家中。打井在专业队的指导下进行，李延年也参加，一干就是一整天。井打出来了，经化验，水质非常好，直接饮用没问题。但打水是个大问题，要用辘轳往上绞，南方人，尤其是女同志不会用辘轳，有的人还被摇把打伤过。所以，得尽快搞自来水。困难很多，经费、物资处处都难办。不说别的，自来水管就买不到，得报计划给计委批。城市还顾不过来，他们哪顾得上农场？费尽周折才搞到管子，终于修起了水塔，让职工用上了自来水……笔者在采访时，见到 40 多年前李延年领导修建的水塔，至今仍然还在发挥作用，不过其功能已经改为灌溉菠萝园。

安居乐业，安居才能乐业。现在这句话谁都会讲，但在"文化大革命"中，这句话是犯忌的，弄不好是会挨批的。当时非常时髦的一句口号叫"先生产，后生活"。李延年觉得这个口号太片面，但为了把事办成，也不得不打着生产的旗号来解决生活问题。养鸡、养猪打的是为橡胶树积农家肥的旗号，修路打的也是橡胶生产的旗号。为及时把橡胶液收起来，把橡胶片运出去，非修好场区公路不可。弄不来水泥、柏油，但可以打石子、铺砂子，李延年带着大家修了一条进场的砂石路，虽不如柏油路，但可全天候通汽车了，骑自行车当然也不用再带一根棍子了。

2019 年 9 月 17 日，看了中央电视台《新闻联播》播出的李延年等人荣获"共和国勋章"的新闻后，广东省红星农场的老职工们通过电话、短信和微信互相转告："当年在我们这里当政委的那个李延年还活着，习主席给他授勋章，这也是我们的光荣。"没几天，场友会（类似于校友会）经过沟通，与农场党委协商，拟在农场为李延年塑一尊铜像，并且建一个李延年纪念馆，以激励后人。

第十五章

场友会为什么要给他立铜像

对一个人的真实评价，当面说的不算，背后说的算；对一个领导干部的评价，其在位时说的不算，离职后说的才算。

　　李延年离开广东省红星农场（兵团第七师第十四团）46年了，在得知他荣膺"共和国勋章"后，农场党委书记欧阳帅、场长周康平等一行数人代表新老职工，专程赶到广西军区南宁第三干休所来看望他，告诉他拟在农场为他塑铜像，并建纪念馆，以铭记历史，启迪未来。他坚决反对，但"反对无效"。那天是9月24日，他正在做赴京准备。

　　他与红星农场已没有任何利害关系，为什么大家对他还如此敬爱？

　　印尼归侨劳永福说："老实说，毛主席培养的干部就是不一样。他离开农场这么多年了，大家还众口一词地说他好，没有人说三道四的，这真不简单。"

　　自称"兵团子弟"的黄彪，穿着自制的黄色半袖衬衣和短裤，戴着当年的军帽。被问到为啥这副打扮，他说："我没有当上解放军，但在兵团是李延年的兵。当时有一个武装连，他带着我们搞训练，非常严格……我这般打扮，就是为了怀念那段时光。"笔者又问："你平时也这样穿吗？"他答："在场里都这样。"

　　今日何日？今夕何夕？红星农场与当年的兵团已形同霄壤，遍地的橡胶林不见了（只留下一小片作纪念），取而代之的是成片的红土金菠（属世界名果"愚公楼菠萝"的地理标志产品保护范围），被誉为"菠萝王国"。但是，只要踏上这片土地，李延年的影子就挥之不去。黄彪说："并非谁有意要记住他，但很怪，在场里随便放眼一看，你就会睹物思人，想起他。看到远处那个水塔了吗？那是当年他拍板修建的……场里也有意保留了一些他留下的'文化遗产'。比如，起床要放起床号，熄灯要放熄灯号，上班、下班、中间休息，也都听军号。这是当年兵团的规矩，我们一直保留下来。"的确，笔者在农场采访时，作息时间是按军号声来的，仿佛置身于军营。

在采访中，笔者几乎每到一个地方，干部、职工都会跟笔者讲李延年在此地的故事。比如，见到篮球场，就会告诉你："农场的第一个灯光球场是李延年指示建起来的。"再如，看到固定电话机，就会告诉你："农场的第一个电话网和总机班，是李延年要求建起来的。此前只有场部有一部电话，各生产队都没有。"在人工湖旁，有人就说："你看到了吗？这个湖是分两次扩建而成的，痕迹很明显。大堤是李延年当年领着我们加固加高的。"来到一幢已改作仓库的厂房，有人就告诉笔者："这是李延年当年领导兴建的第二橡胶厂，因为橡胶原汁增产了，一个工厂忙不过来了。"

似乎怕笔者记得不全，场友会专门给笔者发来一条微信，原文照录如下：

李延年在广东省红星农场（原广州军区生产建设兵团第七师第十四团）任政委期间（1969 年 4 月至 1974 年 10 月）的部分工作业绩：

1. 建医院门诊大楼；
2. 全团公路加宽、加固，铺矿砂；
3. 全团橡胶梯田工程；
4. 建第二橡胶厂；
5. 连队的砖瓦房建设，全团告别茅草房；
6. 武装民兵连营区和新成立的十九连营区的建设；
7. 全团水塔自来水建设；

8. 场中学的校区建设，成立高中班；

9. 灯光球场和大会议室建设；

10. 新仓库的修建；

11. 十五连的水利建设；

12. 红星桥第一次加固工程；

13. 十八连养猪场的建设；

14. 全团国防有线电话开通，成立总机班；

15. 团大型鱼塘竣工。

（整理：梁伟、黄彪、李宇）

"我是冲着他来的"

刚一见面，老职工林奕雄就掏出一本红塑料皮的《退伍军人证明书》[编号：(73) 粤换退字第 203565 号] 给笔者看。内页正面：

林奕雄同志系广东省潮阳县人，于 1966 年 3 月应征入伍，履行了光荣的兵役义务，现准予退出现役。

此证

中华人民共和国国防部（章）

1970 年 1 月 1 日

内页反面的照片已经模糊不清（林奕雄说是洗衣服时忘记把证件从衣袋里掏出来，证件被水泡坏了），但其他记载还很清晰：

出生年月：1949 年 7 月

部别：6954部队

职务：班长

专业：技术（空）

发证机关 广东省徐闻县人民武装部（章）

1973年8月1日

看了他的退伍证，笔者有一些疑问："你是潮阳人，退伍后应该回原籍，退伍证怎么是徐闻县给你发的？退伍证内页正、反两面的时间怎么不一致？"林奕雄说："我给你看退伍证，就是因为这里有一个改变我命运的故事。"

我是1966年3月入伍的，还差四个月满17岁。在湖南耒阳的第一四〇师第四二〇团通信连当兵。当兵不久，部队就开到洞庭湖搞农副业生产。但通信连因为要保障通信，属技术兵种，所以搞生产的时间不多。我搞的是有线通信，收放电话线，开设总机。我训练成绩突出，架设电话线特别利索，两三下就能爬到电线杆子的顶端，借助竹竿一下就能跳上房，所以当了班长。但我只上过三年小学，文化程度不行，没法提干，当了四年兵。1970年，我退伍回到潮阳县，与一位汕头市的下乡知青结了婚，准备在农村安安分分过日子了。可春节后，广州军区生产建设兵团派人到潮阳招工，改变了我的命运。

生产建设兵团说是部队编制，其实也是搞生产，去当农工与当农民没有根本区别，而且还不如当农民自由，所以我并没有打算报名。来招工的是兵团第七师第十四团的副团长。他穿军衣，在与他聊天时，他无意中说："你可不能看不起兵团，我们第十四团的政委李延年就是一级战斗英雄。"我一听，马上问："你说的是在第四二〇团当过副政委的李延年吗？"他说："是啊！他是1969年调过来的。"于是，我回家与爱人和父母商量："我要去兵团。"家人说："那里的情况你一点不了解，就决定去，是不是太轻率了？"我说："我知道那地方在雷州半岛的最南端，是种橡胶的，很苦，但我是冲着政委这个人去的。我当兵就在他手下，知道他是一个爱护下级和小兵的好干部，到他那里去，不会吃亏。"这么一说，家人都同意了，不论条件好、条件孬，关键要有个好领导。于是，我报名了，希望与爱人一起去，被批准了。就这样，我就从广东的东南沿海到了这里。我退伍证内页正面记载的是退伍时间，反面是到徐闻县后换证的时间，这是时间不一致的原因。

因为我与李延年的职务相差太大，我对他的了解其实是非常有限的，只限在亲眼看到的几件事上，但我相信我的直觉不会错。我入伍不久，"文化大革命"就开始了，湖南的"造反派"很厉害，经常搞武斗，李延年带着部队去制止，要求大家"打不还手，骂不还口"，他总是冲在最前面，对下级和战士们说："你们跟在我后面，他们打骂有我扛着，你们要冷静。"有时他被"造反派"推来操去，甚至被拿枪威胁，他也面不改色，耐心说服教育。他有那么大的功劳，特等功臣、一级英雄，但他从不讲自己的光荣历史，一点没架子，在洞庭湖劳动，插秧、收禾，他都亲自参加，不像有的人，动不动就展示自己打仗留下的伤疤。还有就是，他对战士特别好，有时我们去给他安装电话或检查电话线，他都是客客气气的，亲自给我们倒水，说："你们辛苦了，喝点水再干活。"就从这些事，我认定他是个爱兵如子的首长，是个可以跟随的人。

我来到这里，首先集中学习。他来与新招的职工见面，一下就认出了我。"你不是那个一下跳上房的通信兵吗？"我站起来向他敬礼，报告说："首长，我是第四二〇团通信连班长林奕雄。"他非常高兴，说："想不到我们又在这儿见面了。"我没有告诉他，我是冲着他才来这里的。但他并没有对我搞特殊照顾，我被分到了十一连，不久当了割胶班班长。凌晨2点就去割胶，很辛苦。李延年下连时，也跟我们一起去，还是部队的老作风。突然有一天，李延年通过连长把我叫到团部，给我交代任务："你到桂林去出趟差，去找市革委会生产处的×处长，买一台X光机和两台发电机回来。"我当时还不知道啥叫X光机，一脸迷糊，他说："就是透视机，照肺部用的。"在计划经济时代，这些都是紧缺物资，李延年费了好大劲才弄到。见我有点犹豫，没有答"是"。他说："有啥困难？你说说。"我说："我老婆马上要生孩子了，我不在家，没人照顾。"他说："这个事我早为你考虑到了。你走之前，把老婆送到团医院来，我已经跟院长交代了，由一名女军医来负责。对了！她是团政治处主任的爱人，懂妇产科，交给她，你尽管放心。反正你在家也帮不上忙。"话是这么说，但老婆生娃，老公不在身边总归不好。李政委说："我希望你像在部队一样执行命令，不讲价钱。你知道我为什么非要你现在就去吗？换个人不行吗？你知道我们团现在的医疗条件有多差吗？连个盲肠都割不了。病人得了稍重一点的病，就得跑几百里，到湛江去看，路况这么差，路上就得颠簸个半死。团党委有个想法，一定要把团的医院建好，争取除大病以外，一般的病都能在咱们这里看。这就要有好装备，X光机就是必备的装备之一；同时要有好医生，准备派人去广州的大医院学习……干吗硬要你去？是对你的信任。当兵的遵守纪律，认真负责。X光机，整个广东农垦（当时包括海南省）原来只有一台，我们要买到了，就有了第二台，这很宝贵，不能随便派个人去。另外，帮我们弄到这台机器的人都是军人或当过兵的人。你去了，当兵的见当兵的，办事更方便。"听了他这番话，我什么也不说了。他考虑的是职工看病和健康问题，我不应该提出个人困难。我去桂林，把X光机运回来时，儿子已经出生十来天了，母子都非常健康。老婆告诉我，女军医和两个护士对孩子照顾得很周到，还给她熬鲫鱼汤，炖老母鸡汤，团首长家属送来了奶粉、鸡蛋等营养品。在"文化大革命"的困难时期，这些东西都是不好弄的。我感动得不知说什么好，只有用努力工作来回报。巧合的是，我这个儿子林义忠现在成了他出生的农场医院的院长。

添置X光机只是李延年加强医院建设的第一步，后面他们又买来了不少设备，修起了新的门诊楼。医生在广州的大医院里学习过，能做比较大的手术，如胃病变部位切除、胆结石清除、胰腺炎手术等，我们团的医疗水平在全师名列前茅。医院不仅为本团职工家属服务，还为周围农村和兄弟单位服务，周围上百里的人都来这里看病，在徐闻县这一带，医院的名气很大……

我先在十一连割胶班，后被调到四连当副指导员，顾不了家。当时井都打好了，但自来水系统还没建好。老婆是城里人，不会用辘轳，力气小，水桶绞到半路，摇把打回头，就把人打着了。这怎么行呢？我找到李政委，说："我这个人当不了官，还是让我回十一队割胶吧。"政委摇了摇头，说："看来也只能让你回去了。"

李政委对我，没有任何特殊关照，但我一辈子都服他，学他，为啥？他做什么事都是为人民，没有私心。我是冲着他来的，两口子刚开始才48元工资，很苦，但我从未后悔。他带着我们把苦日子过成了好日子，我们住上了砖瓦房，用上了自来水，生活大改善，体会到了奋斗的幸福。我的两个儿子、一个女儿，在农场都得到了健康成长。现在有孙子、外孙共六个，其中，五个大学生，一个研究生。我经常跟他们讲：我是冲着李延年到这里来的，你们也得学习他的精神。给李延年立铜像，建纪念馆，我也是积极建议者。

零星一件事，镜鉴一辈子

人间事挺奇怪。有的人与你在一起多少年，你却没有什么深刻印象；而有的人与你接触并不多，零星一点事，却让你刻骨铭心一辈子。红星农场场友会的人当年多是毛头小伙，甚至还是孩子，与李延年直接打交道的机会很少，怎么就成了他的"铁杆粉丝"呢？其骨干成员杨国华说："我对李政委的第一印象，是从小学同学讲的一个故事来的。"

当年只有团部（场部）有学校，各连（生产队）的孩子上学都得上团部。十六连离团部有约13公里，学生早出晚归全靠步行。有一天，李政委来十六连检查工作后回去，路上突遇降雨，见放学回来的小孩把书包顶在头上遮雨，李政委让司机停车调头，把孩子们送回去，自己冒雨步行回团部。

"这个故事能让我铭记一辈子，还因为有一个对比。我父亲是团部机务连的，既开汽车，又开拖拉机。那时团里的小车就一台北京吉普，供团首长办公事。李政委的家属、小孩一次也没有坐过，搭便车也不行。我与他的二儿子李忠南是好朋友，问他坐过他爸的车没有，他说：'别说坐，摸都不让摸一下。'他的美德影响了我父子两代人，我父亲和我开车，路遇步行的人，只要有空，就主动给人搭一段。"场友会会长梁伟插话说："我们不仅像他那样做，而且在汽车连把这一做法制度化了。"

黄彪的父亲是个多面手，车、钳、锻、焊，样样拿得起，尤擅电焊。李延年来了之后，成立了技术专业队，其父自然入选。那时缺少劳保用品，有一天，李延年来到黄家，拿来一双翻毛皮鞋和一副墨镜，说："老黄，你搞电焊，用得着这个，皮鞋你穿穿试试，看是否合脚。"其父说："你的东西，我怎么能要呢？"李政委说："本来就应该给电焊工配发劳保用品，但一时没有，我这个你先用着，等买到了再给你配发。"

"这是我第一次近距离接触李政委。父亲在他走后说：'这个领导不一样，能为底下干活的人着想，是个好人。'因为我母亲在场招待所工作，我们几个小家伙放学后常去招待所玩。有时团领导要接待客人，会客室的桌子上会摆一点瓜子和糖果。客人还没来，我们就摸进去偷糖吃，有一次，被李政委逮了个正着，我们吓了个半死。谁知李政委说：'小鬼！拿点就快出去。'我们一下就跑了。我们可以去偷糖吃，但他的孩子绝对不可以……"

说到糖，大家自然联想到周边农村给李延年送蔗糖的事。那年，在抢收水稻的时候，天气预报说要来台风，如果不在台风前收割，眼看到手的稻谷就泡汤了。农民来求援，李延年下了一条命令：全团停工两天，全部出动为农民抢收水稻。稻谷刚抢收完，台风就来了。怕稻子潮湿发霉，他又让团里用鼓风机为农民吹稻谷……农民感激不尽，拿了一些自家生产的蔗糖来感谢李延年。他实在推辞不掉，收下了。"我们都等着看他怎么处理这些糖，结果他全部拿到了幼儿园。"

说到幼儿园和学校的轶事，黄彪突然问："你们还记得那个我们叫她'农村妹'的同学吗？"大家说："怎么能忘了呢？全班就她一个'农村妹'。"于是，他们回忆起了李延年与"农村妹"的故事：

有一天，李延年外出回来，路过一水库堤坝，见一群小学生在堤上挖洞。这怎么行？他走近一问，方知他们在挖子弹头，小学生们争相向他展示自己的收获，最多的已挖到了四颗。李延年告诉他们："这样会破坏堤坝的稳固性，必须马上停止。"他答应到时候给他们讲故事，孩子们才散去。堤坝上的子弹头是兵团武装民兵连打靶留下来的。而这座水库是地方的，有一个管理员常年住在水库边的一间小屋里。李延年觉得管理员没有尽到责任，便去找他。进门一看，眼前的一幕让李延年惊呆了：管理员衣衫褴褛，面黄肌瘦，床上仅有一张破凉席、一床破被子，煮饭的锅里就只有几个红薯。李延年问他："为什么不制止打靶和制止小孩挖子弹头？"他竟哭了起来，说："不是我不制止，是他们不听。堤上挖的洞，我明天得叫老婆、孩子一起来补。要不，我一个月的工分就都被罚光了。"李延年仔细一问才知道，他老婆身体不好，女儿八岁了，还没有上学。李延年让警卫员立即回团部，说："到食堂拿五斤米、一斤面来，记在我账上，另外让武装民兵连连长和小学校长跟你一起来见我。"见到了开饭时间，警卫员建议第二天再来，李延年说："不行，就现在。"警卫员等三人到来后，李延年先把米、面给了管理员，说："这点心意你收下，多了我也拿不出来（他每月只有30多斤粮票）。"然后，他对民兵连连长说："你把堤坝当挡弹墙打靶，会破坏堤坝的坚固性，加上小孩子挖子弹头，破坏更厉害，你明天带民兵连来，修复堤坝，由水库管理员验收合格了，才算完成任务（后来专门建了一个靶场）。"他又对校长说："管理员有个八岁女儿没有上学。明天就让她到我们的学校免费上学，你给安排好。"不用说，他的指示都落实了。

时隔多年，大家都记得那个"农村妹"，却忘记了她的名字。而笔者必须要明确人物的真名实姓，微信朋友圈让这个难题迎刃而解。第二天就有同学给黄彪发微信说：

我们在深圳一高级社区见到了当年的"农村妹"，她叫唐金莲。被问到日子过得还好吗，她指了指一个小女孩，说："这是我外孙女，八岁了。感谢当年兵团的解放军领导，让我到你们学校去读书，让我成了我们村第一个初中毕业生。改革开放后，我到深圳来打工，与一个潮州人结了婚，生了一个女儿，女婿是个军官，转业后在深圳当公务员。现在我与女儿、女婿住在一起，非常幸福。当年帮我的那个解放军领导（19）74年就调走了，我父母生前一直念叨要懂得感恩，说：'没有他和第十四团，就没有我们的今天。'也不知道他过得怎么样……没有机会感谢他，心里很内疚。"我们告诉她："他还在，叫李延年，获得了'共和国勋章'。你也不必内疚，记得他，记得第十四团就行了。"

唠起李延年，大家说个没完。梁伟第一次见到李延年，是在他下连来指导打井时。"我看他穿着军衣，心里很崇拜，就想看看他怎么劳动。原以为他来就是动动嘴，没想到他与大家一起干开了，用辘轳把土绞上来，再把土运走，军衣被汗浸湿了，背上有白色的汗碱。他让我明白了，共产党的干部原来是这样的。后来，我在凌晨2点看到他和大家一起割胶，在水库工地见到他与职工一起抬土，在台风过后见到他与大家一起锯倒下的树木（有人插话：他冒着台风下去检查防台风情况，车子刚从一棵大树前过去，树就倒下了，树枝都砸到车篷上，很危险），在冬天看到他与职工一起为橡胶林烧杂草放烟取暖……我在这里只待了五年时间，与李政委在这里的时间基本重合。这五年是我人生最愉快的时光，虽然条件很艰苦，但他能给人带来希望，带着大家一步一步地去实现目标。我后来在省农垦局工作，一直以他为榜样。"

洪德辉是印尼归侨，祖籍福建，被安置在徐闻垦殖场后一直比较苦恼。李延年去找他了。"他问我：'有什么困难？'我说：'最大的困难是语言不通，他们讲的白话（广州话），我听不懂，而我只会讲桂林普通话，他们也不能完全听懂。语言不通，很多事情都不好办。'他安慰我说：'我是北方人，也不懂白话，慢慢学呗。'我说：'一般同事听不懂，就多比画几次，领导的话听不懂，就不好办。'他说：'这个问题我考虑考虑。'我还反映了生活上的困难，因为是受苏哈托政权迫害后回国的，我仅有的一点家当全被没收了，'净身'至此，困难比别人更多些。他说：'我们一起来想办法解决。'他走后没几天，我们连（生产队）新来一个穿军衣的指导员、党支部书记，叫赵克昌，参加过渡江战役，是湖南人。他来的第二天就找到我，说：'桂林普通话我会说，你有什么事就来找我。听不懂白话不要紧，咱们一起慢慢学。'他看我破衣烂衫的，就送了两件自己的衣服给我。另外，连里也给了我一些救济，帮我度过了最困难的一段日子。后来我才知道，其他连的干部中就没有当兵的，专门给我们连派一个当兵的指导员，其实是为了方便做我们这些归侨的工作。他发现我爱做木工活，就有意培养我发挥这方面的特长。想起归国前，印尼反动派把共产党说成没有人性，我虽然将信将疑，但从没有与共产党打过交道。回来后，我感到共产党的干部都不错，特别是李延年政委和赵克昌指导员，我感动得也想当共产党员了。我申请参加了共青团，明知自己不够入党标准，但也写了入党申请书，就是表明态度。我从农场退休后，在广州做木工，因为技术好，生意很不错，但每年都要回农场住一段时间。忘不了啊！我有不少海外的朋友，他们问：'你说话怎么像共产党？'我说：'我不是共产党员，但我是共产党的人。'他们又问：'你是啥时候变成共产党的人的？'我说：'在最困难的时候碰到一个好领导，他叫李延年。'"

另一位归侨劳永福接着说："我和老洪一样，入党不够格，但自认为是党的人。我们的海外朋友，绝大多数人的日子过得都不如我们好，我就跟他们说：'中共好不好，比一比就知道了。'"

"你要敢打知青的主意，我就敢毙了你"

上章讲到李延年下"死命令"，要求一年内让知青住上砖瓦房的故事。对他的做法，某些人颇有非议："毛主席要知识青年上山下乡，是让他们来吃苦锻炼的，你不能宠着他们。"这种思想很有"市场"。这不，广州知青何康成，从五连被调到团中学当体育老师，深受学生欢迎，可不久他们就要他回了连队，理由是"知青当老师不利于吃苦锻炼"。他回连没几天，连队干部对他说："李政委来电话，要你回去继续当老师。"李延年还专门去五连开了一个座谈会，在会上说："有人说，毛主席要知青上山下乡，就是要他们去吃苦的。我看，这话只讲对了一半，另一半是啥？是要他们与农民一起奋斗，改变艰苦环境，改善生产、生活条件。比如，我们通过搞基建，住上了砖瓦房；通过打井和修水塔，用上了自来水。你不能说住茅草房是艰苦奋斗，住砖瓦房就不是艰苦奋斗；不能说喝脏水是艰苦奋斗，用自来水就不是艰苦奋斗。知识青年上山下乡，当然要向老百姓学习，同时也要帮助群众提高文化水平。毛主席说：'没有文化的军队是愚蠢的军队。'没有文化的群众是啥？不要看到知青到学校去当老师，就说三道四……"李延年在五连住了一夜，次日提前起床到养猪场、菜地和橡胶林看了一遍，便悄悄地走了。

知青的生活是很苦的，但凡是在第十四团待过的知青，没有一个不怀念那段艰苦而愉快的岁月的。40多年过去了，他们大多已在广州或深圳建功立业，但每年都要回农场住几天，会一会当年的老朋友，吃一吃当年的饭，走一走当年的路，唱一唱当年的歌。说起李延年对知青，大家都觉得他像父亲一样对待子女。这里有一个李延年拿起手枪要枪毙人的故事：

团里建起有线电话网，成立了总机班，却为找合格的接线员发愁，因为接线员必须既会讲普通话，又会讲白话，能两者都会的只有广州来的知青。于是，调来几个广州姑娘组成了总机班。政治处有一个干事是跟李延年一起调来的，已经结了婚，却看上了总机班的一个姑娘，欲以提前回城为诱饵，图谋不轨，有事没事，借故纠缠。李延年知道了，把他叫到会议室。黄彪等一帮小孩子见李延年背着手枪进办公室，感到好奇，悄悄趴在窗户上往里看。只见两人没谈几句，李延年大发雷霆，掏出手枪往桌子上"啪"地一拍，大声说："你要敢打知青的主意，我就敢毙了你！"这一下把窗外偷看的小孩都吓坏了。短暂沉默后，李延年说："我这是对你的爱护。现在奸污女知青的案件不少，不枪毙一批就刹不住这种罪行。你要不想被枪毙，马上悬崖勒马！"说到激动处，他又拍了一下桌子。最后，他对干事说："明天你就回家去，把爱人迁过来，让她来监督你！"

黄彪回家跟母亲讲了自己偷看到的故事，说："李政委好厉害呀！发起脾气来要枪毙人。"母亲教育他说："小孩子懂什么？出去不要瞎说。"这个干事遵从李延年的指示把爱人迁来了，第二年，生了一对双胞胎。李延年去祝贺，还送了一份礼物。黄彪说："我讲这个故事，不是要揭谁的短，就是想说明李政委治军很严。先后来我们这里的广州知青有几百人，没有一个被欺侮的。后来，看了有人因强奸知青而被判处死刑的新闻，更觉得他不仅保护了知青，也保护了干部。"

"他对干部严，首先是对自己严，对家人严。"杨国华与李延年的二儿子李忠南是小学同学，他对笔者说："李忠南刚从湖南迁来上幼儿园时，老师都讲白话，他一句听不懂，回家尽哭鼻子。因小学授课用普通话，便让他插班上了小学。可小学老师管理也用白话，李忠南不免懵懂，因年龄小，还受当地孩子的欺负，于是他希望老爸给学校讲讲，让他们必须都讲普通话。李政委教育他说：'到什么山头唱什么歌。你要学会适应环境，不能要求环境适应你。'我比李忠南大，就教他学白话，保护他，我俩就这样成了好朋友。"

说到这里，归侨洪德辉感到有点惭愧。当初他向李延年反映语言不通的困难，李延年专门派去了一个能与他沟通的指导员，而他的孩子遇到同样的困难，他却要求孩子去"适应环境"。第二橡胶厂建起来后，洪德辉与李延年的妻子齐振凤成了工友。齐振凤在北京工作时，每月工资38.5元，到兵团每月工资24元，与刚来的农工一样。洪德辉等小辈开玩笑说："阿姨是工龄越来越长，工资越来越少。要不要跟政委说说呀？"齐振凤一本正经地说："你们可千万别添乱。我随军后因为部队驻地没法安排工作，工龄就断了，所以跟你们一样，等于从零开始。"像李延年这一级领导，又是战斗英雄，给老婆弄个正式工应该不是什么难事，可齐振凤说："违反政策的事，我们绝对不会干。"洪德辉说："李政委就这样，对自己严，对一家人都严，他的孩子与职工的孩子没有两样。"

杨国华接过话茬说："不说别的，只说那时缺燃料，做饭烧柴火，学生放学路上要捡树叶回去。李政委的孩子和我们一起捡，有时一片树叶有几只手抢，李政委的孩子抢不过人家，常常受欺负。刮台风后，被刮断的树枝是各家抢着要的燃料，李家的孩子也和我们一起去拖树枝……"停了一会儿，他总结性地说："不知为什么，一想起这些小事，我就对李政委肃然起敬。想想也是，对一个人的感情，往往是在生活小事中产生的。"

"我再讲一个李政委被师长批评的故事。"黄彪说："有段时间，我父亲被抽调到师部干活，我去他那玩。有一天，见李政委到师部开会来了，我就约好搭李政委的车回团部。那天晚上，海军来慰问，放电影，前面放幻灯片。有组幻灯片的题目叫《一级英雄李延年》，还没放完，突然停了。电影放完后，我老不见李政委上车来，就去找，在一间亮灯的办公室，见师长正在训他：'太不像话了！海军是来慰问我们的，你强行让人家把幻灯片停下来。你以为这是谦虚吗？是霸道！'李延年辩解说：'我就是不想宣扬自己。'气得师长拍桌子说：'你还有理啦！《兵团战士报》登了你的事迹，你敢把报纸都给撕了？'李延年经常跟大家讲光荣传统，但从不讲自己。团里原先都不知道他是英雄，《兵团战士报》登了之后，大家才知道的。"

第十六章 两代战斗英雄的风云际会（上）

1974年6月，广州军区生产建设兵团解散。10月，李延年被安排到边防某师任政治部副主任。出于种种原因，那个年代的军队副职很多，谁管啥，很难分工。李延年说："给不给我分工没关系，我愿到基层去蹲点，搞调查研究，拿第一手资料给党委作参考。"

李延年用两年多的时间把本部所负责的边境线跑了一遍，足迹遍布每一个哨所，甚至每一个哨位。在每个哨所，他都要住上一两天，详细察看地形，与干部、战士谈心。他对哨兵说："你站在这里，就是代表祖国，哨位连着北京，神圣而光荣，你不可小瞧了自己。"

他说："我虽然不是军事指挥员，但也要熟悉地形，要与边防连讨论遇到突发情况时的应对方案。两年多时间，边防线上的地形地貌全印在了我脑子里。"

脱颖而出，李作成被越级提连长

李延年在某团蹲点，一蹲就是一年半。他对全团熟悉到什么程度呢？时任团政治处主任张景臣讲了一件小事：有一天，李延年一行从训练场回来，路过家属区，见一个两岁多的小女孩在玩耍，李延年说："这肯定是张景臣的丫头。"他又对孩子妈说："你就是张景臣的家属吧?"一问,果然不错。然后,他就与她拉起了家常。张景臣听说这件事后感到很惊讶,此前李延年与自己的妻子从未谋面,怎么就能认出来呢? 后来,李延年告诉他说："这一点也不神秘。你是河北滦南县人,你妻子是玉田县人,都是从唐山地区来的,档案里有记载。我听她讲了一句唐山话,而团里再也没有唐山地区的家属,我就认定她是你的妻子,她带的小孩自然是你的孩子。"张景臣听了恍然大悟,感到深受教育："他这实际上是在教我如何做思想政治工作。作为团以下基层政工干部,要记住部下包括籍贯、家庭成员在内的基本情况。如果什么都临时再问,部下就会觉得你对他不重视,亲和感就少了许多。"

不错! 知人善任是政治机关、政治干部最大的责任。知人善任,知人是基础,不知人就谈不上善任,应该把主要精力放在知人上。李延年到某团长期蹲点,主要是协助团党委抓基层建设。从打倒"四人帮"到党的十一届三中全会召开之前的这一阶段,军队基层建设的目标是创建"硬骨头六连式连队"。"硬骨头六连"的最大特点是军政素质全面过硬,时刻准备打仗。那时虽然没有提按打仗的标准建设连队的口号,但评选"硬骨头六连式连队",实际是按打仗的标准来评选的,是按打仗的标准来考核干部的。李延年对笔者说:"根据我的经验,对一个连观察半个月,就可以知道这个连能不能打仗,关键是看干部。"

三营八连军政素质全面过硬,是全师仅有的两个"硬骨头六连式连队"之一。一排长李作成曾作为优秀排长,在师"两代会"(先进单位和先进个人代表大会)上作典型发言。但百闻不如一见,李延年到该团后,非常注意观察八连。

这是一次在部队习以为常的"连点名"(连首长对全连进行抽点或简短讲评,一般持续五六分钟),各排排长带队来,听完"点名"

后再带队离开。这么一个常规动作，天天如此，有的排就有点松懈，可八连一排始终如一，步伐整齐，番号声喊得铿锵有力，仿佛接受检阅一般。李延年发现，带队的排长正是李作成。

李延年是在师的"两代会"上认识李作成的。李作成在会上的发言是反响最好的发言之一。看了他带部队的样子，李延年比在大会上听他的精彩发言更高兴。作为一个有长期带兵经验的老兵，他深知只有平时就严格要求，做到一板一眼不走样，才能带出有战斗力的部队。

李作成生于1953年10月，湖南安化人，1970年12月入伍，1972年入党。那年头，军事院校几乎都停办了，他是从战士、班长成长起来的干部。一般来说，"土生土长"的干部的优势是接地气，与战士朝夕相处，亲密无间，能以身作则，率先垂范，注重实际，崇尚实干，但往往眼界不够开阔，理论知识比较欠缺。具体到军事上，大多个人技术相当冒尖，甚至一骑绝尘，但在战术上差"一把火"。那么，李作成的军事理论和战术素养又如何呢？

在一个自制沙盘前，李作成在给战士上战术课。他用教鞭指着南边的一个高地说："大家看，这个高地有四个相连的山头，互为犄角，控制着山沟中的这条重要的交通线。据初步侦察，守敌约一个加强排，其具体部署如沙盘所示……上级命令我连夺回这个高地，我排为主攻排，配属火箭筒两具、八二无后坐力炮一门，负责拿下右翼的1号、3号山头。我们应该选择什么行进路线？如何分配兵力？从哪里突破？……下面发扬军事民主，请大家各抒己见，大胆发言。"战士们纷纷举手发言。有人说："首先要请求上级用炮火猛烈袭击，把敌人的防御设施炸得差不多了，我们再上去，消灭残敌。"有人提醒说："你不要忘了，山上植被茂密，溶洞遍布。我要是敌人，就会利用天然溶洞来设防，来防炮，所以炮火覆盖的效果肯定不理想，打地堡、打溶洞还得靠直瞄火力和爆破。"有一个北方战士说:"我不怕敌人,但我怕蛇。路上到处都可能有蛇,特别是夜晚。被咬一口不就完了吗?摸到蛇了咋办?"一个广东兵接过话头说:"我告诉你,摸到蛇了就抓回来煲汤。"他的话把大家逗笑了……在大家集中讨论如何由下往上攻时,有个人唱起反调:"敌人居高临下,藏身地堡和溶洞,我在明处,他在暗处,正面攻击会增加伤亡。我认为应该秘密摸上山顶,然后从上往下搜索着打……"

大家七嘴八舌说完后,李作成发表了自己的看法:"战术有对有错,错了就会打败仗,但战术没有标准答案,有时候两三个方案可能都是对的,关键在于现场应变。"他从战斗准备讲起,一直讲到占领阵地,防敌反扑,末了说:"今天只是开了个头,摆了摆过程,究竟行不行,还得实地试验,有些得靠现场临时确定。"

李作成抓战术训练的认真劲,让李延年仿佛回到了20多年前的朝鲜战场,在收复346.6高地的战斗之前,他就是这样抓战术训练的。实践证明,指挥员是否认真抓战术训练,实战效果是大不一样的,甚至是决定成败的。在这次战斗中,他所带的七连之所以能把助攻打成主攻,出色完成任务,一个重要原因就是战前反复进行了有针对性的战术训练,特别是练了利用弹坑作掩护,通过炮火封锁区的本领。而兄弟连队的最大教训就是战前忽视了战术训练。

从1969年开始的相当长的一段时间内,我军部队军事训练针对的都是"苏修",以"三打(打飞机、打坦克、打空降)三防(防原子、防化学、防生物武器)"为重点,而当时李作成带着大家研究的是边境防卫作战。为啥?他说:"我们是边防部队,在特定方向执行特定任务,不应该与执行机动任务的野战军完全一样……我们的战术训练,是在团、营、连首长的支持下进行的，不是我想搞就能搞的。当然，我们也是积极建议者。我爱看报，特别关注有关地缘政治的新闻……我们如果麻木不仁，到时候就会吃大亏。"

说起这段往事，李延年至今仍然对李作成赞赏有加，对笔者说："这个人那时虽然只是一个排长，但颇有点战略头脑，分析问题思路清晰，逻辑性强，比自己当排长的时候强多了。"

关于对李作成的使用，李延年与团长包春和、政委何耀东不止一次地交换过意见。他回忆说："团长、政委都很强，能够用打仗的标准搞建设、用干部。特别是包团长（边境防卫作战前被提为师参谋长）很厉害，人称'黑脸老包'，对部队要求非常严，很多人都'怕'他。平时训练，他要亲自检查，亲自考核；打仗，他要亲自审问俘虏，亲自勘察地形……我和他俩都认为，李作成这个排长确实很优秀。为更好地发挥他的榜样作用，应该重用他。"怎么重用？李延年建议打破常规，直接提他为连长。包团长和何政委也有破格提拔他的想法。不过，干部提拔，特别是破格提拔是要有机遇的。在没有打仗的情况下，虽然他很优秀，但如果他仅是师里表彰的典型，越级提拔恐怕就难以通过，也难以服众。在他取得更大的成绩和荣誉后，越级提拔就水到渠成，顺理成章了。不久，大军区举行军事比武，李作成带领八连一排参赛，取得了第二名的好成绩。李作成于是成了大军区的新闻人物。团党委趁热打铁，研究通过了越级提拔他为八连连长的请示报告，得到师党委批准，下达了任职命令。

临战训练，传授的不仅是经验

李延年和李作成所预判的情况出现了。

李延年所在部队接到了中央军委发出的参加边境防卫作战的战斗命令。部队徒步向边境线开进。

这一年，正是李延年的"知天命"之年。作为师政治部副主任，他本可以坐车开进，但他非要与大家一起徒步行军。警卫员张世友对他说："你年纪大了，车也给安排好了，就不必谦虚了。"他说："你不懂，这不是谦虚不谦虚的事。"为保密，部队都是夜行晓宿。头一夜走到一个镇子宿营，住在一个礼堂里，以窄窄的长椅为床。张世友回忆说："我打水给首长泡脚，靠近一看，发现首长双脚都起有水泡、血泡。我就'命令'似的说：'首长！你今晚必须坐车走。'可李副主任笑着对我说：'小鬼，我跟你讲，这不叫事，睡一觉就没事啦！那么多的干部、战士都是靠双腿走，我是党员，是首长，应起到模范作用。'到傍晚，他还是随部队徒步行军。"经连续三夜的行军，部队到达边境线附近，进行战前准备和临战训练。

作为一个有丰富战争经验的老兵，李延年带着机关干部对部队进行传、帮、带。

其中一件大事是作战物资准备。一般来说，基层按照上级要求，将制式装备清点配齐，对包括弹药在内的消耗物资按标准领取即可。但指挥员，特别是团机关，考虑的就得更细一些。根据自己的战争经验，李延年要求大家针对边境防卫作战的特点好好想一想，除制式装备外，我们还应该准备一些非制式装备，因为非制式装备往往会发挥重要作用，甚至决定行动的成败。

在做好物资准备的同时，要抓好临战训练和战前动员。李延年泡在基层，了解情况，及时指导，纠正偏差，传授经验。

有一天，李延年正在某团指导工作，团领导向他报告："据某地边民反映，邻国经常派侦察小分队越境到我方搜集情报，我们应该如何处置？"李延年立即表态："抓！"他接着与团领导研究了一套捕俘方案，上报后得到批准。在落实捕俘方案的专门会议上，他说："这次捕俘任务非常重要，这是我们接到边境防卫作战命令后，在边境线上执行的第一次实战任务，成功与否，不但会影响到我们部队的荣誉，还会影响到我军的声誉。所以这次战斗只能成功，不能失败！"会后，李延年认真细致地指导了战斗准备工作，强调："抓一个就行，千万不要贪多。"团侦察参谋谢伟强、张自化带领侦察兵蓝可尊、邓义朋，组成小分队前往执行捕俘任务。他们冒着毛毛细雨，在敌人经常出入的边境线我方一侧潜伏了一天一夜，终于等来了越境而来的四个入侵者。他们虽然多次侵入我国国境，但毕竟是专业侦察人员，警惕性较高，人与人间隔较大。我军小分队沉着冷静，让前面三人顺利通过。当最后一个入侵者走到担任第一捕俘手的蓝可尊跟前时，蓝可尊猛然跃起，一个绊脚，当即把这个敌人摞倒在地。他左手按住这家伙的脖子，右手迅速用手枪击毙前面一个敌人。与此同时，其他战友迅速击毙另外两个敌人。战斗结束，俘敌一人，毙敌三人，我军无一伤亡。

李延年组织师、团的宣传部门及时报道了他们的英勇事迹。军区通报表彰了该团侦察小分队，祝贺他们在边境线上"首战告捷"。师党委研究决定：给蓝可尊记一等功一次，给其余三人各记二等功一次。时任师政治部组织科副科长的张汉宁清楚地记得，当时尽管局势非常紧张，但仍然为他们开了庆功会。

正式开战第一天，一个英雄横空出世

在上述捕俘战斗11天之后，边境防卫作战正式打响。

开战前夜，李延年带着师政治部组织科干事张国生下部队，任务是"了解情况，协助指挥"。李延年说："为了不干扰团里指挥，我们不能老待在指挥所里，要下部队掌握第一手情况，到现场帮助解决问题。"他俩一夜没睡，忙着检查部队的战前准备情况。

战斗打响后，李延年随先头部队行动，他站在路边，不时地提醒部队："路上按标记走。不要偏离，当心地雷。"

这条通往战场的道路非常重要。人员、物资的运送，伤员的救护与后送等，都得靠它。李延年主动在现场协调指挥交通。

李作成所带的八连是尖刀连，负责消灭3号、4号高地之敌。临战前，李延年曾到过八连，也参与作战预案的研究，见全连士气高昂，作战准备充分，对李作成和八连非常放心。他觉得没有必要多说什么，只是告诉李作成："战场上的情况瞬息万变，再完善的预案都可能与实际情况有出入。一线指挥员一定要从实际出发，灵活机动，如来不及请示，要果断临机处置。"他用紧握的拳头与八连打招呼，目送他们飞奔向前，相信他们一定会不辱使命。

敌军的防御体系以3号和4号高地为主要支撑点，4号高地比3号高，在其右后侧。第一道防线是铁丝网和其他障碍物，核心阵地修有坚固的地堡群，地堡之间由交通壕相连接。八连的任务就是拿下这两个高地。拿下了这两个高地，其防御体系即可完全瓦解。按照作战预案，八连副连长杨息任率领一排绕到4号高地后面的小青山，夺取小青山后向4号高地发展进攻；与此同时，二排从正面攻打3号高地；指导员谢喜生率领三排在3号高地一侧的小无名高地断敌退路。连长李作成在二排指挥全连战斗。

然而，敌人发现小青山被占领后，便居高临下，集中火力，用包括轻重机枪和六〇炮在内的武器向小青山猛打，一排被压制得抬不起头来。机枪手汪孟海不顾危险，毅然把机枪架在小青山顶上还击，尖刀班二班班长兰辉趁机带着全班沿着30多米长的陡坡往下滚，一班、三班也都跟着往下滚，滚到了4号高地的脚下。副连长杨息任一马当先，带领大家向4号高地冲击。他用迂回动作冲上了敌人的一个暗堡，用两枚手榴弹把敌人的重机枪炸得哑了火，又用手枪连续打死两个敌人，可不幸被敌人打中腰部，壮烈牺牲。

二排攻打3号高地也不顺利。在二排指挥全连的李作成，冷静观察战况，发现作战预案不大符合战场实际：一是两个排同时打两个高地，兵力分散；二是二排、三排所在的位置都便于攻打4号高地，所以应改变原计划，集中兵力先拿下4号高地。经请示副团长林美思同意，李作成立即按上述思路调整部署，在二排、三排就地支援下，一排很快消灭了4号高地上的五个暗堡和其他火力点，完全占领了4号高地。于是，全连对敌3号高地形成了三面包围的有利态势。

如果说改变作战方案体现了李作成的指挥才能的话，那么接下来的战斗则把他的英雄气概体现得淋漓尽致。在布置好对3号高地的压制火力后，他亲率由四班长张桂生、通信员王扩挑等八人组成的突击队，跃进至3号高地前沿。铁丝网挡路，可偏偏准备用来炸开铁丝网的爆破筒，因过河时打湿了引信，没法引爆。千钧一发之际，一丝犹豫就可能牺牲在铁丝网前。只见李作成双手抓住铁丝网最底下的一条铁丝，用力往上拉，拉出了一个弧形洞口，他让大家迅速从这个洞口钻进去，跃入离铁丝网最近的一段堑壕。堑壕里的敌人见有人进来，边开枪边往后撤，被李作成一梭子打倒两个。他把突击队分为两组，分头搜索前进，他带一组向右前进，另一组向左前进。通信员王扩挑发现前面有一个洞，李作成跑上去，见洞里龟缩着一个敌人，他与王扩挑一人一边，同时把枪口伸到洞口，令这个敌人投降，该敌乖乖举着双手出洞投降了。他们继续搜索，王扩挑不幸被一个敌人打中臀部，受了重伤，李作成把他背到一安全处，去追打他的那个敌人，谁知那家伙想再赚一个，竟然返回来追李作成。在堑壕的一个近似直角的拐弯处，两人同时拐弯碰到了一起。说时迟，那时快，李作成毫不迟疑地用左手抓住敌人的枪管往上一推，同时右手提起冲锋枪向敌射击，敌人对空打了一个长点射，却被李作成打中了胸膛。李作成见敌人躺下不动了，才发现自己的左手因抓敌人发烫的枪管，被烫起了血泡。这时，指导员谢喜生带着三排从另一个方向攻上来，与敌激战正酣，李作成赶去参战，右臂被子弹打穿，鲜血直流，但他顾不得包扎，带领大家直插敌纵深。突然有两个敌人跳出暗堡向他开枪，他先敌开火，击毙一人，另一个龟缩进暗堡，与之对射。李作成的冲锋枪机柄和弹匣被敌人一梭子弹打坏了，他右手背五六处被炸伤，幸好九班赶来，他迅速换了一支枪，和九班一起消灭了暗堡里的五个敌人。经四个多小时的激战，3号高地上只剩下最大一个暗堡的敌人还在顽抗。李作成判断其为敌人的指挥所，便命人将其围住，齐声用外语喊"缴枪不杀"，敌人不予理睬。李作成命人监视暗堡口，自己带着战士高升等六人向暗堡左侧摸去。路上巧妙躲避了敌人密集的手榴弹，到达左侧时，发现有三条堑壕通向暗堡，即令几名战士分别卡住堑壕。在一个暗堡口，李作成与二班长兰辉配合行动，先由兰辉向洞口投弹，李作成趁爆炸的烟雾弥漫，冲上前用冲锋枪对着洞口猛扫，打完一个弹匣后迅速隐蔽。见残敌用密集火力封锁了洞口，李作成改变了战术，在两侧火力的掩护下，令战士高升爬上暗堡顶部，俯身朝暗堡里投弹。高升连续向暗堡里扔了两枚手榴弹，不幸被敌人打中胸部，壮烈牺牲。李作成满腔怒火，对旁边的战士喊了一声"注意掩护"，顺手抓起六枚手榴弹冲上敌暗堡，一口气将手榴弹全部从暗堡口投了进去，暗堡的敌人再也没动静了……副团长林美思指示："你们进去看看还有没有活的。"结果里面一个活的也没有了，其中还有一名军官的尸体。

第十七章

两代战斗英雄的风云际会（下）

话分两头。在李作成这位新的战斗英雄横空出世时，老英雄李延年也在国境线一展风采。

"看到他，心里就踏实"

后方通往前线的交通线是人员进出、伤员后送、弹药补充的必经之路。这条路是工兵和配属步兵冒着生命危险开辟出来的，开辟这条路要排除多种障碍，包括地雷阵和铁丝网。李延年虚心向修路官兵请教，把这条路的情况摸了个一清二楚。他下团里来协助指挥，团首长已各有具体分工，不可能抽出一个人来专管这条交通线。他在这里协调交通，既不干扰团首长的指挥，又方便了解前方的情况，还便于把战争的经验传给大家。

"叭！"一个前送弹药的小分队正走着，突然听到一声枪响，队伍一下有点乱了。李延年见状，大喊："不要慌！别乱跑！"他冲上前去，对后面说："大家跟着我，拉开距离，冲过去。"一个年过半百的人，亲自给战士做示范，队伍马上就稳定了下来。"首长都不怕，我们还怕啥。"到了安全地带，李延年告诉他们："敌人刚才打枪，我们无人伤亡，说明他是在远处盲目射击，并没有看见我们。如果慌里慌张地乱跑，可能会踩到地雷，乱跑还会闹出动静，更容易暴露目标。另外，要学会听枪声，最危险的是子弹'嗖嗖'的飞行声。听不见'嗖嗖'声，那子弹离我们远着哩!"

这声枪响虽然是虚惊一场，但引起李延年的高度警惕。这一路固然不远，但草深林密，敌小分队并非无机可乘，所以李延年提醒指挥员要加强警戒，在两个要点增派了潜伏哨。

在指挥正确的前提下，战争的成败往往是由细节决定的。李延年发现，前线救护所的位置选得不错，但缺点是离一线远了一点。丰富的战斗经验告诉他，战斗中的伤员往往是由战友背到相对安全的地方，而担架队的老百姓是很难上一线抬伤员的。如果救护所离一线太远，不仅影响伤员的及时救治，而且会过多占用作战兵力，不利于战斗。因此，他强烈建议救护所前移，并亲自挑选了一个炮火死角作为所址。事实证明，这一改变是很有利的。在八连围攻3号高地最后一个暗堡的紧要关头，前方传来消息:八连需要增援，担架队的人也不够。为此，团政治处主任张景臣把团部各类人员集中起40人，令特务连副连长柯汉冲带领出发去增援。对前方传来的消息，李延年未敢轻信，跑到前面去看，发现有个问题，轻伤员能走的用两个人扶，重伤员一副担架用四个人抬。他马上给予纠正，能走的由一个人扶，一副担架由两个人抬。这一下就省下不少人，根本无须再派人增援。此时，在3号高地上的八连面临的不是需要增援兵力的问题，而是防炮的问题，因为表面阵地已经被我军完全占领，敌人便可大胆进行炮火覆盖。事实上，敌人已经开始炮击，好在我炮群反应迅速，一下将敌人炮火压制下去。李作成在无须担心敌炮的情况下，一举拿下敌人的最后一个暗堡。张景臣派出的增援队刚出发就被挡回去了。

李延年不在指挥所，就在交通线上，没有固定位置，但干部、战士说:"看到他，心里就踏实。"

敌3号、4号阵地被攻占后，某团当面之敌的防御体系开始崩溃，之后的战斗如风卷残云，第一阶段战斗圆满结束。

不等战斗结束，李延年就指示宣传科副科长黄泰禄带着干事徐德荣、何贵来、张雪梅，立即到某团八连，采访整理连队和连长李作成的战斗事迹。事迹材料整理出来后，在全师宣扬的同时报请上级表彰。后来，中央军委授予八连"尖刀英雄连"称号，授予连长李作成"战斗英雄"荣誉称号，原始材料就出自他们和团政治处主任张景臣之手。

后话打住，只说当天与上述战斗同时开打的还有另一场战斗，那场战斗打得非常漂亮，但部队回撤时出现一点混乱。当时，李延年正端起饭碗准备吃饭，听一名副政委说起这个情况，马上放下饭碗就要走。

"吃完再去不行吗？"

"不！我得马上去约束部队。"

作为一个久经沙场的老兵，他见过有的部队仗打得很漂亮、回撤却出洋相的情况。于是，他再次到了前线，到现场一看，部队果然有点乱。有个排嫌按标定河段过河太慢，便擅自从非标定河段过河，致使一个班被水灭顶，虽然大多被救起，但有人不幸溺亡。李延年严肃地批评说："战士在战场没有被打死，却在回撤的路上被淹死。对指挥员来说，这就是犯罪！"

他站在路口，每过来一批人，都要跟带队干部交代："要严格按标定路线走，你要走在最后。如有非战斗伤亡，自己请求处分。"

偶尔有敌炮打来，李延年却一直站在那里，岿然不动，镇定自如，告诉部队："不要慌！这是零星的盲目射击，不管它！"直到部队全部撤完，他才最后回来。

"大家跟着我的脚步，看我的动作"

　　第二阶段作战，师党委没有批准李延年下部队的请求，因为上次让他去协助指挥，他却跑到部队前面去了，所以这一次把他留在了前指政治部，其中一项任务是领导宣传报道工作，指导编印内部发行的《战地简讯》，以鼓舞战斗士气。照说，作为政治部领导，李延年动动嘴、把把关就可以了，具体工作可以让科长、干事去做。但李延年觉得，战时政治工作，贵在及时，要及时了解情况，及时表彰英模，及时提出建议，及时解决问题。而在战场上，指战员的思想、情绪是随着情况的变化而变化的，如果只是坐在指挥所里听汇报，很可能"放马后炮"，所以必须紧跟部队，了解第一手情况。因此，李延年带的这支政治机关小分队总是紧紧跟着部队。部队前进，他们也前进；部队在阵地，他们就上阵地。在某团攻打某高地时，他们就到这个高地下扎营，从这里出发去了解情况，回来编印《战地简讯》。那时还没有手机等现代通信工具，信息的传播主要靠纸媒。《战地简讯》是在战场最受欢迎的，也是唯一的纸媒（其他报纸不便往上送，送上去也没有时间看），16开书页般大小，少则一页纸，多则对开两页纸，登的都是战场上的事。没有打字机和印刷机，宣传科就靠一块钢板、一张蜡纸、一支刻写笔和一台油印机办报，一般一天出一期。当年的干事张雪梅（后来任师政治部秘书科科长，后调解放军体育学院，在教研部政委任上转业），至今仍然保存着自己参与采编的《战地简讯》。这些油印品纸张已经发黄，字迹也变模糊了，但大致还可以看清。如某年某月某日出版的第六期《战地简讯》，对开两页，刊登了三篇短文：第一篇为战场述评《向战斗在×××的同志们学习》，占了一页多；第二篇题目已看不清了；第三篇为战斗故事《赤手空拳，勇擒顽敌》。李延年要求他们准确、及时地反映指战员的英勇事迹，尽量做到当天的事当天见报，让战士看到还"冒着热气"的阵地新闻和战斗故事。事实证明，《战地简讯》虽然是油印小报，似乎一点不起眼，但干部、战士在上面看到自己和战友的英勇事迹后，会认为是师首长和领导机关对自己的肯定，士气就会百倍高涨，其作用是事后表彰所没法比拟的。李延年不会写文章，但把办好《战地简讯》作为工作重点之一。据张雪梅回忆："某年某月某日下午4点20分，在某地某村，李延年副主任在组织我们印发《战地简讯》时，敌军突然向我军发射炮弹，其中一发炮弹就落在我们的工作位置附近爆炸。他沉着应战，指挥大家撤离到安全地带，才没有造成大的损失。"

编印《战地简讯》尚且有危险，到一线去了解情况就更要有牺牲精神。据战争开始后一直跟着李延年的组织科干事张国生说："有一天，我们去前线了解情况，路过一片稻田，敌人一发炮弹正好落在我们身旁，所幸炮弹没有爆炸，算是虚惊一场。"

听说笔者要找张雪梅了解李延年当年的事迹，时任师政治部组织科副科长（战后提秘书科科长）的张汉宁先后两次给他发微信，讲述了一次跟随李延年上阵地的故事（由笔者综述）：

某年某月某日，是我们师某团战斗最激烈的一天。这天，刚吃罢早餐，李延年副主任把我叫去，说："某团来电话说：'打××的一营二连伤亡严重，阵地上只有30多个人了。'究竟怎么回事？师首长很着急。你带一名干事，随我上阵地去看看。"因为我们科长陈昌亮带着干事（包括一直跟李延年副主任的张国生）都下部队去了，我便带上了干部科干事郑河道。出行前，李副主任对我们仔细交代："不要紧张，沉着冷静，大家跟着我的脚步，看我的动作。行进时，我走前头，警卫员跟着，你第三，干事断后，人与人间距2—3米，不然敌人一梭子弹过来，我们都得倒下。"一路上，他始终走在最前面，表情轻松。看到首长如此神态，我们自然放松了下来……我们依次踩着他的脚印走，或踩着卵石跳跃，或涉水移步。中间必经一块菜地，敌方在那里布下了许多地雷，他又再一次叮嘱我们一定要踩着他的脚印，绝不能乱走……

我们直奔二连阵地，连首长向我们汇报了情况。原来，阵地上一度确实只剩下40余人，但向上报告时没有把炊事班、护送伤员和运送烈士遗体以及搬运弹药等暂时离开阵地的人员计算在内，其实全连还有90多人。听他们这么一说，我们才如释重负。李副主任没有直接批评他们，而是说："你们过去都没有打过仗，没有经验，不应苛求。但报告情况一定要准确及时，一点不能含糊。你们说只剩下30多人，让人误以为伤亡惨重，可能误导首长下决心，那是可能坏大事的。"说完，李副主任教他们科学分配兵力的方法，非战斗行动不可占用过多兵员。比如，如果一个伤员还能走，一个人护送就行了，并且将伤员移交给救护队后，护送的人就应赶紧回来；弹药应要求上级送到指定位置，以减少本连运送弹药的兵力和时间；等等。当时，副团长李文超正在二连，他是该团唯一一位新中国成立前入伍的首长，李副主任与他在战壕里交流相关情况。之后，我们分两组去其他阵地了解情况，李副主任与警卫员一组，我与郑干事一组。他又交代我们："行进要选光亮结实的路面下脚，避开松土和枯枝败叶，更不能走沟渠，这些地方都可能有地雷。"在阵地期间，我们曾遭敌方两波炮火急袭，炮弹呼啸爆炸，我们卧在地上，泥块都飞溅到身上了。我们不知道首长的位置，十分担心他的安全。直到下午到达集合地点，看到首长安然无恙，我们才放下心来。傍晚，循原路返回，路过敌军丢失的防御阵地，我们还驻足看了一会儿。只见四周密密匝匝地布设了各种防步兵设施，有战士告诉我们，阵地外有地雷，团后勤处的一位助理员（江西人）送弹药上来，不幸被炸断一条腿……

跟李副主任这么出去一趟，让我更加切实地看到和感受到什么是老兵，什么是战斗骨干，什么是战斗英雄！当然，这不是首长在这场战争中的全部，只是我看到的几个镜头。战后，他荣立三等功。我记得他是司政后机关首长中的唯一立功者。当时，团以上首长立功是极少的，评功的主要对象是一线的指战员。

"当初当兵……命都交给国家"

在边境防卫作战中，李延年所在师在一个独立作战方向先后打了三场硬仗，场场战果辉煌，战例堪称典型，涌现出众多英雄集体和英雄人物。

全师有两个连队和一个排获得荣誉称号；李作成、李志坚两人被中央军委授予"战斗英雄"称号（一级英模）；徐灵光、杨息任、林枝富、韦炎辉、周本清五人被大军区授予"战斗英雄"称号（二级英模）。

另有100余个班以上单位，分别立集体一、二、三等功；3000余人分别立一、二、三等功，其中，立一等功者29人。

李延年虽然只立了最低等级的三等功，但也格外让人关注。他在战斗中先后多次冒着炮火硝烟，深入前线了解战斗情况，传达上级指示，组织运送伤员，出色地完成了各项任务。在立功者中，他的职务最高，是正团级，而团以上首长立功太不容易了，批准权限很高，要大军区批准；他年龄最长，51岁了，年过半百立功的人是非常稀罕的；他是抗美援朝的特等功臣、一级英雄，时隔27年再立战功，在全军可谓绝无仅有；某团八连和连长李作成能被中央军委授予荣誉称号，培育之功多少也有他的一份。

李延年与李作成、李志坚等英模，在边境防卫作战中，演绎了两代英雄的风云际会，在庆功会上合影留念。40年后，在北京人民大会堂庆祝中华人民共和国成立70周年的招待宴会上，刚刚获得"共和国勋章"的李延年与李作成又见面了，两人亲切握手，共话当年。

好！后话打住。只说师的庆功会开过之后，李延年作为团以上干部的功臣代表，也被安排作巡回报告，但他拒绝了。他说："如果硬要讲，我倒想讲讲战斗中必须灵活机动地运用战术的问题。"他根据在战场上了解的情况，对这个问题有不少思考，并且写成了文章。笔者有幸见到了该文的手稿，是用蓝墨水写在每页300字的稿纸上的，共6页。40多年过去，稿纸已经发黄了。他在文章中说："我深刻地体会到，每次取得战斗胜利，一刻不能离开灵活机动地运用战术。"他共讲了三个问题：下级指挥员要根据侦察到的第一手情况来确定战术，而不能死板地执行上级指示；轻型炮兵应伴随步兵行动，解决分队的步炮协同问题；处理好消灭敌人与保存自己的关系。他对每个问题都有分析，都用具体例子来说明。为什么不讲自己的事迹，而讲战术问题？他告诉笔者："个人事迹没啥讲的，与一线的指战员相比，不值一提。但讲点战术问题，可能对今后作战有好处。总体来说，边境防卫作战打得非常漂亮，但连、排、班的战术运用还不够灵活。写这篇短文，用的都是本部队的例子，大家会很容易记住，再上战场就多一点借鉴。"

然而，这场战争过后，不少人不想再上战场了，有人提出了转业、退伍的要求。战后被提升为师副政委的李延年向师党委建议，立即对全师部队进行一次安心边防的教育。张雪梅一直保存着当时编印的"四边"教育教材——《热爱边疆、扎根边疆、建设边疆、保卫边疆》，共分六讲，在此不赘述。李延年带着司令部参谋吴乃流和政治部干事张雪梅等人，先到驻守在最前沿的某团三营进行教育试点。他用自己的从军体会为指战员们讲课，有些"金句"让人终生难忘，随着时间的推移，历久弥新。

"当初当兵，我就做好了决定，命都交给国家。"

"当兵光荣，在边防当兵更光荣，别人想来还来不了。"

"边防艰苦，边防危险，但艰苦、危险是一个人成才的优越条件，有志于成才的人会把这些看成祖国对自己的信任、奖赏，而不是相反。"

"李延年副政委抓教育有个鲜明特点，就是讲课必须要用战士听得懂的语言来讲。"搞"四边"教育如此，搞理论教育也如此。原宣传科干事吴松美在接受采访时说："那年打完仗，搞真理标准问题讨论，我们四个理论干事准备了一个讲课提纲，首长们听试讲。李延年一直听，不发言，到最后，他说：'基层干部、战士的文化程度不高，你得讲他们能听得懂的话。不要为了显示有水平，故作高深。有些观点争议很大，尚无定论，对基层不应讲。真正的有水平，是深入浅出，像毛主席的文章那样。'听他这么一说，颇有胜读十年书的感觉。于是，我们对讲稿进行大改，换战士听得懂的语言，换战士身边的例子。比如，因为刚打完仗，我们就从打仗说起：'能否打胜仗是检验军事理论、战术运用正确与否的唯一标准。说一千道一万，打不了胜仗全扯谈……'这么一讲，大家对'实践是检验真理的唯一标准'就结合实际理解了。我调到师政治部不久，原来和他不熟悉，通过这件事和他成了忘年交。"

"对！李副政委是一个走到哪里都受欢迎的领导。"原某团政委张景臣（从团政治处主任晋升）回忆说："他非常注意听下属、听基层的意见。在我团蹲点时，有一天早晨，他在散步，团里一个干事跑步碰见他，敬礼后喊了一声'首长好'就跑开了。李副政委觉得这个干事很可能有事要找自己，因路上不便说就没开口。上班后，他专门去政治处找到了这个干事，一问才知，这个干事只是按条令给首长敬礼，并没有事要找他，他这才放心了。他下部队一点不摆架子，总是帮忙做工作。××边防连拥政爱民、军民共建钢铁边防线的经验，就是他最早帮助总结并完善的，后来这个连成为全国典型，被誉为'××边防线上的一颗明珠'。"

在边防某师的首长中，李延年是老英雄，又有新战功，却低调得连警卫员都觉得他"太苛求自己了"。警卫员张世友回忆说："我忘不了首长坐在树下认真看书看报的神态，忘不了他衬衣上的补丁，更使我终身受益的还是1980年一次跟他下连时他对我的批评教育。我看连队伙食不好，晚餐前叫司务长给他炒了两个小菜。他发现后，喊：'小张你过来！'一看他黑着脸，要发火。果然，他严厉地批评道：'你有什么权力叫连队给我加菜？'我感到很委屈，腮帮子鼓鼓的，说：'军委邓主席还说可以加个炒鸡蛋哩！'晚饭后，他又把我叫去，拍着我的肩膀慈祥地说：'小鬼，我是不是批评重了？你想想，部队刚到这里来，各方面条件都很差，给我加菜，战士会怎么想？我如果批评重了，你不要往心里去呀！'总之，我觉得李延年首长是个一身正气、光明磊落、仰不愧天、俯不愧地的英雄人物。"

警卫班长李香仲回忆说："我和李延年首长接触时间比较长。我知道他是抗美援朝的一级英雄，但他从来不对任何人讲。问他为啥？他说：'自己功劳再大，也不如为国牺牲的烈士功劳大。'首长从不争名利，处处为别人考虑。1982年，师首长家属楼建好了，但房子不够住，他主动让给其他首长，自己住在普通家属楼……他为人低调，处事谦让，艰苦朴素的作风影响了我一生。"

"我叫濮伟能，是李延年首长离休前的最后一任警卫员，跟着他有半年。"听说笔者要采访，他发微信说："我去首长那里前，警卫连连长吴乃流嘱咐我要保护好我们的老英雄。可我到他身边工作后，怎么看他也不像英雄，他也从来不提自己的战功。我便想，连长大概是出于对老革命的尊敬，泛称他们为'老英雄'吧！当时，因为师首长的房子不够住，他家没有搬过来，首长一个人住在普通家属楼底层一间潮湿的小房子里，一直坚持自己洗衣服，搞卫生，平常吃饭都在司令部机关食堂，生活很简朴。家里能吃的仅有黄瓜和一桶压缩饼干，能喝的就两保温瓶开水。休息日外出购物，都是我跟他一起走路去，抄近路要经过水产局的试验塘，砖砌的塘堤很长、很高，又很窄，才24厘米宽，我担心首长的安全，回程时偷偷叫小车班派车来接。首长问清缘由后令小车原路返回，批评我说：'国家不富裕，我们能走路就不要派车，办私事就更不应该用车。'就这样，我抱一捆首长喜欢吃的黄瓜，他提一包日常生活用品，又步行回来……后来他离休了，我不久也退伍了，很少联系。直到2019年国庆前，在《新闻联播》中看到首长荣获'共和国勋章'，我才知道原来他真的是一个大英雄呀！我为自己当年的失职和马虎感到非常惭愧，同时也为曾有幸在老英雄身边工作而感到自豪！"

第十八章

英雄本平民，无官身未轻

在南宁市兴宁区长堽路一里，广西军区南宁第三干休所建在一座小山的南坡上，一排排楼房依山而建，由南向北，步步升高，直至山顶。北坡陡峭，可供人驻足远眺。营院中栽种了芒果、木瓜、椰子、杨桃等热带果树，以及香樟、棕榈等绿化树种。即使在冬天，也能欣赏到三角梅盛开的花朵，闻到桂花温润的芬芳。1984年6月，离休后的李延年住到了这里，至今30多年了。刚来的那年，他还不满56岁，现在90多岁了。

平民本色

"首长！您看有什么不满意的，尽管开口。"

李延年搬进干休所后，所长、政委上门征求意见，他回答说："国家还不富裕，让我住这么好的地方、这么好的房子，我都有点受之有愧了。"这是他参军近40年来住的最好的房子，也是他第一次在大城市安家。他结婚后，职务从营到师，一家人大多住在县城附近的军营里，其实就是住在农村里。

所长说："您是为共和国打江山的功臣，是前辈，享受离休待遇是理所当然的，干休所为您服务也是理所当然的。"

"你们可以这么说，但我不能这么想。"

这些话传出去后，有人颇不以为然，说："什么职务都没了，还装啥？"

第三干休所的离休干部职务都是师职，但论荣誉，只有李延年一个特等功臣、一级英雄。他的职务算中级，但级别算高级。在恢复军衔制之前，军队和地方干部一样是分级别的，13级以上为高干，李延年正好13级。不用他摆谱，干休所也是非常清楚的。但自打离休，李延年就做好了当一个平头百姓的准备，首先给自己准备了一辆"专车"——上海产永久牌自行车。

"这可不行。营区坡度大，首长年纪大，骑车太危险！"干休所领导制止他说，"您不能再骑单车了，要车打个电话就行。"

"好！"李延年嘴上说好，外出却照样骑单车。所长、政委以为他是怕要不到车丢面子，要他"尽管放心"。他说："第一，所里那么多老干部，都要车，你们保障不过来。第二，我骑车是为了锻炼身体，不是要给谁做样子。先骑它十年再说。"

单车就这么骑下来了，他从56岁骑到了66岁。十年到了，新任所长、政委又来劝阻。他说："我身体还好，骑单车自在。再骑十年没问题。"

他又骑了十年，从66岁骑到了76岁，可新的所长、政委仍然没能劝阻住他，理由照旧，他说："还能再骑十年。"

第三个十年过去了，他从76岁骑到了86岁。所长多次劝阻无效，只得下"狠手"，要门卫见他骑车就不放行，并且要没收他的自行车。但他不顾门卫的阻拦，又推车出门，骑上了，门卫在后面吼："你要再骑车，所长要处分我！"李延年说："这是最后一次。"半个多小时后，他走着回来了，门卫问："单车呢？"他回答："卖了！"他主动去找所长、政委汇报："我把单车卖了，再也不会骑了。"所长、政委感到诧异："就这辆破车，都骑了30年了，还能卖出去？"李延年说："我骑到一个工地，要送给农民工，好歹还能骑，驮个几十斤的东西也没问题。结果人家说：'你白送，我就不要，要卖可以讲价。'我说：'不用讲价了，你给一块钱，骑走吧。'就这样，我就卖了一块钱。"说罢，似乎是为了证明他真的把单车卖了，还从口袋里把那枚一元硬币掏出来展示。所长说："老首长！这下我们就放心了。您知道每回听说您骑车出去，我们有多紧张吗？街上那么多车、那么多人，既怕人家撞着您，又怕您撞着人家。有时还得派人、派车去找您。您觉得要车是给我们添麻烦，其实您骑车才是添麻烦。"李延年反驳说："多少农村的大爷80多岁了还在地里干活，我骑个车就把你们吓住了？"所长说："您不一样，是大功臣、大英雄。"李延年说："什么不一样，离休后就是老百姓。"

他把自行车卖了，心中却难舍难分。他习惯了骑着它出门，习惯了用它驮东西。平时买米、买面、买菜，靠它；出门访友，靠它；他爱养花，花盆、肥料、土壤要运回来，都靠它，特别是养花的土，要跑10多公里，到郊外去挖。这辆破车也陪他一起助人为乐。有段时间，干休所附近卖的面粉做成的馒头不大合北方人的口味，老干部和配偶大多是北方人，不免要议论一番。而随着老干部的年龄越来越大，去远一点的地方买东西也不方便，有个老干部的妻子蔡阿姨外出购物就摔断了胳膊。说者无意，听者有心。已经80多岁的李延年不吭不哈地骑车出门了，跑了好多家粮店，终于在10多公里外的一家粮店买到了大家爱吃的那种面粉。他"吭哧吭哧"地运回了一袋，然后分给大家。考虑到他付出了劳动，有人要加价付款，他说："你们硬要付款的话，只能按原价。不然，我就不分了。"大家只好依他。如此多次。工作人员每次见他的自行车后架上有个面粉袋，想着他家平时就两三个人吃饭，能吃多少面粉？这肯定是别的东西，便问他："又买回什么好东西？"他幽默地说："这得保密，反正是好东西。"他这点"秘密"最后还是暴露了，干休所领导被吓坏了："我的老首长呀！这种事你应该跟我们讲，派人去办，怎么能自己骑车去呢？"他说："这种小事，能不找你们就不找。再说，老百姓遇到这事能找谁去？"

他确确实实是把自己当成平头百姓了，能自己做的事，绝不麻烦别人。因干休所建在山坡上，他家住在坡上边，有时工作人员见他提重物上坡，就来帮忙，他把手一摆，说声"我还行"，自个儿提上去了。他外出活动，常常要上下楼梯，工作人员要扶他，他一手挡住说："我还行。"为了证明"我还行"，他屡与工作人员比赛掰手腕，赢了就笑得像个孩子。干休所的工作人员到老干部家中看望是职责所在，李延年却分外客气，真诚感谢，拿出家里的水果、零食给他们吃，你不要，他就硬往你口袋里塞。他养花，总爱慷慨赠人："你们看上哪盆就拿走，别客气！""这是您的劳动成果，怎么好意思拿您的？""见外了吧！你们年轻人怎么说的，赠人玫瑰，手有什么香呀？""手有余香。""对，你们就让我手里留点余香呗！"有一次，护士张莹巡诊到他家，临走时，李延年把一盆非常漂亮的石莲送给她，并告诉她如何浇水，如何护理。张莹"老外"，以为花盆比花更值钱，提出只要花，留下花盆，李延年哈哈大笑，说："傻丫头！你真不傻呀！花值钱，你拿走；花盆不值钱，就留给我。"说得张莹也不好意思地笑了。

说起养花，李延年就兴奋地侃侃而谈："我最爱养三角梅和仙人掌。为啥？它们有战士的性格。三角梅的生命力旺盛，南北都有，南方的花期从11月到次年6月，在冬天百花凋谢的时候，它却开得姹紫嫣红，给人以温暖、奔放的感觉；仙人掌适应恶劣环境，寓意顽强。三角梅的品种很多，巴西有20多种，我国有近20种……"他俨然像个种植三角梅的专家，身上也有不少与三角梅有关的故事。1993年10月，为纪念朝鲜停战40周年，李延年作为中国人民志愿军英模代表团的一员访问朝鲜，把我国的红色三角梅作为礼物带到了朝鲜，也把朝鲜的三角梅带回了国内。干休所大门口原来有一株枝叶茂盛的三角梅，有一天，李延年从外面回来，见一拨工作人员在梯子上修剪，便大声叫："停！不能这样剪！都下来，看我做示范。"说罢，自己上梯子干开了，一个多小时，他边干便讲解。完工后，满架花枝，疏密有致，错落有序，煞是迷人。他骄傲地许下诺言："以后这件事就包在我身上了。"他说到做到，年年兑现，直到干休所大门改方向时，这株三角梅被挖走才作罢。

年岁大了，病就多，跑门诊部的次数也就多了。李延年来看病拿药，往往言语幽默，引来笑声。比如，来看感冒，医生问："首长哪里不舒服？"他答："打喷嚏，流鼻涕，浑身软，没力气。"医生诊断之后开药，问他："喜欢哪种感冒药？"他说："那就开点大力丸。"见别人发笑，他说："就是吃了有力气的药。"

李延年90多岁了，但腿脚灵便，劳作无碍，有啥养生秘诀？"有！"他说，"我就三样：一是要平民心态，不跟人攀比你高我低，要比只和老百姓比；二是要天天学习，精神不能空虚；三是要天天劳动，一天不学习不行，一天不劳动也不行。我从不买营养品，也不搞所谓的食补，就吃粗茶淡饭。"

党员本色

笔者采访李延年，是从他主持召开的一次党小组会开始的。那天是2019年12月17日，笔者被允许列席旁听。全小组四名党员全部到会，其中一人坐在轮椅上，是由儿子推着来的。议题是评选年度先进单位和个人。虽然党小组的意见只能算是提名，但大家对手中神圣的一票都很珍惜。有意见一致的，也有不一致的。不一致的先互相说服，说服不了，就举手表决。四个党员中有两人耳背，李延年大声对着他们的耳朵提问，确认其意见。最后一项议程是评先进干休所，看本所够不够，有人说够，李延年说："我看不够……"举手表决，三人赞成，他说："我少数服从多数，按'够'上报。"

干休所的工作人员告诉笔者："一方面，李延年老首长非常平易近人，毫无领导的架子，能自己做的事情从不麻烦人，是最好'伺候'的；另一方面，他对干休所的工作要求非常严格，批评、建议最多。他不同意评本所先进，就是眼下的例子（其理由经笔者调查，纯属误会）。"所长曹中华说："他这两方面看似互相矛盾，其实都统一在党性上。他的党性不是一般的强，是很强。"

在采访李延年期间，有两次党支部书记有事找他，他都是毫不犹豫地将采访中断，让笔者给支书"让路"。第二次因为一个故事才讲了一半，笔者建议他给支书讲一下，等把这个故事讲完了再去。他却说："组织交代的事怎么能找理由推后呢？"笔者采访他也是拿着党组织的介绍信来的呀！可在老人家的观念里，笔者来采访他，也得服从他所在党支部的安排。

党性似乎很抽象，其实却很具体。比如，按时交党费，是党章的规定，但有人总忘记，要等收党费的同志催促。李延年从来都是一领工资就交党费，决不拖延，有时收党费的同志说："您也别急着交，不少人还没交哩！"李延年说："别人是别人，我是我。"

再如，学习党的有关理论和政策，李延年坚持每天学，做笔记，写心得，长短不限，哪怕一两句话也行。年岁大了，眼花，他配了好几副老花镜，看不同的东西就用不同的眼镜。旁人见他看书看报不容易，老换眼镜，不免替他着急。他却不慌不忙，静静地把自己想看的东西看完。他每天必看三份报纸：《中国老年报》《参考消息》《南宁晚报》，不把想看的东西看完不睡觉。有人劝他："年纪大了，就不必这么学了，保重身体最重要。"李延年说："一天不学习，我就浑身不自在。每天要学习，就像每天要吃饭一样。"

据曹所长介绍，李延年曾连续七年担任老干部党支部书记。他抓学习的认真劲，让不少在职干部感到惭愧。每周一个集中学习日，不论春夏秋冬、刮风下雨，他都早早地来到会议室，把学习资料，包括要放的音像录像制品都准备好，等着大家来，必要时还组织大家外出参观。小组讨论，大会发言，一板一眼，扎扎实实。他说："老干部学习，与名利已不相干，也不需要应付检查，无非是为了跟上形势，提高精神境界。"而要如此，就必须联系实际，而一联系实际就可能得罪人。

个别老干部退下来后牢骚很多，好像组织上欠了他的。李延年在组织学习时，就联系了这个实际。他带头对照党章发言说："我算了一下，战争年代，我上学，包括上教导队学习的时间，比打仗的时间要多。当班长前，被送师教导队培养；当排长前，被送东北军大培养；当副指导员前，又在师政治教导队培养了一年。抗美援朝，我打了一年仗（含施工），下来又到速成中学学习了一年多。这说明自己的每一点进步，都是组织培养的结果。否则，我一个初小生，怎么能成为革命干部！我们是新中国成立前参加革命的，为人民打江山多多少少是作了贡献的，但与牺牲了的战友相比，我们的那点贡献就不算啥了。黑山阻击战，我所在的第八十五团守小白台子，最前面的三营九连几乎都牺牲了，一个班剩一两个人就算是好的了。抗美援朝的346.6高地战斗，我带着一个加强连上去，下来才40多人呀！"他越说越动情，竟然泪流满面，最后说："我们不能忘了组织的培养，不能忘了烈士的奉献，把功劳都记在自己头上。"

他讲的是自己的体会，没有批评谁，但还是得罪了人："就你境界高？"他特等功臣、一级英雄不摆谱，让别人也不好意思摆谱。不过，有人在位时摆谱摆惯了，"惯性"一下子消除不了。一个新兵去某老干部家，问："您就是×××吧？"这位老干部听战士直呼其姓名，勃然作色，训斥道："我的名字是你能叫的吗？学没学《内务条令》，懂不懂对首长该怎么称呼？一点不懂规矩，出去，学会了再来！"新兵被训哭了。按照条令要求，战士称呼首长应在职务前加姓，如张师长、李副政委等。新战士还没学会就上岗工作，出了错。所领导带着新兵上门道歉，这位老干部还不肯原谅，把所领导也批了一顿。这事被李延年知道了，他找到这位老干部，说："你这样对待一个新兵，按毛主席说的，不是方法问题，是对士兵的根本态度问题。你都退下来几年了，人家不叫你的职务就生气，你把官位看得太重了吧？"这位老干部在位时，任职于权力部门，被人恭维惯了，一朝失去权力，心理很不平衡。李延年不管他那些，当面批了他一顿，最后他主动找新兵道了歉。

像上述事情，干休所领导是很不好管的。所长、政委说："李延年老首长算是帮了我们的大忙。"

"不对！"李延年说，"谈不上给你们帮忙，我是按党章要求做的。对你们，我也是不客气的。"据不完全统计，李延年当支部书记七年，共搜集、归纳了对干休所工作的意见70多条，意见基本都被采纳。比如，关于食堂的饭菜如何做到价廉物美的问题，他跟工作人员一起去征求老干部的意见，甚至一起去几家菜市场调查物价，最后根据老年人的身体实际，主副食做到"多品种、小分量，少盐少糖易消化，足斤足两不涨价"，提倡"每顿多吃几样，每样少吃一点，合理膳食，均衡营养"，大多数老干部比较满意。

党支部书记是一年一改选。李延年当了七年支部书记后，有人提出支部书记也不应搞终身制。换届时，他落选了。个中原因，不言自明。不过，他似乎不想悔改，对笔者说："我这个人到哪里都得罪人，但我跟谁都没有私怨。"不当支书了，他被选为党小组长，还是那个认真劲，还是管得那样宽。每年所里征求老干部意见，他发言最积极，讲的时间最长。

干休所的门诊部里挂着一个记事牌，上面写着生病住院的老干部或配偶的姓名以及所住医院、病区和床号。李延年每周都要去看看，用笔抄下，然后去医院看望。进干休所30多年了，这个习惯他一直没改。"你又不是领导，用得着这样吗？"他却说："领导去看是职责，战友去看是情分。"

英雄本色

功勋章、奖章、纪念章，是对一个军人的战斗经历和所作贡献的见证。从解放战争、抗美援朝，一直到边境防卫作战，李延年都是功臣，都有章为证。1993年10月26日，李延年作为中国人民志愿军英模代表团的一员访朝，朝鲜人民武装部部长吴振宇代表金日成大元帅，给代表团成员颁发了友谊勋章，并赠送了一个工艺精湛的花瓶。此时，抗美援朝战火已熄灭40周年，当年的英模人物中，今日可作为代表访朝的能有几人？从某种意义上说，这个友谊勋章甚至比当年的军功章更为珍贵。李延年对这枚勋章也十分珍惜。但是，当丹东抗美援朝纪念馆来找他征集文物时，他却把勋章和花瓶一起捐献了。其他的奖章、纪念章，他大多已先后捐给了沈阳抗美援朝纪念馆或别的博物馆。

有人问："难道不觉得可惜吗？"

他答："捐出去好，免得一看到就想起自己的那点功劳。"

李延年进干休所之前，家里遇到一件未曾料到的"窝囊事"。别人为之愤愤不平，他却听之任之，泰然处之。其次子李忠南从广西财经学校毕业后，被分配到某县，到罐头厂去当会计，可财政局的一个中学同学告诉他："你本来被分在财政局，但有个也姓李的同学来报到，工作人员阴差阳错，把他当成了你，就给他办了手续。发现错了之后，不好让他走，只好要你去罐头厂了。"还有这等事？在李忠南将信将疑之时，那位也姓李的同学和他的姐姐来找他道歉，央求说："我们是农村人，进一个好部门不容易，请你千万别上告。"这算哪档子事嘛？李忠南相信这真的是一个因工作马虎而造成的张冠李戴，没打算上告，但对自己无端被"挤"到基层心有不甘，便向父母倾诉。母亲听说后很生气，要李延年向县里有关领导反映。李延年却说："算了！叫你到企业你就去。年轻人从基层干起，有好处。"母亲不干，说："儿子不说沾你的光，但也不该受欺负吧！"李延年说："要他受点欺负好。"母亲厉声质问："你打仗是英雄，现在怎么成了狗熊？"李延年小声说："你不懂。"

母亲齐振凤不懂，儿子李忠南当时也不懂。他本来就对稀里糊涂地上了广西财经学校挺后悔。他高考成绩超过本科录取线12分，但因为缺少经验，父亲李延年又在前线，没人给他参谋，他就稀里糊涂地填了志愿，最后没被大学录取。中专填的第一志愿是广西警察学校，他考完后去广州看姐姐，警校通知他参加体检，没能联系上，他因此又错过了，这才上了财校。在本县上财校的考生中，他考分名列第一。入校后，他品学兼优，是学生部副部长。现在他毕业分配遭此不公，县里的领导，父亲都认识，只要父亲开口，纠正易如反掌，可父亲反而说下基层好，啥意思？李延年单独对他说："你想想，如果我去让人家纠正，不了解情况的老百姓会怎么看？说不定会把'替'了你的那个人看成受害者，而认为是我们在搞特权。现在你一时吃点亏，将来却会受益无穷。一个人不受点挫折是成不了才的。"李忠南仍然似懂非懂，李延年说："现在你可能不懂，将来你会懂的。不管你懂不懂，到罐头厂去，我得给你提几条具体要求。"据李忠南回忆，要求起码有五条：一是每天上班必须第一个到，最后一个走，在别人上班前把卫生搞好（地扫干净，桌子擦干净），把开水打好；二是尊重领导和同事，多做少说，做学生不做先生，更不可犯某些干部子弟身上的那种眼高手低、夸夸其谈的毛病；三是不可占公家一分钱便宜；四是对服务对象，不论是领导，还是群众，都必须客客气气，周到细致，不可在群众面前摆谱；五是加强学习，不断提高政治、业务水平。

如今30多年过去了，李忠南已经完全懂得了父亲当时所说的话，懂得了父亲的一片苦心。他按照父亲的要求做了，通过在职学习和半脱产学习，他逐步提高学历，最后取得了经济学研究生文凭。在历经某县罐头厂会计、南宁肉联厂车队会计、生物制药分厂计财科科长、肉联厂团委书记等几个基层岗位的锻炼后，他被选拔为南宁市青少年活动中心副主任，从此进入党政干部行列，先后担任团市委组织部部长，中共南宁市永新区委常委、宣传部部长，南宁市委宣传部副部长，南宁市委党校常务副校长，南宁日报社党组书记、社长，南宁市委统战部副部长、市工商联党组书记等职务，退休后任南宁市网球协会主席。有人不相信他当官没有找过关系，甚至有人怀疑他花了钱。李忠南对笔者说："他们不知道，我甚至没有请上级吃过一次饭，更别说其他了。"他特别感谢父亲当年鼓励他去基层，说：

现在回头看，如果当年他出面替我出头，我肯定不会有今天。县财政局衙门不大，权力不小，多少人求着捧着，年轻人一参加工作就到权力部门，很容易迷失自我。而到基层，能体会到下面的难处，亲历普通人生活的不易，能激发为改变命运而奋斗的志气。感谢父亲没有用他的身份和地位来"关照"我，而是用实际行动来教育我、影响我。他是英雄，但一般人不知道他是英雄。在我眼里，父亲除对子女要求更严之外，就是一个普通的父亲。说出来有的人也许会不信，衣服破了，袜子破了，一般都是他自己动手补，现在他还戴着老花镜穿针引线。我们小时候嘴馋，看到小伙伴有好吃的，就缠着大人要。父亲不会给钱让我们去买，而是动手给我们做。他有几手绝活，一是包饺子一次成形，很快就能让你吃上；二是摊饼，舀一勺子稀面沿着锅边转一圈，稀面正好流到锅中心，饼薄而均匀；三是会做花生糊，用擀面杖把花生擀成面，合到炒面中，用开水一冲，香极了！此外，炒豆渣、炒地衣也是让我怀念的菜。他为啥这样？原来我也不懂，后来才明白，他是要我们养成自己动手改善生活的习惯，怕我们躺在他的功劳簿上变成四体不勤的纨绔子弟。有人说他不像个英雄，像个农民，我觉得这正好体现出他的英雄本色。不像英雄的英雄才是真英雄！

"对！不像英雄的英雄才是真英雄！这句话我赞成。"干休所医生邓如佑说，"李延年老首长本可以评残，我告诉他：'评残后，买车票、机票可半价，能省不少钱。'他却说：'我要那干啥？党给我的待遇已经很高了。'他老伴齐振凤因没有工作，是享受军队医疗包干待遇的家属，他和老伴治病在外面买了一些药，按规定其中不少是可以报销的，他却不拿发票来报。确实叫人看到了英雄的高风亮节。"

说起他对老伴的照顾，就算是他得罪过的人都无不钦佩。十几年前，齐振凤不幸患甲状腺癌，后癌细胞转移至肺、直肠等多个器官，医院曾几次下病危通知书。但她一次一次从死神手里逃脱出来。她说："要不是老头儿精心陪伴，我早就走了。"齐振凤病倒时，李延年快80岁了，照说可以请一个保姆或护工来照顾，他们也有这个经济条件。但李延年说："别人照顾，我不放心。"他除大约一月一次出去讲传统，来回小半天之外，其余时间都陪伴在她身边。有时她吃不下，要人一口一口地喂；拉不出，要人一点一点地抠；从起床、穿衣到擦澡、洗脚、就寝，都是李延年在服侍。人病了，精神比较脆弱、敏感，李延年就给她讲笑话，逗她乐，但更多的时候是两人友好地互怼，用家乡话怼个没完。在笔者采访时，他们也时不时地开怼。有一次，李延年回忆到一个战友，说他"姓刘"，齐振凤说："瞎扯，哪姓刘？姓李。"

李延年问："我们一起的，还能记错了？"

齐振凤答："拉倒吧！你那个记性，能把自己的名字忘了。"

李延年问："你都没有见过他，你咋知道我记错了？"

齐振凤答："我咋没见过，在徐闻的时候还来我们家吃过饭。"

李延年说："嗯，好像有这么回事。"

齐振凤说："什么好像，就是！你把人家的姓记错了。"

李延年问："我记错了吗？"

齐振凤答："你记错了。"

李延年不慌不忙地去找来一本相册，把一张黑白照片找出来，指着照片上的一个人对笔者说："就是他，姓张。"齐振凤一听不干了，说："姓李，不姓张。"

李延年说："我都找到照片了，你还不认错。"

齐振凤反问："照片上又没有写名字，怎么知道是我记错了？"

李延年没话说了，齐振凤就当着笔者的面数落李延年"傻"：有一些该得的待遇他也不要，自己跟着他算是亏大了，从北京到了乡下，从有工作到没工作……李延年像没有听见一样，只顾埋头翻相册，突然哈哈大笑起来，说："我可找到他的名字了，写在照片反面哩！"

齐振凤问："姓啥？"

李延年答："姓张，不姓李。"

齐振凤沉默了一会儿，说："你是十次有九次错，这次咋蒙对了呢？"

李延年说："对了就是对了，咋叫蒙呢？"

……

老两口就这么怼，越怼越活泼，越亲密。怼累了，齐振凤看电视，李延年看书看报。两人歇一会儿，喝点水，再接着怼。

笔者在单独采访齐振凤阿姨时，她说："我这个老头是世界上最好的老头。实话告诉你，我得癌症以后，病痛折磨得我都不想活了，我不知多少次想一死了断，但他一直陪在我身边，不怕苦累，不嫌麻烦，不嫌脏，从无怨言。这么好的老头，我舍不得离开他。"说着，她流下了眼泪，一会儿，她接着说："他太善良，太正直，我不放心走，我怕他得罪人。"她咳嗽起来，咳出的痰中带血，不是鲜血，是那种凝固了的、带紫色的血块。喘口气，喝点水之后，她说："你看到了我咳出的血，就知道我的病有多重，癌细胞转移到全身了，要不是老头这么好，我死十次都不止了。你别看我们说话像抬杠，那是他在陪我聊天，杠着杠着，病痛就减轻了，一天就过去了。要不是他陪我说话，我是度日如年啊……"

"齐振凤同志是我们家的头号功臣，没有她，我就不能安心工作。"李延年单独说起老伴时，称之为"同志"，笔者未免有点诧异。他解释说："我们夫妻都是党员。我1947年入党，她1954年入党，相差七年，但入党时都是19岁，年龄上我正好大她七岁。我称她为'同志'，还因为她付出很多，一般的妻子是做不到的，只有党员才能做到。我欠她的太多，总想着退休后'还账'给她。她得了癌症，我更得好好陪着她……"他说的"还账"，除了泛指，还有特指："振凤同志的身体一直比我好，如果没有她对我的精心照料，我的身体可能早就垮了。现在她病了，该我'还账'了。"的确如此，李延年曾患胃病较严重，瘦得前胸贴后背，连医院都没有什么好办法。他到生产建设兵团当团政委时，打听到湛江农垦医院吴姓医生有治胃病的偏方：用一种南方草药煮鸡蛋，把鸡蛋煮黑了吃。齐振凤天天如法炮制，一个月后，奇迹出现了，他的老胃病居然痊愈了！妻子的辛苦换来了丈夫的痊愈，而今丈夫"还账"给妻子，明知已无力回天，但一直为她高举着希望的灯火，日复一日、无怨无悔地用精诚之爱延续着她的生命。他的"还账"之旅已艰难地走了十多年，已让她多次突破医学预言的生命的极限，不知这个奇迹还能继续多久。

2019年8月27日，新华社发布了"共和国勋章"和国家荣誉称号建议人选的名单，李延年在电视上看到其中有"李延年"之名，以为是同名同姓的另一人，看了简历才知竟是自己。他对老伴说："老太婆！你看，上头肯定是搞错了！上了名单的都是大名人，就我不是。"齐振凤说："不是征求意见吗？你自己要求拿下来呗！"他要求了，没顶用。9月17日，国家主席习近平签署主席令，授予于敏、申纪兰、孙家栋、李延年等八人"共和国勋章"。这下板上钉钉了，推不掉了。

随后，他正式接到了到北京参加授勋活动的通知。中央考虑到他90多岁了，允许两名亲属陪同。24日，次子李忠南和孙子李骅峰请假回家，准备陪他赴京，发现他已经把行李收拾好了。两套老式军装，一套是干休所给他买的，一套是他保存下来的布军装。他还带了红领章和红五星帽徽，是他准备在授勋仪式上戴的。便衣呢？就前几年买的一件夹克衫和一条裤子，已经很旧了，裤子还打了补丁；一件白衬衣，已经洗得发黄了。李忠南说："农民走亲戚还要换身新衣服。你去参加国家庆典，怎么能这样子呢？"于是，儿孙做主，给他新购外套一件、裤子一条、衬衣两件、皮鞋一双、袜子两双。

在北京，他接受国家主席习近平授予的"共和国勋章"时，穿的是佩戴红领章、红帽徽的绿军装。这身装束，与他平时应邀讲传统时的装束一样，是他的最爱，成为他在公开场合的形象标配。

10月2日，他在儿孙的陪同下，坐深圳航空公司的飞机回南宁，深航把他作为贵宾来服务，并送了一个飞机模型作纪念，这竟让他紧张坏了："收受礼品是犯错误的事，我不能要。"这句话把大家"逗"笑了……

后 记

　　2019年10月，浙江人民出版社策划为八位"共和国勋章"获得者出一套丛书，笔者接受了采写李延年的任务。

　　早在1999年，笔者在为花城出版社编辑的《共和国英雄谱》撰稿时，就在志愿军英雄名录上找到了一级英雄李延年的名字，可惜没能找到他的事迹，只好把他列在最后的《中国人民解放军一级英雄模范存录》之中，而事迹阙如。想着这次要好好弥补上次的遗憾，但接受任务后，发现情况与20年前差不多。八位"共和国勋章"获得者中，七位已有人为之写书（有人还不止一本），唯有李延年不仅没有出过书，而且在此次授勋之前，号称拥有海量资源的互联网上竟也没有关于他的一个字。在他获得勋章后，网上才出现了关于他的三四篇通讯，除了军报记者陈典宏的一篇文章较长，其余都较短。笔者在出版社召开的开题会上调侃说："想抄也找不到地方。"这意味着采写的难度很大，但越难就越有挑战性，笔者愿享受挑战的乐趣。

没有书籍可供参考，没有现成的资料可供引用，唯有在采访上下功夫。2019年11月，还没有与出版社领导和编辑见面，笔者就飞到南宁找李延年去了。当笔者于2020年1月完成采访，从深圳飞回北京时，新冠肺炎疫情暴发了。如果不提前进行采访，就会被疫情困住，想采访也动不了窝了。

当时，李延年92岁了，参军已75年（离休干部仍计军龄），早年的事已相当遥远，加上他建功的老部队在1985年精简整编时被撤销番号了，英雄事迹何处寻觅？笔者用的是笨办法：先为他编年谱，把他成长的重要时间节点和建功的时间、事件（主要是战斗）列出来，然后以此为线索，搜集资料，找本人和知情人采访。首先要感谢广西军区政治工作局对采访工作的大力支持，他们不仅让笔者看了老人家的档案，而且将其中对写作有重要参考价值的部分复印给笔者，让笔者顺利为传主编出了年谱，找到了采访方向。有些档案资料，如他写于1954年10月，经所在单位党委审核通过的长达数千字的《历史思想自传》，因为真实地描述了他在战争年代各个历史阶段尤其是转折点上的心路历程，成为笔者把握人物性格的根本依据、叙述历史事件的权威证据以及扩展采访的"导航图"。尽管老人家思路还算清晰，但毕竟往事久远，记忆难免有误差；而与他同时代的证明人，健在的大多记忆还不如他清楚，同一件事有好几种说法。这就需要像研究历史一样，找到权威的文字记载。功夫不负有心人，经大家共同努力，终于找到了一批可信度很高且具有史料价值的资料。比如，其中有一本《志愿军四十七军英模大会专刊》（1951年

11月），刊载有李延年在346.6高地攻防战中的英雄事迹，以及与他共同战斗的三营战友的英勇表现。用当时的记载与采访得到的口述历史相互对照、相互补充，就可以比较完整、准确地还原那次战斗。再如，在战争年代，李延年差不多一直在老首长黎原手下战斗，所以，《黎原回忆录》以及《丹心向阳：黎原将军纪念文集》中许多回忆的文章（李延年也写了非常精彩的一篇），都是十分珍贵的史料，可以帮助笔者校正采访记录，拓宽采访途径。此外，他的战友写的一些回忆录，虽然只有一部分甚至只有只言片语涉及李延年和他的连队，但也给笔者提供了采访线索。因为这些资料现在都保存在私人手里，被视若珍宝，不可能让笔者借阅，笔者只好选择重点，请南宁第三干休所复印下来。如此这般，基本弄清了李延年战争年代的英雄事迹。

从朝鲜回国以后，李延年的岗位变动比较频繁，在每一个岗位上，他都有值得一说的贡献，但成绩最突出的是在两个地方：一个是原广州军区生产建设兵团第七师第十四团，即今天的广东省红星农场，在他荣获"共和国勋章"后，场党委和场友会决定为他立铜像，并建纪念馆；一个是原广西军区独立师，他在这里参加了边境防卫作战并立了新功。因为当事人大多还在，所以采访相对比较容易。

笔者去红星农场采访，场党委书记欧阳帅安排得非常周到，除了召集在场里的老职工参加座谈，还通知了场友会。场友会的不少成员特地从广州等地赶回农场接受采访，其中有归国华侨，有下乡知青，有"垦二代"。他们用亲身经历给笔者讲述了一个个真实生动的故事，特别是黄彪、杨国华两人自始至终陪同采访，并帮助笔者订正事实，补充细节，好不令人感动。

在几次整编后，原广西军区独立师已不复存在，但当年李延年的不少部下还在两广地区。原边防某团政委张景臣等人召集在南宁的战友开座谈会，接受笔者采访；转业到广州的原独立师宣传科干事（后任解放军体育学院教研部政委）张雪梅，正在编写独立师参加边境防卫作战的烈士传，搜集和掌握了大量的第一手资料，听说笔者要写老首长李延年，特地把有关他的故事整理成上十个篇章，毫无保留地给了笔者。通过他搭桥，原独立师政治部科长张汉宁、陈焕标、郑游击等也给笔者提供了新鲜材料，并订正了初稿中的谬误。以上同志对采写的无私帮助再次证明了李延年的人格魅力，鞭策笔者用心写作。

采访活动是以南宁第三干休所为基地进行的，所里对笔者的支持无微不至。外出采访，无论远近，所里都给予充分保障，并派人全程陪同，让笔者感动不已。在此，特地向曹中华所长、肖兮政委以及全体工作人员表示由衷的感谢。

解放军报社驻广西记者站站长陈典宏上校，是最先采写李延年的记者，他不仅无私地把自己搜集的相关资料给了笔者，而且拨冗陪同采访，做了许多内外联络和穿针引线的工作，殊为不易。此外，还有许多为本书的采写提供帮助的朋友，在此一并表示感谢，恕不一一列名了。

　　因时间仓促和笔者笨拙，相比李延年光辉的一生，采访到的事迹不过是九牛一毛，本书肯定会有遗珠之憾。尽管如此，笔者相信李延年老前辈的事迹一定会打动千百万人。

　　真实性是纪实作品的生命，虽然笔者严格遵守了事必有据的信史写作原则，但所据不少是采访得来的口述历史，而人的记忆再好也是难免会出错的，因此，欢迎读者对书中的错讹之处批评指正，以便再版时订正。

　　本书初稿完成于 2020 年 6 月，先请采访对象审改，然后遵照有关部门和专家的意见，进行了两次较大的修改。在此，对为本书把关的所有人员表示诚挚的谢意。因为出版时间的延长，传主李延年的夫人齐振凤未能等到本书出版而远行，殊为遗憾，愿她在天堂看到此书后能会心一笑。

2024 年 3 月于北京

图书在版编目（CIP）数据

一如初心：共和国功勋李延年 / 江永红著. — 杭
州：浙江人民出版社，2024.3
ISBN 978-7-213-11373-4

Ⅰ．①一… Ⅱ．①江… Ⅲ．①李延年—事迹 Ⅳ.
①K825.2

中国国家版本馆CIP数据核字（2024）第047155号

一如初心：共和国功勋李延年

江永红　著

出版发行：浙江人民出版社（杭州市体育场路347号　邮编　310006）
　　　　　市场部电话：(0571)85061682　85176516
责任编辑：张苗群
营销编辑：陈雯怡　陈芊如　张紫懿
责任校对：姚建国
责任印务：程　琳
封面设计：异一设计
电脑制版：杭州兴邦电子印务有限公司
印　　刷：浙江新华数码印务有限公司
开　　本：710毫米×1000毫米　1/16　　印　　张：19.75
字　　数：241千字　　　　　　　　　　插　　页：6
版　　次：2024年3月第1版　　　　　　印　　次：2024年3月第1次印刷
书　　号：ISBN 978-7-213-11373-4
定　　价：98.00元

如发现印装质量问题，影响阅读，请与市场部联系调换。